U0498755

本书是国家社会科学基金一般项目"乡村治理体系现代化的影响因素与保障机制研究"（20BJL079）和江苏省社会科学基金重点项目"江苏农村基层社会治理机制创新研究"（21ZZA002）的研究成果

本书由江苏大学专著出版基金资助

新时代乡村治理体系现代化的影响因素与保障机制研究

金丽馥　石宏伟◎著

中国财经出版传媒集团

经济科学出版社
Economic Science Press

·北京·

图书在版编目（CIP）数据

新时代乡村治理体系现代化的影响因素与保障机制研究 / 金丽馥，石宏伟著 . -- 北京：经济科学出版社，2024.12. -- ISBN 978 - 7 - 5218 - 6510 - 3

Ⅰ. D638

中国国家版本馆 CIP 数据核字第 2024QF0385 号

责任编辑：朱明静
责任校对：刘　娅
责任印制：邱　天

新时代乡村治理体系现代化的影响因素与保障机制研究

XINSHIDAI XIANGCUN ZHILI TIXI XIANDAIHUA DE YINGXIANG
YINSU YU BAOZHANG JIZHI YANJIU

金丽馥　石宏伟　著

经济科学出版社出版、发行　新华书店经销

社址：北京市海淀区阜成路甲 28 号　邮编：100142

编辑部电话：010 - 88190489　发行部电话：010 - 88191522

网址：www. esp. com. cn

电子邮箱：esp@ esp. com. cn

天猫网店：经济科学出版社旗舰店

网址：http：//jjkxcbs. tmall. com

固安华明印业有限公司印装

710 × 1000　16 开　18.5 印张　280000 字

2024 年 12 月第 1 版　2024 年 12 月第 1 次印刷

ISBN 978 - 7 - 5218 - 6510 - 3　定价：88.00 元

前　言

　　在习近平新时代中国特色社会主义思想的指引下，推进乡村治理体系现代化已成为国家治理体系和治理能力现代化的重要内容。党的十八大以来，以习近平同志为核心的党中央高度重视"三农"工作，将乡村治理纳入国家治理体系的核心议题，党的十九大报告提出实施乡村振兴战略。这一战略从经济、政治、文化、社会和生态等多维度促进乡村全面进步，凸显了乡村在实现国家治理体系现代化中的关键地位。推进乡村治理体系现代化不仅是实现乡村振兴的基础性保障，更是深化农村综合改革、推动城乡协调发展，进而实现国家治理体系和治理能力现代化的关键举措。本书立足于新时代背景下乡村治理体系现代化的历史方位，从制度设计、资源配置、数字化转型和文化建设等方面，系统性地探讨了乡村治理体系现代化的核心问题，旨在为中国特色乡村治理体系的现代化建设提供理论支撑与实践指导。

　　随着中国特色社会主义进入新时代，我国社会主要矛盾已转化为人民日益增长的美好生活需要和不平衡不充分的发展之间的矛盾。在这一背景下，乡村治理作为现代治理体系的重要组成部分，成为满足人民群众对美好生活追求的必由之路。中国乡村社会在国家现代化进程中长期处于相对弱势地位，城乡间经济、社会、文化资源配置不均衡等问题，导致乡村社会经济发展滞后、基层治理体系薄弱。推进乡村治理体系现代化，既是社会发展本身的需求，也是国家提升社会治理效能的重要战略选择，符合新时代全面乡村振兴的根本要求。

伴随乡村治理实践的不断深入推进，中国的乡村治理体系逐步从单一的国家主导模式向"共建共治共享"的多元治理模式转变。新时代背景下，构建适应乡村实际发展的治理体系、全面提升乡村治理效率和质量，已成为事关国家发展全局的重要战略任务。这就要求我们在治理主体、治理内容和治理方式等方面进行全方位的创新，尤其是要将数字技术引入乡村治理过程，以促进乡村治理的高效化、智能化。本书在梳理国内外乡村治理理论体系的基础上，深入分析新时代中国乡村治理体系现代化的现状与进展，试图构建符合中国乡村实际的治理模式和保障机制。

在理论层面，本书认为，乡村治理体系现代化是国家治理现代化的重要组成部分，是推动城乡协调发展、实现农村社会和谐稳定的必经之路。本书将乡村治理体系现代化作为核心研究内容，通过理论梳理与实证分析，构建了适应中国乡村发展实际的现代化乡村治理体系。首先，本书从马克思主义国家治理理论出发，探讨乡村治理的基本理论内涵，揭示乡村治理在国家治理体系中的重要地位及其职能作用；其次，通过对比国内外乡村治理模式的演变趋势，提出以"自治、法治、德治"为核心的乡村治理创新路径，为我国乡村治理现代化理论体系的建设提供学理依据；最后，本书力求从政治学、社会学、经济学、法学等多学科视角，整合乡村治理中的制度性、资源性和社会性因素，构建适应我国新时代乡村治理需求的理论框架，该框架不仅为乡村治理研究提供了新的学术视角，也为其他相关学科的乡村治理研究提供了理论支持。

在实践层面，笔者认为，乡村治理体系现代化是实现乡村振兴战略的关键步骤。随着乡村社会治理需求的日益提升，现代化治理体系必须能够适应当代乡村的实际需求。本书从乡村治理的数字化、协同治理、基层党组织建设等关键环节入手，揭示了新时代乡村治理体系现代化的核心因素，提出了一系列具有可操作性的治理策略和保障机制，以期为乡村治理体系现代化的实践提供有效指导。尤其在乡村数字化治理这一新兴领域，本书分析了数字技术在乡村公共服务供给、乡村产业发展和社会事务管理中的潜在应用，提出通过数字技术赋能乡村治理，提升基层治理的智能化、精准化水平。

笔者立足于新时代乡村治理的现实问题与关键挑战，通过分析不同区域的乡村治理实践案例，梳理并总结各地的成功经验，提出了适应性较强的乡村治理优化路径和政策建议。本书特别强调乡村多元治理体系的构建、乡村公共服务体系的完善以及基层党组织的领导作用，力求为实现乡村"善治"提供有效的政策依据和实施路径。

在研究方法上，笔者综合运用了文献分析、实地调研、案例分析和数据分析等多种研究手段，以确保研究的科学性和系统性。通过半结构化访谈和问卷调查获取第一手数据，结合结构方程模型和回归分析等定量手段，对影响乡村治理体系现代化的关键因素进行了实证检验。在实证分析的基础上，本书进一步提出了推进乡村治理现代化的政策建议和具体操作路径，为乡村治理的理论研究与实践应用提供了有力参考。

笔者长期从事我国"三农"理论与实践问题研究，深知乡村治理体系现代化对推动中国乡村全面振兴和国家治理体系治理能力现代化的重要意义。希望本书的研究成果能为乡村治理的理论研究和实践发展贡献一分力量，助力中国乡村治理体系的现代化建设，为推进乡村全面振兴提供学术支撑和政策参考。

金丽馥

2024 年 10 月

目　　录

| 第1章 |

绪　　论

1.1　研究背景

乡村治理现代化是国家治理体系和治理能力现代化的题中应有之义，在"五位一体"的总体布局和"四个全面"的战略布局的理论指导下不断推进，对国家治理现代化有着重要的支撑作用。党的十八大以来，以习近平同志为核心的党中央始终坚持把解决好"三农"问题作为全党工作的重中之重，高度重视基层社会治理工作的发展。为深化农村综合改革、推进乡村治理现代化，党中央和国务院作出一系列重大决策部署。党的十八大对进一步推进社会治理提出新要求："必须加强社会管理法律、体制机制、能力、人才队伍和信息化建设……充分发挥群众参与社会管理的基础作用。完善和创新流动人口和特殊人群管理服务。"[1] 2013 年 11 月，党的十八届三中全会明确指出："全面深化改革的总目标是完善和发展中国特色社会主义制度，推进国家治理体系和治理能力现代化。"[2] 同时对乡村治理现代化提出了更高的要求。2017 年，党的十九大报告中指出，中国特色社会主义进入新时代，我

---

① 十八大以来重要文献选编（上）［M］.北京：中央文献出版社，2014：539.
② 十八大以来重要文献选编（上）［M］.北京：中央文献出版社，2014：512.

国社会主要矛盾已经转化为人民日益增长的美好生活需要和不平衡不充分的发展之间的矛盾，乡村治理现代化这一时代课题应该立足于社会主要矛盾之上。党的十九大提出实施乡村振兴战略，并对国家治理体系和治理能力现代化的建设提出新的战略要求，逐渐由传统的社会管制发展为"构建共建共治共享的社会治理格局"。① 党的十九届四中全会提出："健全党组织领导的自治、法治、德治相结合的城乡基层治理体系，健全社区管理和服务机制，推行网格化管理和服务，发挥群团组织、社会组织作用，发挥行业协会商会自律功能，实现政府治理和社会调节、居民自治良性互动，夯实基层社会治理基础。"② 2022 年，中央一号文件《中共中央　国务院关于做好 2022 年全面推进乡村振兴重点工作的意见》，提出了要"扎实有序做好乡村发展、乡村建设、乡村治理重点工作"。党的二十大报告指出："推进以党建引领基层治理，持续整顿软弱涣散基层党组织，把基层党组织建设成为有效实现党的领导的坚强战斗堡垒。"③ 由此可见，乡村治理现代化的目标越来越清晰、越来越明确，基层党组织对推进乡村治理现代化的作用越来越得到重视（邱春林，2022）。随着乡村治理现代化实践的深入，乡村治理确立了协同治理、法治化治理等新理念，初步构建了自治、法治和德治三治相结合的现代乡村治理新体系，形成了乡镇政府、村民委员会、民间组织、新乡贤、农民等多元主体合力治理的局面，乡村治理现代化成果显著。但是，我国乡村社会治理中还存在"选择性治理""碎片化治理""行政化治理"等非制度化治理现象。乡村治理现代化总体水平不高，究其根源在于制度因素、政策因素、资源因素影响了新时代乡村治理体系现代化的进程。本书从乡村治理体系现代化的影响因素入手，试图构建乡村治理体系现代化的保障机制。

---

① 习近平谈治国理政（第三卷）［M］. 北京：外文出版社，2020：38.

② 十九大以来重要文献选编（中）［M］. 北京：中央文献出版社，2021：288.

③ 习近平. 高举中国特色社会主义伟大旗帜 为全面建设社会主义现代化国家而团结奋斗——在中国共产党第二十次全国代表大会上的报告［M］. 北京：人民出版社，2022：67.

1.2　研究意义

乡村治理是国家治理的重要基石，乡村治理现代化是国家治理现代化中的重要一环。乡村治理体系与治理能力能否实现现代化，直接影响着乡村振兴战略能否有效推进、农业农村现代化能否如期实现，是扎实推动共同富裕不可回避的重大课题，也是研究乡村社会发展问题的热门方向，具有重要的理论与现实意义。

（1）理论意义。第一，有利于深化马克思主义国家治理理论的发展，在马克思主义理论框架内深化对我国新时代乡村治理体系的认识，这对于推进以自治、法治、德治体系为核心的农村基层治理体制创新，对于消除当前农村村民自治异化、公共服务缺失、信访数量增加、群体事件频发等治理困境，推动农村社会秩序的规范化形成，具有重要的理论价值。本书通过对我国不同历史发展阶段的乡村治理模式进行梳理，以及对国外乡村治理模式的比较，试图找到乡村治理的历史规律，在一定程度上为实现乡村善治提供理论依据。第二，有利于深化国家治理体系和治理能力现代化。推进乡村治理体系现代化，完善乡村治理现代化理论，创新探索乡村治理实践与经验，为国家治理顶层设计提供一定的治理经验参考。同时，本书借助数理模型分析工具和跨界研究方法构建乡村治理体系现代化的长效机制和民生保障机制，丰富和发展了经济学理论与方法，有利于为管理学、政治学、社会学、历史学等学科对乡村治理进行学维度、多领域、多层次研究提供学科间的联系与学术上的交流，共同为实现"治理有效"的理想状态进行不懈的探索。

（2）实践意义。第一，有利于提高乡村治理能力，完善乡村治理体系，重构乡村秩序，培育乡村集体价值与乡村共同体，推进乡村社会和谐稳定。本书将乡村治理体系现代化置于乡村振兴战略这个大背景下研究，通过保障机制的有效构建，提高了乡村治理的能力与水平，促进了乡村善治，实现了治理有效,促进了乡村物质文明与精神文明的协调发展。第二,有利于调节社会主要矛盾,统筹城乡协调发展,保障乡村振兴战略的实施。在推进乡村治理现代化的同时,解决农民在乡村治理中的需求表达不畅、资源获得匮乏、治理参与空间不足等具体问题,不断满足人民群众对美好生活的追求,提高农民群体的获得感、幸福感、满足感,从而加快城乡融合发展进程,推进农业农村现代化,扎实推进共同富裕。

1.3 研究目的

我国自古以来就是一个农业大国,农村人口占据着全国人口的很大比重,因此乡村治理是否有效关乎着国家治理的成败。改革开放以来,农村空心化、老龄化的现象不断加剧,城乡发展不平衡不充分的问题日益凸显,乡村社会干群关系紧张,利益矛盾激化的现象时有发生,阻碍乡村社会的进步与发展。进入新时代以来,随着乡村振兴战略的实施,尤其是党的十八届三中全会提出推进国家治理体系和治理能力现代化,对乡村治理现代化有了新的要求,乡村治理现代化与农业农村现代化的有机结合,使乡村在基础设施建设、公共服务供给、农业稳定发展等方面取得了重大成绩,但乡村治理在治理机制、治理理念、治理方式上与国家治理相比,依然显得十分落后。本书借助实证调研、文献梳理以及线性回归分析的方法,在众多数据因子中找出影响新时代乡村治理体系现代化的关键因素,并对与之相关的制度设计、接续等问题进行研究。通过建立新时代乡村治理体系现代化的长效机制和保障机制,关注"三治结合"主体因素及相关利益关系、经济杠杆等在长效机制中的作用,聚焦民生保障中农村社会保障措施等内容。在此基础上,构建绩效评估模型,对当前乡村治理体系的各项保障措施取得的成效进行综合衡量与检验,为改进、完善各项保障措施提供依据,提出完善乡村治理体系现代化保障机制的对策建议。

1.4　研究方法

文献研究与实证调研相结合。梳理和分析相关学术文献资料，按照历史发展进程，运用变化、发展的观点，对我国不同时期的乡村治理模式进行梳理，在理清乡村治理发展脉络、洞彻其历史根源、把握其发展趋势的基础上，进一步归纳与总结我国乡村治理模式发展的一般规律，为推进新时代乡村治理体系现代化提供新的思路。此外，要明确新时代乡村治理体系现代化的基本内涵和研究现状，以半结构式对江苏和重庆地区典型案例村展开深度访谈，以求得对典型区域乡村治理体系现代化的经验化理解。同时，针对新时代乡村治理中村民对民主的追求与制度的不完善之间的矛盾，村委会与政府行政部门之间关系的矛盾，各村民之间的分化与个体化，城镇化与农村劳动力流动等问题进行问卷调查和深度访谈，并考察不同区域治理的不同效应。

（1）理论设计和应用研究相结合。运用专家咨询法、主成分分析法、层次分析法构建乡村治理体系现代化的绩效评估指标体系。依据系统工程理论构建新时代乡村治理体系现代化影响因素的结构方程模型。选择典型区域，对已构建的模型进行应用及实证评价。

（2）归纳与演绎相结合。通过对典型地区乡村治理体系现代化影响因素的归纳分析，借助数理模型的推演，得出符合新时代乡村治理体系需要的长效机制和民生保障机制，总结出一般规律，再演绎到对我国不同地区乡村治理体系现代化的综合评价与应用研究上。

（3）比较研究法。采用规则比较、制度比较和文化比较的方法，从具体规则设定、制度构造和文化浸润方面，比较乡村治理体系在东西方乃至全球范围内的不同形态及其效果，力图寻求乡村治理体系基于不同的政治、文化和经济现实，同样的制度构造或规则设定在不同的地域和文化体系中所占的位置和所起的作用可能会存在的差异，进而为我们构建有中国特色的新时代乡村治理体系现代化保障机制提供更为广阔的视野。

（4）跨学科研究法。乡村治理涉及多个不同的学科领域，本书将采用跨学科的研究方法，运用法学、社会学、经济学、管理学等学科知识对乡村治理影响因素进行分析，多学科的研究方法将为本书研究提供丰富的理论基础与实践指导，使乡村治理现代化保障机制的构建更具科学性与规范性。

1.5　技术路线

本书的研究思路如下：理论研究→现状分析→实证研究→结论与展望。第一，收集、整理与本书相关的国内外文献资料，关注有关乡村治理体系现代化的研究成果及分析方法，对已有研究进行归纳和总结。第二，收集资料运用扎根理论方法进行质性研究。对江苏和重庆部分地区的村民进行个人深入访谈，了解村民对此认识和看法，进一步研究村庄组织在数字化公共服务与基础设施和多元治理关系中的中介作用，形成本书的理论模型。第三，深入前期质性研究的结论，结合已有文献，剖析数字化服务及基础设施建设影响多元治理的机理，建立理论模型。第四，问卷调查和数据分析。本书将收集大样本数据进行定量的实证研究。对大样本问卷调查收集的数据采用因素分析法、相关分析法、案例研究法、结构方程模型、层级回归等方法进行实证分析以检验各个变量之间的假设关系，明确理论概念模型所提出的路径关系。第五，在前期研究的基础上，提出促进村庄组织协同发展、构建多元治理新格局、优化乡村政治氛围、完善乡村数字化服务及基础设施建设四大措施，促进新时代乡村治理体系现代化发展。本书的技术路线如图1.1所示。

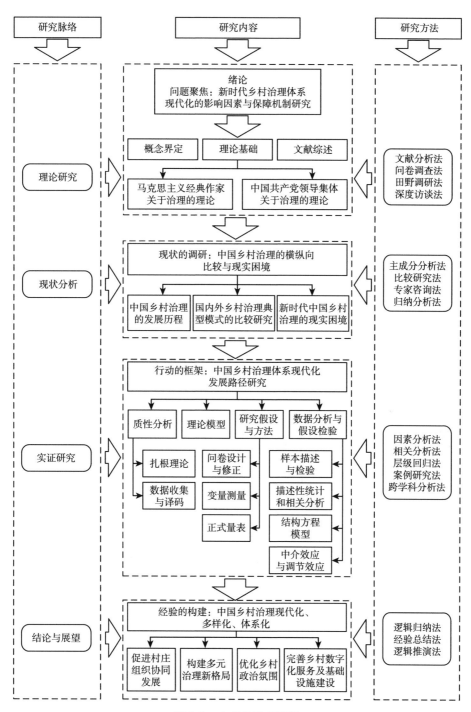

图 1.1 本书的技术路线

1.6 主要创新点

本书的主要创新点体现在以下三个方面。

（1）研究视角创新。乡村治理一直以来都是学界比较关注的问题，学者们运用社会学、管理学等学科知识对乡村治理进行了系统的研究，但是从乡村治理体系现代化这个角度出发去研究乡村治理还是较少的。本书试图超越以往对我国乡村治理问题解决的单一学科、单一视角的制度性关注、纯经验和狭隘的对策性研究，以"如何实现新时代乡村治理体系现代化"问题为导向，以乡村治理体系现代化的影响因素作为抓手和逻辑起点，借助跨学科的研究方法，从农民财产性收益长效机制和民生保障机制层面探究乡村治理体系现代化实现的机制方法，弥合现实与理论、理论与应用的差距，寻找最有效的解决办法。这突破了传统的研究乡村治理的角度，为学界研究乡村治理拓宽了研究视角。

（2）研究内容创新。新时代乡村治理体系现代化实现的影响因素并非单一存在，而是既包括制度上的影响，又涉及政策层面的制约，还包含资源配置上的作用，本书从多角度、多维度探究新时代自治、法治、德治在乡村治理体系现代化实现中面临的多元困境。通过 CEA 法、PEST 法等探索建立与"三治结合"挂钩的长效保障机制；利用社会正义理论和案例分析等方法探究"三治结合"乡村治理体系在民生保障中的发展目标和应对手段，为实现新时代乡村治理体系现代化构建农民财产性收益的长效机制和民生保障机制。同时，构建乡村治理体系现代化的绩效评估模型，评估典型区域乡村治理体系现代化实施取得的成绩与效果，据此从制度方面、政策方面、资源方面出发，提出完善新时代乡村治理体系现代化的政策建议。

（3）研究方法创新。本书采用深度访谈、调查问卷、专家咨询法、扎根理论法等研究方法对乡村治理体系现代化的实施现状以及存在的问题展开实证研究；采用结构方程模型（SEM）、计量经济模型等分析方法，对乡村治理体系现代化的长效机制和民生保障机制进行分析，力图在分析工具与研究方法上能跨界创新、相互支撑，确保对新时代乡村治理体系现代化影响因素和保障机制的分析具有系统性、整体性和缜密性。

第 2 章

相关理论与文献综述

2.1　概念界定

2.1.1　乡村治理

若想准确理解"乡村治理"这个概念，那就要从"乡村"与"治理"这两个基本概念入手去探讨。乡村的概念主要是与城市相比较提出来的，随着社会历史的发展，乡村这个概念历经一元到多元的动态性演绎过程。西方社会学家索罗金和齐默曼（Sorokin and Zimmerman，1929）通过大量数据分析城乡社区特征的差异性，认为城乡之间的边界感是模糊的，构建了著名的"城乡连续体"（urban-rural continuum）模型；而中国早期的学者是将城市与乡村割裂开来研究的，将乡村看作是城市外围有界的广袤地域范围，新时代的中国对城镇化高质量发展的要求，使得对乡村的认识重新回归到理性思考，不再局限于地域限制，而是更加注重对乡土文化的重构，龙花楼和屠爽爽（2017）基于"要素—结构—功能"理论框架，重新审视乡村重构的功能价值，从空间、经济、社会三方面探讨实现乡村重构的路径。参考《乡村振兴战略规划 2018 - 2022 年》中对乡村概念的定义，即"乡村与城镇互促互进、共生共存，共同构成人类活动的主要空间"。这更加验证了本书所要探讨的乡村是包含物质与社会关系在内的、蕴含着"乡愁"情感的、体现乡村性的多层次乡村空间系统。

"治理"在西方话语体系中有操纵和控制的含义，通常与统治（government）一词混用，主要用于国家公共事务的政治活动场域。罗西瑙作为西方治理理论的创始人之一，他认为治理与统治不同，治理是一种活动管理机制，而管理活动主体不一定非得是政府，也不用国家强制力量来实现（詹姆斯·N. 罗西瑙，2001）。最为权威的全球治理委员会认为："治理是个人和制度、公共和私营部门管理其共同事务的各种方法的综合。"① 然而"治理"一词并不是西方学者的专利，在中国古代汉语中治理一词经常被提到，如在战国时期《韩非子》中说："其法通乎人情，关乎治理也。"唐朝武则天在《臣轨》卷上中说："治理之臣虽少而心德同。"在中国古代汉语中，治理往往指管理、整治，包含着国家安定、百姓安居乐业的善治意蕴。自党的十八大报告首次提出"国家治理"概念以来，"治理"被融入中国特色社会主义理论话语体系中去理解，党的十八届三中全会提出的"国家治理体系和治理能力现代化"，既继承了传统善治的内涵，也吸收了西方治理理论，更重要的是能够准确把握对我国社会发展的历史与具体实践。

基于上述对"乡村"与"治理"概念的分析，"乡村治理"简而言之就是将治理理论运用到解决乡村实际问题中去，从而实现乡村善治的目标。早在 20 世纪 30 年代，吴文藻先生、费孝通先生等学者就已经开始对中国的社区、农村进行研究。"乡村治理"一词真正出现在大众视野中，还得追溯到 1998 年，华中师范大学中国农村问题研究中心正式提出"乡村治理"概念。自此，学界对乡村治理产生了不同的见解，以徐勇教授为代表的国家视角基层治理研究者认为：乡村治理就是公共权力处理基层社会公共事务，公共权力是国家权力与社会自治权并存的公共权力体系（徐勇，1997）。此观点基于国家政权建设，更多地强调国家与社会之间的上下联动，以提高乡镇政府的治理能力，以期实现乡村社会的均衡与协调。以贺雪峰教授为代表的乡土

---

① 全球治理委员会. 我们的全球伙伴关系［M］. 伦敦：牛津大学出版社，1995：23.

视角内生性治理研究者认为：乡村治理更应该强调乡村自治性，依靠乡村内部力量去解决村庄内部发展问题，基层政府只是乡村治理的引导者（贺雪峰和董磊明，2005）。此观点以乡村内生力量的发展与自治能力的提升为研究重点，更加注重对乡土文化的挖掘，对乡村价值观的重构，以软治理的方式实现乡村良性发展。通过以上论述可以发现，乡村治理是以乡村生活共同体为载体，以乡村人文价值内涵为依托，以"自治、德治、法治"为手段，以期实现宜美宜居和美乡村的持续性过程。

2.1.2　治理现代化

现代化既是社会发展程度的重要表征，也是人类社会不断发展演进的持续性过程。中国科学院中国可持续发展研究组将现代化的目标划分为三类：一是描述发展中国家与发达国家之间的阶段性差距的阶段现代化目标；二是展现一个国家在特定时期富有鲜明时代特征的相对现代化目标；三是马克思所描述的对共产主义大同社会最高理想的追求，即绝对现代化目标（杨多贵等，2001）。

推进国家现代化进程是中国共产党历届领导集体与全体中国人民的共同心愿。改革开放以前，以欧美国家的现代化作为追赶对象，毛泽东指出："建设社会主义，原来要求是工业现代化、农业现代化、科学文化现代化，现在要加上国防现代化。"[①] 1964 年，周恩来总理提出要全面实现农业、工业、国防和科学技术的现代化的宏伟目标，[②] 谋划"四个现代化"成为国家中长期目标。改革开放以后，现代化目标更多聚焦在实现经济现代化。1987年，党的十三大明确提出经济发展的"三步走"战略，在党的十五大进一步深化了"三步走"战略，并提出在 21 世纪中叶即新中国成立一百年时，基本实现现代化。进入新时代，党的十八届三中全会提出推进国家治理体系和

---

① 毛泽东文集（第 8 卷）［M］. 北京：人民出版社，1991：116.
② 周恩来选集（下卷）［M］. 北京：人民出版社，1984：439.

治理能力现代化，由此，我国现代化进程迈入治理现代化。党的二十大报告明确指出要"以中国式现代化全面推进中华民族伟大复兴"，① 中国式现代化与西方现代化模式有着本质上的不同，推进全体人民共同富裕是中国式现代化的价值底色，这是我国现代化道路的新征程。

治理现代化是新时代中国特色社会主义政治论述的重要创新，也是新时代推进中国式现代化的重要指标与方式。自从党的十八届三中全会将"治理"引入国家话语体系中，催生了不同学科不同领域的学者对治理现代化进行研究，衍生出各自领域 +"治理现代化"的研究热潮。在国家层面，体现为国家治理体系和治理能力现代化。徐勇和吕楠（1984）认为，国家治理体系和治理能力现代化既是目标，也是过程，与传统治理模式相比，国家治理体系和治理能力现代化主要体现在五个方面，即治理制度化、治理民主化、治理法治化、治理高效化和治理协调化。在社会层面，体现为社会治理现代化。李建伟和王伟进（2021）认为，社会治理现代化是国家治理现代化的重要保障，建立和谐的社会秩序、增强社会创造活力、有力维护国家安全是社会治理现代化目标体系的三个维度。在基层层面，体现为乡村治理体系与治理能力现代化。李三辉（2012）认为，推动乡村治理体系与治理能力现代化主要表现在五个向度，即治理体系制度化、治理理念民主化、治理文化德教化、治理方式精细化、治理保障法治化，从这些向度发力，才能实现乡村"善治"目标，全面提升乡村治理效能。综上所述，本书认为，治理现代化是一个通过多元主体协同治理，追求现代性与合理性并存，推进治理体系与治理能力现代化，实现公共利益最大化与社会平稳运行的动态过程。

2.1.3 乡村治理体系现代化

前文所述，治理现代化在基层体现为乡村治理现代化，乡村治理现代化

---

① 习近平. 高举中国特色社会主义伟大旗帜 为全面建设社会主义现代化国家而团结奋斗——在中国共产党第二十次全国代表大会上的报告［M］. 北京：人民出版社，2022：67.

包括乡村治理体系与治理能力的现代化。乡村治理体系现代化与乡村治理能力现代化是相辅相成、相互作用的关系，构建适应乡村发展特点、遵循乡村发展规律的乡村治理体系是提升乡村治理能力的重要保障，再通过完善的乡村治理体系，将信息化治理技术、法治化治理理念、民主化治理方式、制度化治理规则贯穿乡村治理的全过程，全方位提升乡村社会处理各项事务的能力与水平。

本书着重讨论乡村治理体系现代化，我国乡村治理体系随着社会历史的发展不断演变，治理主体由一元走向多元，治理内容由行政事务转向公共事务，治理方式由传统模式转向制度化、法治化阶段。随着党的十九大报告提出要加强农村基层基础工作，健全自治、法治、德治相结合的乡村治理体系，学界对于乡村治理体系现代化的内涵研究不断深入。桂华（2018）认为，乡村治理体系现代化是指用新型技术治理手段代替传统治理手段，以精准政策代替模糊政策，以程序化的治理体制代替随意化的传统治理体制。韩鹏云（2020）认为，乡村治理体系现代化是指以乡村两级组织结构现代化为治理基础、以乡村事务的治理程序与规则为重点、以技术化的治理手段为依托，具有现代价值属性的制度体系。从学者们的论述中不难发现，乡村治理体系现代化离不开治理主体、治理内容与治理方式这三个重要因素。因此，本书认为乡村治理体系现代化是指乡村治理体系中治理主体、治理内容、治理方式等要素之间的相互作用、相互促进，在逐步转化中回归到"人"的现代化的一系列制度安排与组织体系。在治理主体上，强调党委领导下的多元主体协同治理，尤其是乡村民众这一关键性主体的切实参与；在治理内容上包括乡村政治、经济、文化、社会、生态文明在内的方方面面；在治理方式上强调规范化的治理过程、制度化的治理规则、现代化的治理体制，通过自治、德治与法治相互融合的现代化乡村治理机制，建构增进民生福祉、政府与民众良性互动的乡村善治治理体系。

2.2 理论基础

2.2.1 马克思主义经典作家关于治理的理论

马克思主义经典作家并没有提出完整的治理理论，也没有对国家治理、乡村治理作出更多的阐释，但可以从马克思对于"国家—社会"关系的表述以及对城乡融合思想的解读中，寻觅对于新时代中国特色城乡发展实践的理论价值。首先，马克思批判继承了黑格尔的"市民社会"理论，指出："家庭和市民社会都是国家的前提，它们才是真正活动着的。"① 肯定了黑格尔对国家与社会的划分，否定了黑格尔在绝对精神领域中对于"国家—社会"关系的理解。马克思认为，社会为本，国家为末，市民社会决定国家，市民社会是国家的基础，而国家是市民社会实现公共权利组成的政治组织。恩格斯更是明确指出："市民社会在一切时代都构成国家的基础以及任何其他观念的上层建筑的基础。"② 马克思认为，国家与社会可以从对峙走向统一，根本途径就是消灭阶级，"阶级不可避免地要消失，正如它们从前不可避免地产生一样。随着阶级的消失，国家也不可避免地要消失"。③ 消灭阶级，消灭国家并不是说倡导无政府主义，而是国家统治职能向社会管理的不断转变，吸引人民群众参与国家公共事务和社会公共事务，真正意义上实现人民民主。马克思的"国家—社会"关系理论对于新时代强化执政党的管理与服务职能，构建多元主体合作治理机制，推进国家治理体系和治理能力现代化具有重要理论意义。其次，马克思恩格斯对于城乡关系作出了重要阐述。马克思在研究资本主义生产方式的时候，十分重视农业的基础性地位，尽管在社会化大生产的背景下，城市中心地位是不可逆的。"食物的生产是直接生产者

---

① 马克思恩格斯全集（第3卷）[M]. 北京：人民出版社，2002：10.
② 马克思恩格斯选集（第1卷）[M]. 北京：人民出版社，2012：246.
③ 马克思恩格斯选集（第4卷）[M]. 北京：人民出版社，1995：174.

的生存和一切生产的首要的条件"，① 马克思充分肯定了农业在人类社会存在与发展中的决定性作用，同时也将城乡关系的演变纳入资本主义生产方式与社会形态的更替下研究，分析了城乡关系从浑然天成走向分离与对立，最终回归到城乡融合的历史演变规律。"一个民族内部的分工，首先引起工商业劳动同农业劳动的分离，从而也引起城乡的分离和城乡利益的对立。"② 他从生产力与生产关系的矛盾运动出发，认为私有制的发展和社会分工的出现造成了城市从乡村中独立出去，伴随着资本主义机器大生产的发展，城乡分离与对立日益突出。"结束牺牲一些人的利益来满足另一些人的需要的状况；彻底消灭阶级和阶级对立；通过城乡的融合，使社会全体成员的才能得到全面发展，——这就是废除私有制的主要结果。"③ 马克思认为，生产力的高度发展，必然伴随着私有制的废除、阶级的消失，城乡融合发展是马克思对城乡关系未来走向的科学预判，马克思城乡关系理论所揭示的客观规律为走中国特色的乡村善治道路、完善乡村治理体系机制提供了理论遵循。

列宁把马克思主义基本原理与俄国具体实践相结合，继承发展了马克思恩格斯农村思想，在探索苏俄农村经济社会发展的过程中，形成了列宁农村建设思想。主要包含以下几个方面：一是以保障农民民主权利为核心的农村政治建设。在苏俄农村政权建设中，列宁十分重视农民的选举权、被选举权，大量吸纳中低水平的农民参与苏维埃，"苏维埃的人民性就体现在每个农民都能参与选举或罢免苏维埃的代表"。④ 同时，列宁注重法治建设，引导农民学法用法，参与法院工作，用法律维护自己的合理权益，并强化农民对基层政权机关的民主监督。二是以提高农业产值为重点的农村经济建设。列宁实行以粮食税代替余粮收集制，减轻农民负担，调动农民生产积极性。在生产方式与经营方式方面，高度重视现代科学技术在农业生产领域的运用，主张通过大工业来促进农业增产增收，推进现代化农

---

① 马克思恩格斯选集（第2卷）[M]. 北京：人民出版社，2012：611.
② 马克思恩格斯选集（第1卷）[M]. 北京：人民出版社，2012：147 – 148.
③ 马克思恩格斯选集（第1卷）[M]. 北京：人民出版社，2012：308 – 309.
④ 列宁全集（第36卷）[M]. 北京：人民出版社，1985：107.

业经营管理，同时注重人的现代化，充分发挥农业技术人员在大规模生产中的作用（张廷，2019）。三是以提高农民文化素养为动力的农村文化建设。针对苏俄文化发展落后的局面，列宁从增加文化资源供给、加大教育经费投入、加强城乡文化互动等方面提升农民自身的文化水平，促进农村地区文化建设的完善。列宁的农村建设思想为新时代的乡村治理工作留下了宝贵的精神财富。

2.2.2　中国共产党领导集体关于乡村治理的理论

中国共产党始终以维护农民根本利益为立脚点，贯彻以人民为中心的治理理念，促进乡村稳定与发展。在乡村建设实践的基础上不断深化对乡村治理的认识，形成了丰富的乡村治理经验与乡村治理思想，为推进新时代乡村治理体系现代化奠定了思想基础。

以毛泽东为代表的党中央领导集体虽然没有明确提出乡村治理，但在乡村建设的探索中形成了具有开创性的乡村建设发展的科学方法与实践经验，对当今乡村治理具有重要的启示与借鉴意义。首先，毛泽东重视农民的主体作用，在《新民主主义论》中指出："农民问题，就成了中国革命的基本问题，农民的力量，是中国革命的主要力量。"① 在充分认识到农民主体自身的力量的同时，如何将这些分散的农民力量组织起来成为坚定有力的革命群体，毛泽东用阶级分析方法，将农民与"阶级"的概念充分联结起来，促使农民阶级意识的觉醒，从而自发地从"一盘散沙"的状态中解放出来，化身为阶级内部的一致行动能力。他在《组织起来》重要讲话中，重申将群众组织起来的重要性，在强调将分散的力量组织成集中力量的同时，要发挥党组织的积极作用，形成了党与群众紧密结合的思想，这对当下强化基层党组织对乡村振兴的引领作用也是重要启示。其次，毛泽东在革命与建设的实践中开创了社区田野调查的科学社会方法，他认为调查研究是理论与实践相结

---

① 毛泽东选集（第2卷）［M］．北京：人民出版社，1991：692.

合、青年知识分子与工农相结合的基本方法与重要手段，在民主革命时期写下《湖南农民运动考察报告》，在土地革命时期写下《兴国调查》《长冈乡调查》等调研报告，并在《反对本本主义》中提出"没有调查，没有发言权"[①]的著名论断，为后世研究中国乡村问题的学者提供科学的研究方法。关于毛泽东农村治理思想，在新中国成立以后，提出要加强农村基层政权建设，保障农民民主权利，在农村经济发展上，主张走合作化道路，走集体化模式，实现农业机械化；在公共事业上，强调提高农民文化水平，完善农村医疗体系，建立农村法制体系。

以邓小平为代表的党中央领导集体继承和发展了马克思主义城乡关系理论，结合改革开放以来人民群众的生动实践，形成了独具特色的农村改革思想。邓小平始终认为农业改革在我国现代化建设全局中占据着基础性地位，一再强调"农业是根本，不要忘掉"。[②] 正确认识生产力与生产关系的矛盾运动规律，提出解放生产关系，在经营体制上，废除了不适应生产力发展的人民公社制度，实行家庭联产承包责任制，建立统分结合的双层经营体制；在经济体制上，邓小平指出，"我们总的方向是发展集体经济"，[③] 并通过实行多种经营方式，加大机械化投入去发展壮大集体经济；在管理体制上，充分尊重人民群众的首创精神，农民创造的村民自治及其组织形式村民委员会以村民自治法的实施正式确立下来，由此形成的"乡政村治"模式成为我国乡村治理的重要模式。在解放生产关系的同时，也解放生产力。邓小平强调通过科技兴农的方式进行"科学种田"，并以提高农业现代化、组织化为宗旨开展社会化协作生产，促进了农业生产力的发展。在发展农业的同时发展乡镇企业，乡镇企业的发展为农业生产在产前、产中、产后各个环节提供了物质资金支持，进一步提高了农业生产率。关于城乡关系，邓小平也形成了

---

① 毛泽东选集（第1卷）[M]. 北京：人民出版社，1991：110.
② 邓小平文选（第三卷）[M]. 北京：人民出版社，1993：23.
③ 邓小平文选（第二卷）[M]. 北京：人民出版社，1994：315.

城乡改革协调发展的思想。他认为"农村改革和城市改革是互相联系的"。①
农村改革是城市改革的基础，同时迫使城市进行改革，城市改革虽然远比农
村改革复杂，但也可以借鉴吸收农村改革的经验，以此促进城乡融合，实现
城乡一体化。

以江泽民为代表的党中央领导集体以马克思主义理论为依据，善于总结
我国现代化建设过程中农业农村发展出现的新问题、新矛盾，形成了具有时
代特征的"三农"思想。江泽民在世纪之交提出的具有科学性、战略性、系
统性、开拓性、实践性的"三农"思想，对于丰富中国特色社会主义理论、
推进农业农村现代化具有重要的理论与实践意义。关于解决"三农"问题的
根本要求，江泽民指出："没有农业的牢固基础，就不可能有我国的自立；
没有农业的积累和支持，就不可能有我国工业的发展……没有农业的现代
化，就不可能有整个国民经济的现代化。"② 突出强调农业在国民经济发展中
的基础地位。关于解决"三农"问题的基本原则，江泽民归结为要加强农村
基层党组织的领导、统筹城乡经济社会发展、尊重农民的创造和选择。关于
解决"三农"问题的主要途径，江泽民归结为一条：以社会主义市场经济体
制的方向深化农村改革。江泽民多次强调："深化农村改革，首先必须长期
稳定以家庭承包经营为基础的双层经营体制。"③ 强调在深化经济体制改革的
同时，也要进行相应的政治体制改革来相互配合，通过健全村级民主制度，
实行基层民主选举、民主决策、民主管理和民主监督，促进农村精神文明建
设和基层党组织建设。同时他还提出大力实施科教兴国战略，发展高效农
业、节水农业，加强对农民科学知识的普及性教育。

以胡锦涛为代表的党中央领导集体坚持以人为本的科学发展观，以统筹
城乡发展为核心思想，以强农惠农作为"三农"目标，创造性地提出了社会
主义新农村建设论，初步形成了党的"三农"思想创新理论体系，为推进乡

① 中共中央文献研究室．邓小平思想年谱（1975 - 1997）［M］．北京：中央文献出版社，
1998：292.
② 江泽民文选（第 1 卷）［M］．北京：人民出版社，2006：259.
③ 江泽民文选（第 2 卷）［M］．北京：人民出版社，2006：212.

村治理现代化作出了重要贡献。胡锦涛基于对新世纪农村改革开放发展实际的科学总结，对我国全面建成小康社会、构建社会主义和谐社会的国内国际形势的科学研判，吸收了邓小平的农业"战略重点"论，江泽民的农业"首位"论，在 2003 年初中央农村工作会议上指出："把解决好农业、农村和农民问题作为全党工作的重中之重。"① 这是我党首次提出把解决"三农"问题定位为全党工作的"重中之重"的重要论断。针对改革开放实践中出现的城乡差距不断扩大的问题，胡锦涛提出城乡统筹发展、城乡一体化、强农惠农等多种论断，在党的十六届四中全会上的讲话中提出"两个趋向"的著名论断："纵观一些工业化国家发展的历程，在工业化初始阶段，农业支持工业、为工业化提供积累是带有普遍性的趋向；但在工业化达到相当程度以后，工业反哺农村、城市支持农村，实现工业与农业、城市与农村协调发展，也是带有普遍性的趋向。"② 为了贯彻落实"两个趋向论"，强调在物质和精神两个方面进行以工促农，以城带乡，形成城乡互动长效发展机制，并在此基础上，胡锦涛在党的十六届五中全会上提出建设社会主义新农村，旨在改善农村生产生活条件，是统筹城乡发展的重大战略思想。随着新农村建设的推进，乡村治理也迈入了新阶段。

以习近平同志为核心的党中央领导集体继承和发展了马克思主义经典作家的治理观点，结合当前农业农村发展的实践需要，对乡村治理作出了新论断、新战略、新部署，为推动新时代乡村治理体系与治理能力现代化作出创新性贡献。习近平总书记关于乡村治理的论述虽然是在党的十九大才明确提出，但党的十八大以来就对乡村治理有着一个探索和发展的阶段，习近平在2013 年中央农村工作会议上提出"小康不小康，关键看老乡"，强调"中国要强，农业必须强；中国要美，农村必须美；中国要富，农民必须富"。③ 这是新时代探索农业农村现代化的逻辑起点，"坚决打赢脱贫攻坚战"的提出是乡村振兴战略的奠基之举。习近平在党的十九大报告提出乡村振兴战略，

---

① 十六大以来重要文献选编（上）[M]. 北京：中央文献出版社，2005：112.
② 十六大以来重要文献选编（中）[M]. 北京：中央文献出版社，2006：311.
③ 十八大以来重要文献选编（上）[M]. 北京：中央文献出版社，2014：658.

其中"治理有效"则是对乡村治理现代化有了更高的要求，更是创造性地提出要"加强农村基层基础工作，健全自治、法治、德治相结合的乡村治理体系"。① 以自治作为乡村治理的核心，能够有效激发村庄的内生动力；以法治作为乡村治理的保障，能够为乡村治理提供必要的法律支持与安定有序的村庄环境；以德治作为乡村治理的基础，能够为乡村治理提供道德、文化上的支持，是弥补法治过刚、自治过柔的重要手段，这三者的有机结合纾解了传统单一治理方式的弊端。关于乡村治理主体，习近平总书记指出，推进乡村治理现代化要"建立健全党委领导、政府负责、社会协同、公众参与、法治保障的现代乡村社会治理体制"。② 明确了中国共产党是乡村治理的领导核心，也是乡村治理的核心主体，要发挥基层党组织的乡村治理核心作用，同时发挥政府、村委会、社会组织与广大农民群体的积极作用，形成多元主体治理合力，共同打造共建共治共享的新时代社会治理格局，助推乡村治理体系与治理能力现代化。

2.3　文献综述

2.3.1　国外研究综述

国外学者对中国乡村社会的风土人情、社会变迁、经济结构等乡村问题研究的较早，但对中国乡村治理体系的研究较少，主要集中在乡村治理理论的阐释、乡村治理问题的探讨以及乡村治理的现代化这三个方面。

（1）关于乡村治理理论的研究。詹姆斯·N. 罗西瑙（2001）在《没有政府的治理》中对治理理论作出了详细的阐释，他将治理看作是一种制度安排。在一定的活动领域内，治理主体并不需要得到官方允许，甚至都不需要

① 习近平. 决胜全面建成小康社会 夺取新时代中国特色社会主义伟大胜利［M］. 北京：人民出版社，2017：18.
② 中共中央 国务院. 乡村振兴战略规划（2018－2022 年）［M］. 北京：人民出版社，2018：67.

政府的参与，就可以发挥协调各利益群体之间纠纷的作用，治理与统治最大的区别在于是否需要政府主体的参与以及国家强制力量的保障。以奥斯特罗姆夫妇为核心的学者在《当代美国文化研究》中提出多中心治理理论，他们强调治理主体的多元化，通过改变政府对乡村的行政管控，发挥乡村内生动力在乡村治理中的能动作用，以达到节约政府管理成本、实现乡村自主治理的目的（罗伯特·S.林德，1999）。史蒂芬·奥斯本（Stephen P. Osborne，2016）提出了新公共治理理论，认为要从治理的角度去看待公共服务的供给，以治理去代替治理。一方面，公共活动的参与者是多元主体，治理的主体需要合力提供有效的公共服务；另一方面，公共服务治理的过程是复杂的，不仅需要理清公共服务组织、服务使用者与公民之间的多重关系，还要通过协商、合作等手段在最大程度上保证决策制定与执行的科学性与规范性。

（2）关于乡村治理问题的研究。国外对于我国乡村治理问题从古代到当代都有所研究，大致反映了我国社会变迁的基本历程。关于传统乡村治理问题的研究，马克斯·韦伯（2010）针对中国传统乡村的村庄关系以及宗族组织展开研究，他指出中国传统乡村村落都是由有着宗族性质的"宗祠""村庙"治理，由于家产官僚制对乡村治理的局限，国家政权无法实现对乡村地区的全面统治，以宗族组织为核心的自治主体俨然成为乡村治理中的重要力量。关于当代乡村治理问题的研究，改革开放以后，国外对中国农村社会的研究逐渐增多，弗里曼等学者第一次对中国农村进行实地调查，走访河北省五公村多达十余次，主要考察国家对乡土社会的改造情况与实际进展（Friedman et al.，1991）。李侃如从国家治理的视角出发，在《治理中国：从革命到改革》一书中分析了中国政府的管理方式、中国管理机构的设置与结构、中国社会面临的挑战等，对乡村社会及其发展具有重要价值（Lieberthal，2014）。

（3）关于乡村治理现代化的研究。进入21世纪以来，国外一些学者关注着中国乡村治理的进程与成效，从不同角度分析中国乡村治理现代化的趋向。赛琪（Saich，2007）从城乡发展视角来研究中国的城乡差距问题，他认为中国的乡村与城市相比较，乡村群众在就业、教育、医疗等方面都与城市发展有着较大差距，乡村群众总体上幸福感和满足感较低，参与乡村治理的积极性也较低。葛瑞米（Graeme，2010）从多元治理的视角出发，阐释乡村治理的范围是包括乡镇在内的各个小村庄，因此，乡村治理的过程中不仅要发挥政府的主导作用，更应该利用村民自治制度团结村民自发参与村庄的建设与管理。这是多元主体协同治理的雏形，在传统的乡村治理模式上进行创新突破。但由于缺乏在中国的实践经验，国外学者对于中国乡村治理现代化的实践路径没有深入的研究。

2.3.2　国内研究综述

我国乡村治理一直以来备受学界关注，大致可以分为三个阶段：第一阶段是以梁漱溟、晏阳初为代表的乡村建设运动；第二阶段是改革开放以来的"乡政村治"治理模式；第三阶段是党的十九大报告提出的"三治融合"治理模式。现阶段对乡村治理的研究已经颇为全面，主要集中在治理内涵、治理主体、治理模式等方面，相较于乡村治理研究，学界对乡村治理体系现代化的研究起步较晚，相关成果还不能构成完整的体系，主要聚焦在"三治"关系、困境与路径等方面。本书将从乡村治理与乡村治理现代化这两个方面去梳理相关研究成果。

（1）关于乡村治理的研究。关于乡村治理内涵研究。乡村治理的概念自华中师范大学中国农村问题研究中心提出以后，诸多学者从不同的视角对乡村治理的内涵进行阐释。从治理机制的视角来看，俞可平（1999）认为乡村治理是指在乡村这个范围内，运用公共权威去维护乡村秩序、处理乡村社会事务和管理好乡村社会公共资源，最大限度地增进公共利益以及满足公众需求。从乡村治理的内容视角来看，贺雪峰（2005）从宏观、中观、微观三个层面分析了乡村治理的三大主题，并指出乡村治理就是指如何对中国的乡村进行管理，或中国乡村如何能够自主管理，从而实现乡村社会的有序发展。从治理现代化视角来看，郭正林（2004）认为，乡村治理就是基层政府、村级组织、民间组织等不同性质的组织，在一定制度机制的作用下，合力管理好乡村公共事务。从国家治理现代化视角来看，吕德文（2019）基于新中国成立70周年以来的乡村治理实践，认为乡村治理具有双重性，既是国家治理的一部分，又表现为乡村自治能力的运用，总的来说，乡村治理就是国家与乡村社会接触过程中所形成的各种关系的总和。

关于乡村治理主体研究。乡村治理需要多元主体合力共治，基本已经成为学界共识，但钟涨宝和狄金华（2011）保留着不同意见，他从农村社会管理实践出发，指出基层政府是农村社会管理的绝对主体，村民委员会"行政化"色彩严重，难以有效参与乡村管理。即使在认同乡村治理主体多元的学者里，也会因为标准不同而对乡村治理主体类别进行不同的划分。徐勇和朱国云（2013）依据乡村治理主体与国家政权的连接程度，将乡村治理主体分为国家政权组织、民间组织、半官半民组织三类，民间组织的加入改变了基层党组织的领导模式，非对称性依赖关系成为基层政权组织与民间组织之间权力关系的新型关系。任艳妮（2012）认为乡村社会是一个蕴含丰富治理资源的载体，根据获取资源种类的不同，将治理主体分为体制性主体、非体制性主体和衍生主体三类。拥有国家赋予的显性政治资源为体制内主体，包括乡镇政府、村民委员会；拥有隐性文化、社会资源的为非体制性主体，包括农民组织、乡村精英；还有在村庄集体经济基础上衍生的经济主体。辛瑨怡和于水（2020）以适应性治理为观察视角，根据治理主体在村治空间的权力分布，将乡村治理主体分为基层政府、村"两委"、民间社会组织、体制外精英和普通村民五类，乡镇政府的行政权力、村"两委"的村庄治权、富人精英的经济权力与社会精英的道德权威相互交织，共同构成了乡土社会治理的有效主体。

关于乡村治理模式研究。我国乡村治理模式历经由礼治、管治到法治的跃迁，自人民公社制度废除以后，乡村治理采用"乡政村治"模式。国内学者根据不同时期将我国乡村治理的发展历程划分为不同阶段。苏海新和吴家庆（2014）以新中国成立与改革开放为时间节点，将我国乡村治理历程分为"县政绅治""政社合一""乡政村治"三个阶段，并对未来的乡村治理模式进行预测，即在政府的主导下走向多元共治的格局，从而推动乡村社会的

"善治"。燕连福和程诚（2021）从历史演进的角度，把我国乡村治理历程分为"政权下乡"革命时期、"政社合一"建设时期、"乡政村治"改革时期和乡村治理现代化推进时期，强调在新的历史时期，努力构建"三治融合"乡村治理体系，走好乡村善治之路。尽管学者们划分的阶段不尽相同，但乡村治理模式由"乡政村治"向"三治融合"的现代化模式转型是必然的。沈费伟和刘祖云（2016）从多中心治理理论的视角出发对国外乡村治理模式进行研究，总结了国外发达国家乡村治理典型模式的成功经验，对我国乡村治理体制的构建具有一定借鉴意义。

关于乡村治理困境与对策研究。找寻当下乡村治理实践中的现实困境，并提出具有针对性的建设性对策，是推进乡村治理现代化，走好乡村善治之路的重中之重，也是学者们研究的重心所在。杨春娟（2016）以河北为个案分析在村庄空心化背景下的乡村治理困境，她认为治理主体缺失、村庄经济衰败、村级党组织弱化、基层民主虚置是乡村治理实践中最主要的问题，并指出要推进城乡一体化，整合村庄资源以壮大村庄集体经济，培育村庄治理的人力资源，推进基层民主发展是破解乡村治理困境的有效对策。梁丽芝和赵智能（2022）着重研究乡村治理中的农民主体参与乡村治理的困境，她认为农民群体在参与乡村治理中面临着自觉自主意识不足、主体地位"客体化"、自主选择权利缺乏、主动创造能力薄弱的问题，并指出要以规范村民自治来唤醒农民主体意识、以完善乡村治理结构强化农民主体地位、以夯实集体经济来动员农民主动创造、以完善公共服务环境保障农民自主选择。詹国辉（2022）从数字乡村质量提升的角度，指出了数字技术赋能乡村治理实践中的困境，主要表现为整体规划设计不完善、乡村数字基础设施薄弱、数字技术与乡村社会耦合性差、数字人才匮乏，针对这些问题，强调从优化顶层设计、完善基础设施、促进乡村与数字有效融合、培育乡村数字人才等方面提升数字赋能的技术治理优势。

关于多学科视角对乡村治理的研究。从以"乡政村治"为取向的政治学研究范式来看，徐勇（2022）指出中国乡村社会经历和正在经历着从"散""统""分"到"合"的不同社会阶段，乡村治理结构应转变为"乡政村治"。南刚志（2011）指出"乡政村治"的局限性，主张把"乡政村治"模式提升为"乡村民主自治"模式。学者们结合乡村发展实际不断对"乡政村治"模式进行创新，但都客观描述了中国乡村治理中的政治主导策略。从以"乡村善治"为核心的社会学研究范式来看，高其才（2021）主张通过健全党组织领导的自治、法治、德治相结合的乡村治理体系来助推乡村走上善治之路。汪义力和陈文胜（2023）从理论之源、文化之根、历史之基及时代之变这四个维度阐述新时代乡村善治的生成逻辑。不难发现，乡村善治导向是乡村治理从传统管理走向现代治理的必然趋势。从以"乡村法治"为导向的法学研究范式来看，李渡和汪鑫（2019）通过对"村治"法治化与乡村振兴战略互动共维关系的分析，指出村委会在乡村治理中"依法行权"不规范的问题，并主张构建村委会"依法行权"监督保障体制。冯兆蕙（2022）从目标、战略、法治三个维度详细阐述了乡村振兴法治化的时代价值，分析了《中华人民共和国乡村振兴促进法》对于推进乡村振兴法治化的重要意义，并提出相应的实现机制。学者们深度挖掘了中国乡村秩序的型构要素，提供了农村治理法治化的重要思考方向。从以新时代"乡村变革"为主线的交叉学科研究范式来看，吴秋菊和林辉煌（2017）认为平衡治理的有效性与合法性是推动乡村治理现代化转型的关键，指出20世纪八九十年代的乡村治理工作注重有效性建设而忽视了基层政权的合法性建设，并从治理理念、治理机制、监管制度等方面着手平衡乡村治理的有效性和合法性。王道勇（2023）从合作的角度分析乡村治理的发展历程，强调通过政党内嵌走向引导乡村内生，促进乡村合作治理变革新趋向，从而建设一个具有更强韧性的乡村社会。学者们将乡村治理的研究与时代变革紧密联系在一起。

（2）关于乡村治理现代化的研究。关于乡村治理体系现代化内涵的研究。冯留建和王宇凤（2021）从党的十九大报告出发，认为乡村治理体系现代化就是健全自治、法治、德治相结合的乡村治理体系，并从学理层面提出要坚持以自治为基、法治为本、德治为魂，从实践层面主张构建"三治融合"的系统治理机制。胡宝珍等（2022）基于福建乡村治理的地方创新实践，在"三治融合"的基础上加入"政治""智治"元素，主张构建以政治为引领、德治为基础、自治为核心、法治为保障、智治为支撑的"五治融合"治理新体系，丰富了"三治融合"乡村治理体系的内容。邱春林等（2023）认为"三治融合"只是乡村治理内容体系现代化的一部分，他提出乡村治理体系现代化应该包括乡村治理组织体系的现代化、乡村治理内容体系的现代化、乡村治理运行体系的现代化、乡村治理制度体系的现代化四个部分，主张构建以组织体系为核心、以内容体系为抓手、以运行体系为载体、以保障体系为依托的四位一体乡村治理体系，是对乡村治理体系现代化内涵的最新诠释。

关于自治、德治、法治三者关系的研究。学界对自治、德治、法治三者之间的关系众说纷纭，主要有以下几种论断：以黄博（2022）为代表的"一体两翼"论，他认为乡村自治是我国自古以来延续的传统，新时代的乡村治理也应该发挥村民的主体地位，让村民自治在乡村治理中发挥基础性作用，乡村的德治与法治为规范与约束村民自治而服务。以王世军（2022）为代表的"三治融合"论，他认为自治、德治、法治是相互联系、不可分割的有机整体，主张以自治为方向引领、以法治为根本保障、以德治为内在支撑，三者相互作用来打通社会治理的"最后一公里"。以邓大才（2018）为代表的"多种组合"论，认为以自治、法治、德治为基本治理方式，在此基础上进行两两组合、三种组合、交叉组合等多类型组合，再根据当地实际情况选择合适组合方式，最终可以走向乡村善治道路。

关于乡村治理体系现代化的影响因素的研究。学者们从数字治理、文化治理、多元治理等角度去研究影响乡村治理体系现代化的因素。郑永兰和周其鑫（2022）认为数字技术在乡村治理领域具有巨大的潜能与作用，大数据、人工智能等数字信息技术对乡村治理的嵌入，可以助推乡村治理理念由管控式向数字化转变，提升办事效率，增加村民幸福感；治理主体从一元走向多元，由碎片走向整合，便于重塑乡土社会价值；治理内容从模糊化到清晰化，推动乡村事务治理高效运转；治理媒介由线下向线下线上双渠道转变，打造全村一张图，实现可视化的精准治理；治理成果从部分到整体的辐射，实现村民共同富裕。胡惠林（2023）认为，乡村文化治理能力的高低影响着中国能否实现传统乡村向现代乡村的转型。他主张乡村文化治理能力建设要历史性重构乡村治理的文明程度，用先进文化培育新时代农民，通过人的再造推动乡村文化治理文明体系再造，以完善的乡村公共文化空间建设推进乡村文化治理比较优势建设，以共同富裕推进乡村文化治理能力新文明形态建设。陈成文（2022）认为，乡村治理体系现代化的建设离不开组织体系的现代化，主张建设"一核多元"的新时代乡村治理组织体系。他认为随着乡村"多元治理"体系的发展，新时代乡村治理组织体系建设依然要把基层党组织置于乡村治理核心地位，要转变基层政府职能，以合作治理的形式实现公共服务供给。同时，要激发社会组织、经济组织在乡村治理与乡村建设中的活力，最重要的是培育村民自身的民主精神与参与意识。

关于乡村治理体系现代化的困境的研究。学者们运用个案分析法、田野调查法等方法从不同方面阐述了乡村治理体系现代化的问题。金丽馥和王丹萍（2022）通过对苏北农村治理案例的分析，总结归纳了乡村治理体系现代化还存在治理主体权责不清、治理过程因循守旧、治理保障机制缺失、治理人才流失加重四个方面的制约因素。王冠群和杜永康（2021）通过对苏北 F 县的实证研究，指出治理主体缺席、监管缺位、文化断层、"三治"分离制约着乡村治理体系现代化。文雷和王欣乐（2021）从国家治理体系现代化视角出发，深刻剖析了传统科层制治理模式阻碍了乡村基层自治的推进，乡村社会组织的缺失制约了村民的治理参与积极性，乡村治理现代化治理工具的缺失阻碍"治理有效"的实现。

关于乡村治理体系现代化的路径研究。学界关于乡村治理体系现代化路径的研究，都是围绕培养乡村治理共同体、发挥基层党组织的引领作用、提高村民的自治主体意识、培育村庄价值认同等方面进行展开。李玲玲等（2022）认为，培育乡村治理共同体是"三治融合"的内在运行机理，从以乡规民约培育价值共同体、以村级组织构建组织共同体、以扶贫互助工作社培育行动共同体这三个方面促进乡村治理共同体建设。张建国（2021）认为，组织保障是我国社会主义现代化建设取得重大成就的重要法宝，在促进乡村治理体系现代化建设的进程中也要发挥基层党组织的领导作用，主要体现在对乡村治理体系建设的领导和大力发展集体经济两个方面。张利庠

（2022）认为，村民才是乡村治理的直接参与者与受益者，要想实现乡村善治，必须要促使村民的定位由"服从型"向"自治型"转变，唤醒村民的自治主体意识，发挥好村民在乡村治理中的主体作用。

2.3.3　研究述评

综上所述，国外学者运用多种治理理论、多种研究视角、多种研究方法对我国乡村社会的治理情况进行广泛深入的研究，在"乡村自治""多中心治理""实证分析"等方面都取得一定的成果，对新时代的乡村治理具有一定的参考意义。但从整体上来看，国外学者多是围绕着我国乡村社会的政治经济发展变迁开展研究，研究时间主要集中在改革开放以前，对当代乡村治理尤其是对乡村治理现代化进程的研究数量不多，研究范围不广，更不涉及本书的核心词汇"乡村治理体系现代化"，缺乏对中国乡村社会的创新治理模式——"三治融合"的研究。因此，其研究成果是否具有借鉴和启示意义，仍有待在比较域外经验与本土资源的基础上加以判断。

国内学者围绕着乡村治理与乡村治理现代化展开了丰富而广泛的研究，在理论上阐释了治理、乡村治理、乡村治理现代化的内涵，在实践层面上，学者们运用历史研究法、田野调查法、个案研究法等多种研究方法，梳理了我国乡村治理的发展历程，总结了乡村治理的模式选择，提出了乡村治理出现的新问题，并指出了具体的可行性路径。学界的研究成果为本书提供了新的研究思路与研究方法，从学者们的研究中不难发现，乡村治理由传统向现代化的转型是历史所趋，但是对于乡村治理现代化的原则与目标缺乏系统性研究，也忽略了乡村治理转型的价值取向，多数研究没有站在农民的立场，没有考虑在乡村治理取得成效的同时要保障农民群体的权益。当前学者们对乡村治理的研究大多立足于某一学科理论，从社会学、法学或政治学等视角对乡村治理体系中的自治要素、法治要素、德治要素进行有所偏重的研究，难免存在理论视角单一和研究结论偏颇之虞。尽管学界对新时代乡村治理体系现代化的基础理论给予了初步阐释，但对于影响因素及其相应的保障机制未给予充分关注。

第 3 章

中国乡村治理的横纵向比较与现实困境

3.1 中国乡村治理的发展历程

中国是一个农业大国，农业的兴旺、农村的安宁、农民的幸福与国家、社会的发展繁荣息息相关。回顾我国乡村治理模式的历史变迁，对新时代实施乡村振兴战略，推进乡村治理现代化具有重要意义。新中国成立以前，历代统治者延续"皇权不下县"的传统，采取士绅自治的方式管理乡村社会。新中国成立以后，乡村社会历经传统社会向现代社会转型的不同阶段，国家对乡村治理的模式也相应地经历了"政社合一"到"乡政村治"再到"三治结合"的重大变迁。

3.1.1 新中国成立以前的"礼治"治理模式

中国传统社会的政治运作模式是君主集权专制的官僚制统治模式，由于中国幅员辽阔，自给自足的小农经济的封闭性使得皇权向基层渗透权力的程度很低，皇权自上向下延伸到县衙为止，因此，素有"皇权不下县"的说法，但在县级以下依然有一套以血缘、地缘因素为依托，以封建礼教、宗法制度为准绳的士绅治理模式。儒家的民本主义思想、古代农村的经济结构与社会结构催生了士绅自治模式，以士绅为首的地方名流、乡贤精英在乡村社会中有着举足轻重的地位。中国古代"乡"并不是国家政权行政组织，士绅也没有国家官僚机构的正式任命，但这种被广大农民所认同的乡村社会治理模式绝对权威，促使他们拥有一套独立于"皇权"之外的"绅权"代替国家管理乡村社会。因此，在古代乡村社会，"皇权"只是一个被架空的领导者，更像是一种具有象征意义的文化符号，而乡村的实际管辖与治理权却掌握在士绅为首的地方自治势力手中。但"皇权"与"绅权"也并不是完全对立的关系，皇权通过士绅渗入县下辖区，士绅作为皇权的代理人，又不完全独立于皇权之外，双方处于非正式的半合作状态（王处辉和吕福龙，2018）。这种在"皇权"与"绅权"的博弈过程中所形成的"士绅自治"模式，便是我国传统乡村社会治理的基本格局。随着清政府对科举制度的废除，中国传统社会制度体系的瓦解，加上鸦片战争爆发以来西方列强对社会经济结构的破坏，"士绅自治"模式渐趋式微，直至淹没在历史的尘埃中。在近代中国农村饱受危机的情况下，兴起了国家政权对乡村大规模改造的"政权下乡"运动，民国政府对乡村进行新的分区编乡，这种以行政化为特征的乡村治理使乡村社会陷入严重的经济和政治危机。20 世纪 20 年代末，国民党政权在全国范围内开展了县自治运动，这种依靠行政力量对乡村的控制也以失败而告终。中国共产党在这一时期通过农会、农协等基层组织的建设，组织农民投身于革命，保障农民在基层的主体地位，推进农村基层党组织建设，巩固乡村基层政权，构建由"政权在乡"到"政权下乡"的乡村治理格局。这既适应了革命客观形势的需要，又保障了人民的主人翁地位，更为新中国的成立奠定了坚实的物质基础与组织基础。

3.1.2 社会主义建设时期的"政社合一"模式

新中国成立初期，乡土社会受到战争的破坏，广大农村地区经济低下，农民参与社会生产热情萎靡。为了巩固新生政权，重建乡村权力结构，整合乡村社会资源，满足农民参与社会生产、民主政治的需要，中国共产党带领广大农民群众开展土地改革运动和农业合作化运动，建立人民公社取代乡政府，逐步发展成"政社合一"乡村治理模式。

1950 年，中央通过《中华人民共和国土地改革法》，作为一级政权的村组织开始向当地村庄派遣土地改革小组驻扎，全国各地掀起了土地改革运动的热潮。在土地改革过程中，基层党组织积极吸收培养农民积极分子并发展成党员，密切基层党支部与农民群众的联系，更好地鼓舞农民生产的热情，组织分散的农民参与社会生产。1949～1952 年，广大农村地区完成土地改革，基本实现了农村土地所有制的改革，既促进了生产力的恢复与发展，又进一步保障了农民的政治权利，巩固了人民民主政权。但也出现了新问题，农村土地过于分散，脆弱的小农经济无法满足国家工业化发展的需要。为了解决这些新问题，中国共产党领导开展农村集体化和合作化运动，对乡村进行社会主义改造。农村合作化运动自 1951 年开始，由最初的小规模农业互助组，逐步发展成为统一经营的农业初级合作社，最后发展成为生产资料集体所有的高级农业生产合作社，实现农业家庭经营向集体经营的转变。

在开展土地改革运动和合作化运动的同时，乡村治理离不开乡村基层政权的建设。中国共产党在广大农村地区实行乡建制，1950 年 12 月，政务院颁布《乡（行政村）人民代表会议组织通则》等相关文件，指定乡级政权与行政村同为基层一级国家政权机关（王久高，2010），乡（行政村）被正式确立规范为我国基层政权形式。1954 年《中华人民共和国宪法》颁布，从法律体系上明确规定我国基层的政权单位为乡镇，对自然村、行政村进行领导，作为一级政权的行政村建制正式被乡镇政权所替代，行政村也成为乡政府的辅助机关。由此在村庄治理上存在权力真空状态，伴随着农业合作化运动在全国各地开展，农业合作社取代行政村进行乡村治理，农业合作社虽然不是农村基层政权，但在一定程度上也分担了乡政权的一些任务，在乡村治理中发挥重要作用。

随着农业合作化运动的蓬勃发展直至高级农业生产合作社形成，国家对农村生产力量的集中管控也达到了新的高度。1958 年 8 月 29 日，国家颁布的《中共中央关于在农村建立人民公社问题的决议》提出了建立人民公社的基本方针,① 全国农村开始撤乡建社,人民公社代替乡政权成为乡村基层行政建制,人民公社代替高级农业合作社成为农村经济单位,建立了以"一大二公、政社合一"为特点,兼具行政职能与经济职能的人民公社。在人民公社体制下,农民的身份不再强调地缘、血缘,而是被高度集体化和国家化,只有一个公共身份就是人民公社社员,农民在集体化的过程中不仅改变了乡村的经济生产方式,同时也改变了乡村治理的模式。人民公社实行"公社—生产大队—生产小队"三级管理体制,使得乡村社会与国家政权紧密相连,乡村治理与国家治理高度统一。乡村治理在内容上呈现高度集体化、国家化特征,在形式上表现为"三级"治理体系,以生产小队为基础单元,负责生产经营与核算;以生产大队为中间治理单元,成为人民公社与生产小队之间上传下达的纽带;以人民公社为整体性治理单元,统筹农村一切工作(李华胤,2019)。"政社合一"的人民公社治理模式实质上是高度集中的国家政权强势介入乡村基层治理的全过程,是党领导下的"一元治理"模式,是当时中国实现工业化、合作化和集体化进程的产物。这一治理模式符合新中国成立后农村政权建设和经济发展的基本需要。通过国家政权力量对乡村社会的介入,巩固了农村基层政权,迅速稳定了乡村秩序,同时促进了农村资源的有效整合,为国家工业化发展奠定了基础。但是,这种高度集中的计划管理,全能主义的治理模式忽略了经济发展的客观规律,以平均主义的分配方式,以"共产主义"的形象出现,严重挫伤农民生产的积极性,忽视了农民的个体创造性,制约了农村社会经济的发展,最终导致人民公社的解体。

3.1.3　改革开放新时期的"乡政村治"模式

1978 年,党的十一届三中全会召开,我国进入了改革开放和现代化建设的新时期,乡村治理结构也随之发生重大变革,即人民公社解体,"乡政村

---

① 中共中央党校. 中共党史学习文献简编(社会主义革命时期)[M]. 北京:中共中央党校出版社,1983:129-130.

治"开始形成与发展。在"乡政村治"格局下，国家基层政权建在乡镇，不直接管理乡村事务，乡镇以下由村民委员会行使自治权，实行村民自治。

20世纪80年代，我国农村治理在探索中发展，安徽小岗村农民率先开展集体耕地承包到户的举措，这给当时的人民公社化经济体制改革提供了启发。1979年，我国开始实行以家庭为单位的家庭联产承包责任制。家庭联产承包责任制在不改变土地等生产资料的所有权属性原则下，使个体家庭享有生产资料的使用权、收益权和转让权，恢复了农民生产经营的主体地位。为了进一步释放土地利用的潜力，1982年，国家颁布了《全国农村工作会议纪要》，以国家文件的形式明确包产以及包干到户都属于集体经济，给予了乡村村民前所未有的自由劳动权，家庭联产承包责任制在探索中不断完善发展，很多乡村地区的生产力不断提高。随着农村的改革和发展不断深化，人民公社的农村基层管理体制已不再适应新形势的变化，部分社队基层组织出现涣散的不良现象。此时，村民自治的兴起为中国农村政治发展和国家的民主化进程提供了新的选择。1980年，广西壮族自治区宜山县三岔公社合寨村探索了以民主选举和民主管理为核心内容的村民自治模式，诞生了中国历史上第一个村民委员会，我国农村民主政治改革的序幕正式拉开，走向了一条有中国特色的社会主义民主政治之路。1982年修订的《中华人民共和国宪法》以国家根本大法的形式，正式将村民委员会确立为"基层群众性自治组织";[①] 1983年，中共中央颁布《当前农村经济政策的若干问题》，在全国范围内取消人民公社体制，实行政社分设，在村民自治基础上，由乡镇政府给予指导和帮助，明确了乡镇政府与村委会之间的指导与协助关系。"乡政村治"的乡村治理模式就此形成。

我国的"乡政村治"格局已然形成，但乡村治理改革从未休止，再往后的十余年，1998～2012年，国家通过乡镇机构改革、农业税费改革、社会主义新农村建设等促使其日益完善（周云冉和王广义，2021）。一是撤并乡镇

---

① 中共中央文献研究室. 十二大以来重要文献选编（上）［M］. 北京：人民出版社，1986：246 - 247.

和机构改革。1986 年以来，国家多次进行乡镇撤并工作，与此同时，乡镇机构的改革工作也顺利进行，国家通过颁布《中共中央办公厅、国务院办公厅关于市县乡人员编制精简的意见》等文件，传达了简政放权的核心思想，大大降低了行政管理成本，提升了行政办事效率。二是农业税费改革。自 2000 年税费改革试点工作后，在全国农村范围内普遍推行，2006 年全面取消农业税。免征农业税结束了我国几千年的农业税历史，极大减轻了农村经济负担，自此我国进入"后税费时代"；农业税改革也成为中国实行惠农政策的开端。三是社会主义新农村建设。新形势下国家为促进我国经济社会良性健康发展、更好地统筹城乡发展，加大了对农村基础设施建设的投入，加大了优势资源向农村倾斜的力度，确保新农村建设稳步推进。

与此同时，随着农村经济的发展，农村民主政治建设的条件将更加充分，在"乡政村治"框架下，农民政治参与的要求更为强烈，在此趋势下，农村矛盾和问题增多主要不在于农民权利增多，而恰恰在于农民以制度化参与政治的渠道太少，村民自治运作不规范。因此，就乡村治理问题而言，现在国家建构的重点不再是基层政权的强有力整合，而是充分尊重乡村社会的发展和乡村秩序的稳定，以党的领导实现政党、国家、社会的多维结合。

3.1.4　新时代乡村治理的"三治结合"模式

2006 年，农业税的取消虽然减轻了农民的负担，但也切断了国家与基层社会的连接纽带，由此也产生了一系列如农民参与不足、基层党组织弱化、村民自治异化等问题。基于此，国家着力推进乡村社会民主自治建设、乡村法治化建设。直至 2012 年进入新时代，社会主要矛盾发生变化，乡村治理虽然沿袭原有的"乡政村治"模式，但治理方式以及治理政策更加注重与时代发展目标相契合。2014 年，中央一号文件《关于全面深化农村改革加快推进农业现代化的若干意见》指出"探索不同情况下村民自治的有效实现形式"并颁布《国家新型城镇化规划（2014 – 2020）》，自此，全国各地农村掀起了积极探索村民自治实践和新型农村社区建设的热潮。由于沿海地区活跃的经济和文化氛围，"三治"在浙江桐乡首先兴起，其在以往单独强调自治的基础上有效嵌入德治和法治，走出了一条适用性强、扩展性强的基层社会治理的创新路径。2017年，"三治结合"的基层治理实践正式发布为国家治理方略。根据中央国务院《乡村振兴战略规划（2018 - 2022）》的要求，对于"三治"的关系可以理解为"自治为基、法治为本、德治为先"。

通过自治调动村庄的组织力和政治共同体意识是新时代乡村振兴战略背景下进行"三治结合"体系建设的优先考量。传统农业型乡村通过下放自治权到村小组，有效缩减治理半径，以解决治理范围过大的问题。通过建设"村落理事会"以及建设介于乡村两级的党建示范区可以更大程度地激活自治活力，当村庄具备基层自治组织能力后，则可在村自治组织基础上根据村庄具体情况进一步推进德治、法治建设。而对于沿海利益密集型乡村，其经济水平普遍高于内地，且高速发展的市场经济催生出高度分化的社会利益，因此，沿海经济发达乡村主要具有党委领导、政府主导推进基层治理建设"三治结合"的特征。传统农业型乡村的法治建设需要在一定自治基础上开展，真正实现自治"法治化"，其主要目的是通过更加精准具体的制度来防止村级小微权力的腐败，实现更有效的资源配置。乡村治理法治化是依法治国在乡村基层的具体体现，也是"三治结合"中的关键一环，从《中华人民共和国村民委员会组织法》的修订，到《中国共产党农村基层组织工作条例》的修订，无不体现了我国农村基层的法治化水平正在走向一个新的高度。而沿海经济资源密集的现代型乡村，主要以"送法下乡"为乡村法治建设的主要手段，如广东惠州"一个村一个法律顾问"、浙江桐乡"法律十进"等，更好地契合了沿海经济资源密集型乡村的现实需求。传统型乡村德治通常是为了解决人口流失状态下提升村庄自治共同体的文化认同问题，建设思路和做法主要是通过挖掘村庄传统文化，进而强化村庄共同记忆，打造共同体意识。建设德治引领的"三治结合"乡村治理体系的通常做法是通过乡村内生性"德治"担纲者乡贤实现的。例如在新农村建设中，江西乡村普遍利用传统宗教的组织结构成立乡贤理事会来进行村庄治理和新农村建设。而沿海经济发达乡村本身可以利用的资源较为丰富，因此，可以通过培育多元社会组织宣扬和营造德治文化，如开展道德模范评奖活动，经济条件允许的乡村可以编写村志村史等。

我国乡村治理体系的建设和发展已经取得一定的成就，但"三治结合"乡村治理体系涉及面广、影响范围大，东西部乡村发展很不平衡，由此而来也产生了许多问题。其中，"桐乡样板"的引领作用和示范效应被不断放大，全国许多"三治结合"呈现盲目学习、机械复制的样态，在本地区推行"三治结合"不考虑自身环境的复杂性，片面追求"形似"，最终导致"水土不服"的情况出现。此外，综合全国各地"三治结合"的实践来看，普遍存在着重"三治"轻"结合"的情况，"三治"单兵突进，无法达到有机结合的效果。

3.2　国内外乡村治理典型模式的比较研究

习近平总书记指出："我国推进国家治理体系和治理能力现代化，当然要学习和借鉴人类文明的一切优秀成果。"[1] 世界上发达国家历经几个世纪的发展，在乡村治理方面积累了大量经验，形成了各具特色的治理模式。尽管发达国家与我国在政治制度、经济体制以及文化传统等方面都不尽相同，但其在乡村治理过程中形成的先进治理理念与治理方式，在一定程度上对我国乡村治理体系与治理能力现代化的建设具有借鉴意义与现实价值。本书选取以日本、韩国为代表的东亚乡村治理模式，以德国、荷兰为代表的西欧乡村治理模式，以美国为代表的北美乡村治理模式进行比较分析，并与我国乡村治理模式联系起来，试图从中探寻推进我国乡村治理现代化的经验启示。

3.2.1　东亚乡村治理模式

日本是一个国土面积狭小、自然资源相对匮乏的国家。二战以后，日本

---

① 习近平主持中央政治局集体学习时强调历史是最好的老师 [N]. 人民日报海外版，2014 – 10 – 14.

为了快速实现社会经济的飞跃，实行城市偏向政策，不断加速工业化的建设，导致城乡发展的不均衡，农村人口的大量流失造成农村耕地的空置，势必造成农村的衰落。为了改变农村落后的局面、保障农民的利益，日本通过城乡一体化建设来平衡城乡发展，在 20 世纪 70 年代末，日本开始了自下而上的"造村运动"，主要表现在"市町村"大合并、"一村一品"运动、建立"农协"等方面。

首先，日本实行"市町村"大合并。日本的町、村相当于中国乡镇这样的基层政权组织。町、村的规模一般较小，通常由几个居民点或自然村组成，在町、村下辖范围内存在村民自治组织，最具代表性的就是"集落"，"集落"通常只有几十户人家，其职责在于协助町、村行政，与町、村政府之间并不存在领导关系。日本市町村的小规模制约了农业农村的规模性建设，同时也大大增加了政府的管理成本。因此，日本政府为统筹城乡发展，防止农村空心化，在城市内部实行经济激励政策，鼓励工厂下乡来保障农民不离农，在农村通过财政拨款、债券融资等金融手段加强基础设施建设，以改善农村人居环境，为市町村的合并做好准备。据统计，到 2007 年，日本市町村的总数就减少了 40% 以上，由原来的 3229 个合并到了只有 1804 个（郭永奇，2013），这种大合并使得日本同时保留了城市与乡村的特色，形成"城中有乡，乡中有城"的田园城市。其次，日本立足于自身实际情况，发掘利用优势资源，因地制宜地发展特色农业，形成了"一村一品"的田园景观。同时注重农村与农业的协调发展，通过《农业基本法》《山区振兴法》《景观法》等配套法律，注重对地形特点、自然条件的考察，扶持农村、山村及渔村地区个性化特色景观构建，大力发展绿色观光农业、农家乐生活体验区等，促进城乡互动融合。最后，日本建立农民经济合作组织"农协"，成为连接政府与农民的桥梁。农协作为农村行政组织的补充，在农产品生产、加工、流通、销售的各个环节以及农民生活物资采购等方面都发挥了重要作用，成为有效团结农民、促进农业生产、提高农民综合素质、拓展乡村治理广度与深度的重要组织。

韩国与日本的农村发展现状极其相似，因此韩国发起的"新村运动"与日本的"造村运动"具有相同的价值目标，都是为了改变本国农村落后的面貌、推进城乡协同发展、提高农民的生活质量。1970 年，韩国政府以"勤勉、自助、协同、奉献"为价值理念，以农村区域性开发为基础，以农村整体性提升为目标，以农民生活改善为动力发起了"新农村建设与发展运动"（以下简称"新村运动"）。与日本偏向于政府主导的"造村运动"不同，韩国的"新村运动"更加注重官民共治，即政府支持与村民自主参与同频共振，共同推进乡村治理。"新村运动"历经基础阶段—拓展阶段—提高阶段—跨越发展阶段—自我发展阶段五个阶段，每个阶段都有自己的重点工作，总结起来主要在社会、经济、文化三个方面。在社会开发方面，注重加强农村基础设施建设与提高农户生活环境质量；在经济开发方面，通过改变农业生产方式、动员社会力量以及企业资本注入的方式增加农民收入；在文化方面，注重国民精神培育，在脱贫致富的同时，培育改革、奋斗与创造的精神（邱春林，2019）。韩国"新村运动"经过 40 多年的发展，不断优化完善并形成自己的鲜明特色，主要措施体现在以下三个方面。

一是发挥政府主导作用。韩国政府为了推动新村运动，在机构设立、资金投入、国民精神培育方面都发挥着主导作用。韩国政府在中央和地方层面设立不同层级的新农村运动咨询与协调委员会，自上而下地负责协调推进新村建设；对农户居住房屋修缮、交通道路的修建、公共供水排水系统、电网等生活基本设施的完善投入大量资金。同时，韩国政府以改造国民精神来调动农民脱贫致富的积极性，将新村运动与农民价值观念的培育同步进行。二是政府支持与村民自治相结合。韩国政府积极倡导成立以邻里会为代表的村民自治组织，以及新农村妇女协会、新农村青年协会等保障妇女、青年群体利益的民间组织，村民通过参与村民大会来为村庄的发展建言献策，这些自治组织在新村建设运动中发挥重要作用。三是注重村庄原生性发展。韩国政府基于地域自然状况的不同，采取相应的村庄发展策略，不搞千篇一律的村庄大开发，注重在基础设施发展的基础上，对原有村庄生态和文化进行保留，运用综合性的方法来全方位地支持农村发展。

3.2.2 西欧乡村治理模式

德国的农业农村现代化与工业化、信息化、城市化基本上同步发展，乡村生态环境日益优化，乡村农业科技日益现代化，乡村生产力水平日益提高，乡村三大产业日益融合，是城乡融合发展国家的典范。这离不开德国进行的有效乡村治理，德国的乡村发展历经土地整理、村庄更新、城乡融合这几个重要阶段（钱玲燕，2020），也积累了丰富的经验可供其他国家借鉴学习，其中最值得关注的是等值化理念指导的"村庄更新"运动。二战过后，德国的城乡差距不断拉大，无序的工业化建设在不断侵蚀着乡村原有的土地形态和耕地用途，乡村空心化加剧，土地使用矛盾也在被无限放大，因此，"村庄更新"运动应运而生。德国在保留村庄原有的地方特色和自身优势的基础上，通过村庄更新的方式进一步解放农村生产力和改善农民生活水平，做到农村与城市在生活品质上几近于等值，使得城市务工与农村务农成为同等选择。

"村庄更新"在不同的阶段有着不同的目标，在 20 世纪 50 年代，德国乡村经历战后修复期，主要进行土地整理、农户间流转土地以期规模经营；在 20 世纪 70 年代，德国非农工业人口比重较大，为保证乡村经济健康发展，开展土地整合行动，实行农业结构更新计划，进一步规划产业布局，完善功能分区，缩小城市居民与农村人口生活差距；到 20 世纪 90 年代，德国加入欧盟牵头的"农村地区发展联合行动"项目，鼓励村民参与乡村建设，基本实现了乡村生态宜居的目标；进入 21 世纪，德国面临着乡村人口老龄化、房屋空置率高、公共服务就近供给不足等问题，德国通过现代农业生产模式的转型、农民从业模式的转型，以内生型发展模式发挥乡村的多元功能来应对人口结构变化带来的问题，从政策框架支撑与综合管理两方面入手，激发乡村自身内源动力维持乡村健康可持续发展。总的来看，德国的乡村在半个多世纪的演化发展历程中，通过产业结构、耕作模式、人口结构的变革，促使德国乡村功能也在多元化转型。从最初以粮食生产安全为主逐步发展为满足生活居住、生态优美、就近就业、文化繁荣、休闲旅游等多层次需求。

荷兰地少人多的基本国情与我国十分相似，但就是这样一个国土面积不大、乡村资源不丰富的国家，却能拥有更加宜居宜业的乡村生态环境、更加优质的土地空间利用秩序、更加卓越的农业产业化前景，成为仅次于美国的世界第二大农业出口国，这得益于荷兰政府在乡村规划中实行土地整理与开发，注重对空间的前瞻性与整体性规划。荷兰的乡村地区土地整理是在法律支持、机构建设、公众参与三者合力的基础上实行与完善的。

从立法的角度看，早在 1924 年荷兰就出台相关法案在法律意义上明确了土地整理，1954 年颁布的《土地整理法》更加规范了农业部门对乡村地区规划的基本策略和阶段任务，尽管在法律条文上缺乏相应的条款来协调与空间规划的关系，但在 1965 年《空间规划法》颁布后，土地使用规划覆盖了所有的乡村地区，乡村地区每一块土地的利用方式都必须符合土地使用规划的规定（张驰等，2016）。为了加强农村土地的综合利用率，1985 年，国家颁布了新的土地整理法律，即：农村地区土地开发法，空间规划由土地整理向土地开发转变，更加注重城乡一体化理念。从中可以看出，荷兰的土地整理最初是通过交换田块来减少碎片化农田，修建道路来提升农业生产条件，优化土壤水质来提高农业生产效率，总的目的就是更好地发展农业，进而发展成为以生态环境保护为重点的综合性、非农化、多目标体系的乡村建设，更加注重延续传统乡村景观、持续保护区域结构性绿地、强化乡村休闲娱乐功能等高质量的乡村发展。从机构建设来看，荷兰土地整理有完善的组织机构来保障机制顺利运行。在 20 世纪荷兰的土地整理主要是由中央土地整理委员会与土地整理服务局共同管理，随着政治上"权力下放"的趋势，到 20 世纪末的时候，土地整理的管理权下放到省一级政府，进入 21 世纪，土地整理机构更加细化，设立农村地区水资源和土地资源管理局作为土地整理项目实施部门，在每一个项目里成立土地整理委员会进行具体决策，同时土地管理基金机构负责收购土地。从公众参与来看，荷兰 1954 年法案确立"土地整理委员会"这一形式后，土地整理委员会扮演着土地整理项目的规划和设计者、公众听证会和投票表决的组织者，同时也是土地整理项目工程施工和验收的监督者等多重角色。不难发现，涉及土地整理利益分配的普通群众也是影响土地整理项目的重要决策者，极大地提升了农民群众参与土地整理项目的热情。

3.2.3　北美乡村治理模式

美国是一个高度发达的国家，也是世界上城市化水平最高的国家。从严格意义上来讲，美国并不存在比较封闭的乡村，城市与乡村的基础设施以及文明程度基本等同，以小城镇的形态让城市和乡村融为一体。美国与其他国家一样，乡村发展也经历了漫长的过程，也存在城乡差距大、城市中心过度拥挤、社会矛盾尖锐的问题。美国政府以高度自治的基层建制为机制，以农业合作社为载体，以完善的农村金融体系为支撑，以完备的立法体系为保障，走出了一条城乡一体化的乡村发展道路，形成了独具特色的城乡共生型小城镇乡村治理模式。

在基层治理方面，美国的地方政府只有一个层次，市、镇、村政府都是平级政府单位，且在法律地位上也是平等的，相互之间也不存在隶属关系。美国乡镇治理实行直接民主，行政官员处理乡村社会事务需要依照全镇居民大会事先通过的准则去办理，因此，美国乡村居民热衷于投身乡村事务的管理与建设，并且在乡村事务的决策中具有重要的影响力。在乡村经济发展上，美国十分重视农业产业发展，建立了完备的政策和金融支撑体系。美国在城市化的过程中，通过立法保护农业发展和农民受教育的权利，如《2014年美国农场法案》为农业产业化发展、农业补贴提供法律依据，《教育目标：美国教育法》加强对农民的职业技能培训，为乡村治理输送人才（李润平，2018）。通过农业合作社解决农业贷款、农产品滞销等问题，推动美国家庭农场的规模化发展，推进农业一体化和现代化进程。在小城镇建设方面，美国小城镇的普及、发展与美国政府推行的小城镇建设政策是紧密相关的，美国在 20 世纪 60 年代开始"示范城市"试验计划的目的就是让大城市里的人口分流去乡村来推动小城镇建设。这种在政府支持下发展起来的小城镇，既保留了乡村的自然资源与田园风光，又学习借鉴了大城市的管理制度与治理方式，再与自身区位优势完美结合，能够促进小镇经济的良性持久运转。小城镇的建设与发展在很大程度上推动了农村公共设施的完善与城乡交通网络的建设，更重要的是，小城镇对于乡镇精神的塑造将激励乡镇居民参与乡村治理的热情，以这种对乡土的爱恋精神推动乡村治理迈入更高的水平。

3.2.4　发达国家乡村治理的经验启示

国外发达国家乡村治理模式各不相同，各具特色。日本乡村治理模式具有政府主导的因地制宜发展特点，即在政府主导下，充分发掘当地特色资源，自上而下因地制宜地推进乡村可持续发展。韩国乡村治理模式具有官民共治、上下协同的特点，即政府努力支持与村民自主参与同频共振，在发挥政府主导作用的同时，实行村民自治，辅之以文化、教育事业的发展，更好地发挥农民主体作用。德国乡村治理模式具有循序渐进的外生型特点，即"村庄更新"在不同的阶段有着不同的目标，政府在顶层设计层面不断调适政策规划与法律法规来推动乡村社会有序发展，在 21 世纪，德国注重乡村功能重构，逐渐有内生型发展趋向。荷兰乡村治理模式具有精简集约的特点，即政府通过合理的农地整理与空间规划，以相对较少的农村资源创造多样化的农村经济效益，以优质的自然生态环境持续改善农民生活质量。美国乡村治理模式具有城乡互惠、城乡共生的特点，即政府通过小城镇的建设，让城市与乡村紧密相连，走城乡一体化发展之路。

尽管国外发达国家的乡村发展道路不尽相同，但他们依然有一些共性之处。发达国家乡村发展立足于乡村内部的自然特色与区位优势，充分发挥政府的主导作用，通过政府在顶层设计层面的政策规划与法律法规对乡村治理进行总体规划与宏观调控，为乡村治理提供政策支持与法律保障，同时重视乡村治理中多元主体的价值与功能，国外乡村治理的成功很大程度上是政府充分了解村民改善生活质量与参与乡村建设的迫切意愿，通过农民协会自治组织积极发挥农民主体在乡村发展中的主人翁地位，特别是鼓励乡村精英参与乡村建设过程，加快乡村改革与发展的进程，通过引入社会组织与金融机构对乡村发展帮扶与支持，助推乡村的发展与繁荣的结果。国外发达国家乡村治理模式促进了本国乡村社会的良性发展，对于我国推进乡村治理现代化在治理理念上具有重要借鉴意义。

一是建立政府引导，多元主体参与的乡村治理体制。参考日本"造村运动"和韩国"新村运动"，政府在农村公共事务中承担着提供政策保障和资金保障两大功能，在乡村治理过程中扮演引导者的角色。因此，在乡村治理中实现乡村善治迫切需要"管理型政府"模式向"服务型政府"模式的嬗变，激发乡村中农民、青年人才、社会组织参与乡村治理的活力与热情，形成以党组织为核心的自治、法治、德治相结合的多元主体治理机制。二是加强法治与德治的乡村治理功能。法治作为社会建设的基石，在法治化的进程中对各类涉农法律法规的健全与规范，对自治权的合法界定，进一步明确了治理主体的权责范围，保证了乡镇政府和村两委合法行使权利，引导村民对法律法规的信仰与遵循，减少了农民矛盾纠纷的产生。"法治"规范化、程序化高效地处理农民矛盾纠纷，是构造安定有序乡村图景、提升乡村治理品质的重要保障。同时，要把社会主义核心价值观融入乡土社会，重建乡村价值共识，引领乡村道德建设。积极发掘优秀传统农耕文化，在尊重村庄既有道德传统的基础上，改造乡村传统道德文化资源，构建获得村民广泛认同的新型乡村道德规范，以此发挥乡村内生秩序体系中"德治"在乡村治理中的教化作用，促成和谐有序的乡村面貌。三是基于城乡统筹发展的理念，积极培育县域经济实体发展，以农业强县建设带动农业强国建设，合理调整产业布局特别是工业布局，加强县级产业园区建设，推动三产融合，转变城市规划发展理念，把城市建设与乡村发展结合起来，合理利用乡村自然资源与特色优势，积极打造特色小镇，走新型城乡融合之路。

3.3　新时代中国乡村治理的现实困境

在国家治理转型的背景下以及"十四五"时期新发展阶段的要求下，推进乡村治理现代化，实现乡村高效治理需要满足治理过程有效、治理目标实现与善治可持续的发展要求，不断推动传统乡村治理的转型升级。但在推进乡村治理现代化的实践中依然存在着在治理结构、治理主体、治理机制、治理方式的现实困境，具体表现为乡政村治二元失衡、多元协同治理不深、治理体制机制欠佳、数字治理赋能不足等现实问题。

3.3.1　治理结构：乡政村治二元失衡

人民公社解体后，乡村社会处于一盘散沙的状态，为了将农民组织起来恢复农村的经济社会发展，重建乡村基层政权，"乡政"成为国家政权组织体系中的基层组织，在乡村社会履行自上而下的国家政权职能。"村治"成为国家政权体系之外的群众性自治组织，在处理好村务的同时，协助"乡政"处理政务，是国家政权的外在基石（陈军亚和肖静，2022）。乡村社会治理形成了"乡政—村治"二重性纵横组织结构。自农业税费改革以来，随着国家"三农"发展战略的系统推进，"乡政"与"村治"被纳入国家统一的治理体系之中，但"乡政"与"村治"之间的二元矛盾与冲突日益凸显，乡村社会横向治理重视不足，纵向治理问题重重。

其一，乡政的"悬浮化"和"全能化"。在压力型体制下，乡镇政府不仅要完成上级政府的各项指标考核任务，还要直接落实乡村社会建设与发展的各项任务。在实践操作中，基层政府的工作重心往往是乡镇的经济建设与发展，没有更多的财政资金用于乡村基础设施与公共事业的发展，在乡村治理中与农民、农村脱钩现象明显，逐渐"悬浮化"。另外，乡镇权力对村庄权力的侵蚀现象普遍，乡镇政府为完成上级考核任务，运用行政手段对村庄权力机构进行全能型管控，通过增设行政机构、限制村委自治空间等方式干涉村庄"四个民主"的发展，使"村治"功能难以落到实处。

其二，村治的"附属行政化"或"过度自治化"。在"乡政村治"治理体制下，乡镇政府与村委会之间的复杂矛盾导致两者很难达到一个平衡的状态，经常会形成两个极端局面：一是政府对村委会过度干预，使村委会成为乡镇下属机构"行政村"，而不是代表村民利益的"自治村"，村民自治逐步沦为乡镇政府的"代理人"，村委会的自治能力弱化，行政能力反而强化。二是村委会完全漠视乡镇政府的管理，以消极的态度协助乡镇政府对基层进行管理，以非法的手段肆意扩大村民自治的范围，使村委会的自治权完全超越乡镇政府行政管理权的过度自治化。

这种"乡政—村治""村委—村民""乡镇干部—村两委干部"之间的利益博弈导致乡村治理的结构性失衡，严重制约着乡村治理的成效。

3.3.2　治理主体：多元协同治理不深

进入新时代以来，伴随着现代经济社会的快速发展，我国传统型乡村熟人社会逐渐向现代半熟人乡村社会转型，人口的流动性增强，市场主体走向成熟，尤其是各种社会组织和经济组织在乡村社会的嵌入，使得乡村治理的主体性得以重构，乡村治理格局由二元走向多元，乡村多元主体协同共治呈现良好势头。多元共治是乡村多元主体通过发挥自身价值优势进行合作治理来达到乡村善治目标的一种治理模式，是乡村治理现代化的重要特征，也是乡土社会内生性多元发展的要求。乡村多元主体的合理嵌入能够充分发挥乡村治理的灵活性与互补性，降低乡村治理的行政成本，从而有效弥补乡政村治的不足。但是多元共治能否取得良好的治理效果，还得取决于多元主体能否进行良好互动。受到一些历史和现实因素影响，乡村治理主体的合力还未形成，多元共治面临着多重困境。

其一，多元治理主体综合素养有待提升。乡镇政府受到"乡镇村治"模式的影响，习惯于依靠强制的行政手段对村庄进行管理，缺乏乡村多元共治的意识，从全能型政府向服务型政府转变仍需时间沉淀。村两委组织队伍结构老化，治理理念相对保守，实际参与能力不足，不依法依规办事也时有发生。乡村社会组织、经济组织规模小，种类少，主要依靠政府政策以及资源的扶持，在乡村治理中独立性较弱，对自身的角色定位不清，无法为村民提供个性化和定制化的服务，在乡村治理中的实际作用发挥有限。普通村民受到自身文化素质的制约，对乡村治理缺乏了解，公众政治参与意识淡薄，无法用合理的方式精准表达自己的意愿，无法担任起乡村治理的主体作用。新乡贤处于乡土社会的游离状态，很难真正融入乡土社会，在推进乡村治理现代化的作用难以体现，乡村精英也会存在治理动机异化，阻碍乡村民主进程。

其二，多元主体共治合力难以形成。当前参与乡村治理的多元主体之间的价值目标与利益诉求不尽相同，在处理乡村具体事务中难以形成统一的方案与行动，组织化程度还有待提高。在乡村治理中，多元治理主体对于乡村公共资源的掌握并不均衡，掌握资源的多少决定了在村庄公共事务中的话语权的大小，普通村民成为弱势群体。由于多元主体之间的可支配资源分配不均，加剧多元主体之间的矛盾冲突。乡村社会结构的变化，传统熟人社会的瓦解，多元主体之间的信任程度、默契程度、共享意愿都大幅削弱，阻碍合作治理的成效（杜智民和康芳，2021）。

3.3.3　治理机制：治理体制机制欠佳

乡村治理体制机制是指在乡村治理的过程中通过某种协调模式把乡村治理的多元主体有机地组织起来，形成多层次、多维度的复合治理效应，实现乡村治理的高效、可持续运转（钟卓良和韦少雄，2022）。前文通过对我国乡村治理体制进行梳理，发现新时代我国乡村治理体制朝着多元协同共治的方向发展，但仍然面临着一些新的问题与挑战。

其一，"三治结合"机制融合力度不够。在乡村治理中自治是核心，法治和德治是为自治保驾护航的两翼，发挥着法安天下、德润人心的重要作用。但在乡村治理实践中，村民对自身自治主体地位认知不清，对依法行使权力不以为然，常常出现"被代表""被集体"的情况。乡村自治机制权威性的削弱以及乡村领导机构权力制衡机制不完善严重影响着乡村自治的有效运行。同时，法治和德治对乡村自治的保障作用不充分。乡村司法调解作用有限以及普法宣传工作的不到位直接影响着村民法治思维和维权意识的培育，优秀传统文化的式微与乡贤精英人士的退出制约了德治在乡村社会的教化与约束作用。

其二，乡村民主化治理机制不健全。乡村民主化治理是提升乡村基层政府权威性的重要手段，是乡村治理现代化的运作逻辑。但是"四个民主"发展滞后、利益表达渠道不畅等掣肘乡村民主化治理机制的完善。在民主选举中，过度竞争、贿赂选民、消极参选等现象时有发生，干扰村两委的正常选举；在民主决策中，行政化决策、弃权式决策等都影响决策的科学性与民主性；在民主管理上，村民缺乏在制度设计中的话语权，使得村规民约缺乏合理性；在民主监督上，村务公开流于形式，村两委干部监督被悬置（罗栋梁，2022）。同时，村民利益表达机制不完善，村民一般通过村民代表大会或者信访制度表达利益诉求，但一些地方在执行中往往忽视了村民的个体利益，造成干群关系紧张的局面。

其三，党的十九届四中全会提出要完善党委领导、政府负责、社会协同、公众参与、法治保障的社会治理体制，但是在地方具体实践中，社会协同力度不够、协商形式设计不合理、村民无效参与等问题突出，这都得归因于单一治理机制无法形成治理复合效应，协同治理机制的不完善影响治理效能的发挥。

3.3.4 治理方式：数字治理赋能不足

随着数字经济时代的到来，数字技术下沉到乡村场域，成为推进数字乡村有效治理的手段已是大势所趋。数字乡村治理已经成为农业农村现代化发展的重要考量，更是实现乡村振兴战略的重要内容，对于推动农业农村数字化转型发展，优化乡村治理的模式，重塑乡村话语体系，再构乡村治理权力体系具有重要作用（杨秀勇和何晓云，2023）。但是内外部条件的限制严重影响着数字技术赋能乡村治理质量的提升。

其一，乡村数字基础设施建设相对落后。当前数字乡村建设明显存在着地域鸿沟，表现为不同地域之间的不平等以及同一地域不同村庄之间的不平等。东部地区在经济基础、信息技术、数字资源等方面的优势禀赋碾压中西部地区，更容易在数字乡村建设中获得更多资源。尽管在同一地域，数字乡村建设的成效在一定程度上还取决于村干部自身的积极作为，能人主政的村庄利用其社会资本竭尽所能争取国家资源扶持。在东西部区域，数字平台的建设都或多或少地存在平台建设不惜成本的现象，加剧财政压力；平台运行各自为政，联合效益发挥有限；平台运营维护后劲不足，制约了村民参与意愿等现实问题（刘天元和田北海，2022）。

其二，数字人才培育滞后。数字技术具有门槛性，数字治理也会面临着现代与传统之间的矛盾冲突，主要表现为"老人不会，新人不足，精英退幕"。随着城镇化的推进，"老人治村"仍然是很普遍的现象，但是农村留守老人和外出务工的青壮年都是被排斥在数字乡村建设之外的，老人们无法独立使用政务平台，外出青年对数字乡村建设项目缺乏信任，都会使他们参与数字乡村治理的意愿大打折扣。乡村数字技术人才仍有巨大缺口，乡村数字研发人员、信息服务人员、基层农技人员等都难以满足数字乡村建设的现实需要。再加上引进的外部技术人才对原有村庄内生型精英人才的冲击，使得乡村数字治理难以高效推进。

其三，数字乡村治理与乡村性耦合性较差。数字技术下沉到乡村治理场域，无疑会带动乡村第三产业的升级以及治理质量的提升，但实现数字技术与乡村性的深度融合，形塑数字化改革与乡村治理体系之间的耦合效应，仍然是数字乡村治理的关键性难题。主要表现为数字技术的不当运用破坏了乡土社会的道德、文化、情感以及秩序。数字化技术的使用赋予了村庄社会交往虚拟化的生态，会不断解构村庄传统熟人社会中产生的亲情、道德、伦理，会使人产生孤独寂寞之感，长此以往，数字技术难以实现与乡村治理各要素之间的有效融合。

第 4 章

新时代乡村治理体系现代化
影响因素的质性分析

4.1　扎根理论方法概述

扎根理论研究法（grounded theory，GT）是由哥伦比亚大学的斯特劳斯和格拉萨（Strauss and Glaser）两位学者于 1967 年在专著《扎根理论之发现：质化研究的策略》（*The Discovery of Grounded Theory：Strategies for Qualitative Research*）中共同提出的一种系统化的定性研究方法（吴肃然和李名荟，2020）。它强调从经验资料的基础上建立理论。研究者一般先从实际观察入手，根据原始资料总结出经验，再深化到系统的理论，这是一种从经验事实中抽象出新概念、新思想的自上而下的研究方法。在扎根理论中，研究者不能单纯地参考文献，还需结合原始资料和自己的判断，因此，原始资料、文献资料以及研究者之间形成一个三角互动的关系。作为"情景化研究"方法论的代表，扎根理论已经被广泛应用于众多社会科学研究领域。发展至今，扎根理论已经发展出不同的学派及众多分支，形成三大学派——经典扎根理论、程序化扎根理论和建构主义扎根理论，三者的方法论不同集中体现在编码环节（贾旭东和衡量，2020），本书采取程序化扎根理论的编码步骤。

程序化扎根理论以明确的分析步骤和分析技术帮助新手研究者减轻资料

分析中遇到的茫然感，它将编码过程分为开放式编码、主轴编码和选择性编码三个步骤，其核心在于明确概念的指向。编码过程中，随着概念指向的变化会产生新的概念内涵，直到概念饱和为止。判断概念饱和可以参考概念密度、理论要素间逻辑关系的紧密程度和理论解释力三个标准（何木叶和刘电芝，2022）。

扎根理论的操作步骤有：（1）登录，将收集到的资料进行整理并转换为概念；（2）构建范畴，将得出的概念进行分类比较，分析其类别属性，构建概念范畴，思考并提出初步理论；（3）概念抽象，深度分析概念属性和相关理论，构建联系；（4）系统译码，通过理论性抽样，对抽象概念等进行系统的编码；（5）构建理论，通过实证检验，对比之前收集的资料，优化初步理论。

开放式编码是对原始访谈资料的第一轮编码，即对访谈资料概念化和范畴化的过程。具体步骤包括给访谈资料贴标签、对现象进行摘要并将其概念化、将概念上升为范畴。实施开放式编码应当遵循几个基本原则：第一，在访谈、调研等收集资料的过程中要详细记录，细心检查，不可遗漏重要信息。第二，注意访谈对象等当事人所用词句，分析其中可以作为代码的原话。第三，对代码进行初步命名时，可以直接记录访谈对象的原话或者研究者自己组织语言，不用过多考虑命名是否合理恰当。第四，注意比较与资料相关的概念，并对有关的词语、句子、意义、目的等进行具体提问，发散思维，深度分析。第五，横向比较概念维度，联想相关案例，保持敏感性，检查饱和性（颜红艳等，2022；徐皓铭等，2022）。

主轴编码将数据组织、分类，将分散的节点整合成树节点。它是开放式编码后的第二轮编码，在开放式编码的基础上再次深入分析、研究所得概念，对比并归纳出不同范畴，从中反复思考总结，发现概念类属，形成更为抽象的主范畴。在主轴编码中，研究者以主范畴为核心，围绕其分析概念与概念之间的关系（如相关关系、语义关系、情境关系、结构关系、过程关系、因果关系、功能关系等）（李栋，2022），按照典范模型将次范畴组织起来，建立关联性。所谓典范模型是指因果条件、环境、干扰条件、行动策略和后果五个主范畴。研究者在进行研究的过程中，既要考虑范畴之间本身的关联性，同时也要结合研究者的研究目的和背景，放在当时的语境和所处的文化环境中来考察。主轴编码通过不断地对比、演绎和归纳，将近似的编码连接在一起，重新组织数据。它的编码步骤有：（1）分析概念类属和各现象之间的关系，在主要概念和次要概念的联系中建立假设；（2）对比收集到的原始资料和假设是否相符；（3）持续不断地寻找各概念类属的属性，探究它们的定位；（4）反复比较实际应用数据中的事件原因、说明等，通过实证检验整理出最终概念类属。

数据资料分析的最后阶段是选择性编码，它是在开放式编码和主轴编码中对主次范畴与研究主题之间内在联系进行分析的基础上，来确定核心范畴并在概念层面上描述现象的条件与整理故事的脉络，从而归纳出研究主题的原属现象，展现出主范畴的典型关系结构（邱均平和韩小林，2022）。通过验证范畴间的相互关系，把尚未发展完备的范畴补充完整，并以"故事线"的形式将支离破碎的概念重新组合在一起的过程，进而形成理论框架（马静，2022）。在主范畴中深度检验、系统分析，确认核心范畴及其与其他各部分的相互关联是发展理论的必经之路。为完成基础理论，需在概念层面了解现象的描述条件和结果路径，以帮助研究者顺利梳理资料、比对结果。选择性编码一般按照构建故事线→找到核心范畴和次要范畴→确定核心范畴的属性并对次要范畴分类→结合经验验证资料→理论抽验填补遗漏五个步骤来完成编码（阳富强和赵家乐，2022）。

扎根理论分析的流程如图4.1所示。

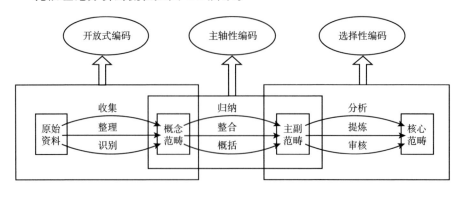

图4.1　扎根理论分析流程

　　扎根理论的首要任务是建立实质性的理论，这种理论是将许多不同的概念融会贯通，不断整合、浓缩，使之成为一个集中整体，它基于原始资料和经验分析，是介于抽象概念和微观操作假设之间的"能解决问题"的理论。本书采取扎根理论的研究方法来探索新时代乡村治理体系现代化影响因素，新时代乡村治理体系是一种中国特色的治理体系，是一种契合时代发展、与时俱进的现代化体系，将其与之前的相关研究区分开来，主要针对农业科技、基础设施建设等农村发展现状，研究的问题较复杂，我国农业发展也处于探索阶段，缺乏成熟的理论框架。运用系统化的程序，以改革开放 40 多年来中国农业农村的发展为研究背景，结合实际情况建立合适的理论框架。

4.2　数据的收集与译码

4.2.1　数据收集方法

　　本书研究的数据收集采用参与观察、查询文献资料、深度访谈的方法。直接观察所得资料具有很高的真实性、生动性、客观性和丰富性。研究者通过参与观察，避免了中介环节引起的遗漏与差错，从而能够了解研究对象的真实情况和探索现象本质（钱志远和张洁，2022）；查询资料法的特点是便利、客观，不受时间、地点的限制，研究者通过报纸、书本、网络等传播媒体就可以获得大量数据资料；深度访谈法将访谈者与被访谈者直接联系起来，可以更深入地探索被访者的内心思想与看法，更自由地交换信息（王苑丞和曾要，2022）。

　　参与观察的方法是质性研究的典型方法，研究者走进研究对象的生活环境中，观察研究对象日常社会生活过程的状况，它是一种非结构性的观察。参与观察主张从特定情境的"局内人"角度出发，通过直接观察，在具体的人类活动场景中获取资料（蔡海龙，2009）。这种研究方法很少将自己的看法和观点强加于自身试图理解的那个社会世界，使得研究者在"没有先入之见"的情况下开展观察互动，是获取研究背景下社会生活状况真实情况的有效方法。它能够提供给研究者一个连续的动画，让研究者清晰、详细地了解调查对象在某个时期的发展、变化过程，这使它区别于其他一般的观察法。结合本书所探讨的问题，参与观察法的参考步骤为：（1）设计研究方案；（2）介入选定的村庄和农户群体；（3）与村庄内部人员建立信任关系；（4）收集和记录有用的调查信息；（5）对收集到的数据资料进行整理、分析、构思、写作成文。

参与观察受到实施难度和信息量缺乏等局限性的影响，所以本书配合使用查阅文献资料的方法来补充所需要的数据资料。通过搜集、查阅资料，研究者可以从前人的研究结果中受到启发，开阔视野，发现自己研究中的不足之处，从而突破研究瓶颈，提升创造性。另外，我们的研究需要大量数据的支持，光靠观察法工作量巨大且不易执行，而互联网为我们提供数据库，让研究者可以从中获取信息，同时，减少了寻找大数据的盲目性，节省寻找的时间和费用，起到很大的便利作用。

深度访谈是本书的研究要更进一步的关键方法，适用于解决研究中复杂、抽象的问题，即通过参与观察和查询资料不能完全解决的问题。本书采用半结构化的深度访谈，由研究团队事先准备好访谈问题和问题的顺序，受访者按照同样的顺序回答同样的问题。不同于高结构化的访谈，半结构化访谈可以设置开放性的问题，在访谈过程中，被访者可以用自己的语言自由地回答问题，访谈者随机应变，根据访谈时的实际情况灵活地调整提问的方式和问题的顺序，并根据访谈对象的研究背景展开个性化追问，研究人员主动记录和搜集被访者回答中的有效信息（徐敬宏和张如坤，2022）。本书的深度访谈通过电话、微信语音和线下专访等形式和渠道，邀请农村干部、普通农户等不同农村群体参与访谈，尽可能了解村民对于乡村治理体系现代化的真实看法，从中探索其影响因素。

这三种方法都是扎根理论的重要研究方法，本书结合这三种方法研究新时代乡村治理体系现代化的影响因素，随研究问题的深入将其灵活应用。考

虑到研究的目的、可操作性、模型构建的需要等多项因素，本书选取江苏和
重庆两地作为调研范围，其中，苏北的射阳县、苏中的江都区和苏南的句容
市分别作为江苏省三个区域的代表调查城市。虽然研究对象明确，但由于种
种原因不能观察到影响新时代乡村治理体系现代化进程的因素，加之相关研
究的历史资料和文献有限，因此，需要通过深度访谈的方法来进一步获取所
需要的信息。根据本书选取的调查对象重庆和江苏两个省份的特点，结合调
查内容及调查目的，本书设计了极具针对性且真实、开放的调查问卷，通过
网络投放和线下征集相结合的方式，共向当地农户发放问卷 1000 份，经过
对回收来的问卷进一步筛选和甄别，有效问卷共计 901 份。采用扎根理论研
究问题，要求信息丰富，案例合理真实。艾森哈德（Eisenhardt，1989）建
议，选择 4～10 个研究案例较为恰当，因此，本书选取 10 个案例村庄，其
中 8 份资料进行扎根理论分析，2 份资料进行理论饱和度检验。

4.2.2 数据收集过程

数据收集方面，本书以一手数据为主，辅之以少量二手数据。为全面了
解我国新时代乡村治理体系现代化的发展情况，本书以江苏省的射阳县、江
都区、句容市和重庆四地的各个乡镇农村村民为调研对象，对农村的数字化
服务及基础设施建设、村庄组织发展和多元治理等进行调查研究，为项目的
跟进提供一手数据。同时，本书还对研究所需要的论文、专著以及相关的中
央文件等进行了梳理和分析，为课题研究提供理论支撑和政策依据。通过发
放调查问卷和进行深度访谈收集原始资料并详细记录，将这些资料进行提
炼、归纳，整理出被调查者的年龄、性别、学历、所在地等基础信息和村民
对新时代乡村治理体系现代化的看法、相关政策的满意度和建议等深层信
息。访谈过程中，访谈者秉持着尊重事实、友善交流的原则向被访者提出问
题，被访者可以根据自己的真实感受自由地进行回答，二者的交流是一个双
向、理性的沟通过程。

本书选取江苏省和重庆市共 10 个村庄进行实地访谈和跟踪调查，分别

为射阳县桃园村、双丰村；江都区纪西村、丁东村、真武村；句容市白兔村、二圣村、林梅村和重庆市的芙蓉村和马鞍山村。调研团队对这些村庄的村干部和村民们的情况进行了基本了解，并筛选出共 25 个访谈对象，想要通过访谈、调研，了解影响新时代乡村治理体系现代化的各种因素，包括村庄的经济发展状况、农产品销售情况、村民养老待遇、数字化农业发展状况、农机、物联监管情况等，并尝试给出能够帮助其农业经济发展的有效建议。虽然调研过程还存在路途遥远、时间冲突、各种私人原因等不确定性因素，难以了解到每一个农户内心的真实想法，但通过前期资料查阅以及多方打听，调研的贴合度明显提升，坚持"普遍性与特殊性相结合"，通过发放问卷、电话预约访谈、微信联络等方式，倾听村民们的想法建议，结合国家的相关法律政策，为实施深度访谈提供可行性对策。

案例村庄的基本情况如表 4.1 所示。

表 4.1　　2022 年江苏省、重庆市若干村庄新时代乡村治理体系现代化发展情况

村庄	总耕地面积（亩）	主要农产品	是否规划过农业现代化
江苏省射阳县桃园村	9000	橘子、洋葱、青豆	是
江苏省射阳县双丰村	7935	大米	否
江苏省江都区纪西村	4810	通菜、沙果、丰水梨	是
江苏省江都区真武村	2766	莲藕、葡萄	是
江苏省江都区丁东村	5132	小青南瓜、干梅子	否
江苏省句容市白兔村	4250	甜瓜	是
江苏省句容市二圣村	4385	辣椒、菊花菜	是
江苏省句容市林梅村	5500	黄桃	是
重庆市芙蓉村	1830	杏子、美洲南瓜	是
重庆市马鞍山村	2369	苦瓜、西葫芦	是

以调研团队获取的 10 份村庄案例的农业数据为参考，本书进一步围绕新时代乡村治理体系现代化的主题，针对个例访谈中存在的问题进行修改，以筛选出的农民为调研对象实施深度访谈。在访谈过程中，25 位访谈对象在

该村生活时间均超过 20 年，见证了家乡村庄几十年来的变迁和发展，包括12 位村干部（村支部书记、村主任等）和 13 位普通村民。因此，访谈对象对该村的相关情况非常清楚，保证了访谈信息的准确性和真实性。访谈地点大多选为农户家中，比较轻松愉悦，防止给村民带来压力或是其他不便，访问语气也较为亲和、生活化，去除了"多元化治理""智能终端""农机监管"等专业性的词汇，通过"您觉得您的生活、养老有保障吗？""您对本村和乡镇的这些年变化感觉如何？""您知道什么是数字化乡村建设吗？"等问题了解村民们对于新时代乡村治理体系现代化的想法和建议。同时，经被访者同意，为收集到尽可能多的信息，我们还对访谈内容进行了录音，每次访谈为 60～90 分钟，经过整理，得到了 1680 分钟的音频资料，剔除与访谈主题无关的内容，得到了 38653 字的文字资料。在此基础上，加上事先收集整理的文献、报告、报纸等二手资料，最终整理形成了 10 份资料，用于扎根理论分析。其中 8 份资料用于编码分析，剩余 2 份资料用于理论饱和度检验。

4.2.3　数据译码

（1）开放式译码。本书的开放式译码工作如表 4.2、表 4.3 所示。

表 4.2　　　　　　　　　　　　开放式译码

原始访谈资料	概念化	范畴化
"党员带头干，群众比着干，广大村民纷纷自觉加入乡村绿化美颜的行动中来，村庄从'面子'美到了'里子'，村民的幸福感油然而生。"（b1）	环卫（b1）	数字化乡村公共服务（B1）
"互联网＋医疗健康"，搭建重庆医疗服务平台，实现优质医疗资源下沉，上下互通。"（b2）	医疗（b2）	
"我老伴退休之后有一笔退休金，我儿子也会定期给我们打钱，加上村里的养老保险我们也每年都交，我们老两口相互扶持，其实我觉得已经很好了，所以也不是特别担心这个问题。"（b3）	养老（b3）	
"这两年我们村子发展越来越好，周围环境不断变好，特别是啊，周围旅游景点多，来旅游的人越来越多。"（b4）	村容村貌（b4）	

原始访谈资料	概念化	范畴化
"如今咱们村的面貌真是有了很大的改变，之前呀，路也不好，路上垃圾也多，而相比现在，路宽了，空气也清新了，真是大变样啊！"（b5）	交通（b5）	数字化基础设施（B2）
"我之前只会用老年机打电话，现在我已经学会用微信跟我孙子打视频啦，我们村好多老人也是这样跟他们外出务工的子女保持联系的。"（b6）	通信（b6）	
"在生活中我也经常能看到他们进行直播带货，这样无论多远都可以将我们村的产品送到顾客手中，让他们也了解到我们友爱村。"（b7）	物流（b7）	
"像我们年轻那会儿啊停电停水都是常有的事，现在哪还会这样啊，就算偶尔要修路什么的，也会提前准备，提供备用电啊之类的。"（b8）	电力（b8）	
"再说了，我们江南水乡嘛，不像西北干旱地区那样缺水，平时供水还是有保障的，水质也比较干净。"（b9）	饮水（b9）	
"在完善传统基础设施的同时，增强信息基础设施建设，包括Wi-Fi 覆盖率、宽带网络建设等。"（b10）	网络（b10）	
"我们合德镇友爱村位于美丽的射阳河畔，下辖 6 个村民小组，总面积 6.9 平方千米，全村总人口 2865 人，总户数 1030 户，226 省道贯村而过，是省级现代农业产业园所在地，也是全国美丽乡村。"（b11）	村民小组（b11）	经济组织发展（B3）
"将合作经济组织作为基础保障，不同事业单位公益性服务以及企业法人的经营性服务相结合的农业社会化服务体系。"（b12）	经济联合社（b12）	
"坚持书记牵头抓的，党委书记加党政班子、驻村干部、村干部、村小组长、党员'1+5'党建模式。"（b13）	村党组织（b13）	社会组织发展（B4）
"从坚持党员带头干的'党小组长+无职党员+村民'人居环境整治达标责任制模式，到每名干部联系五名党员，每个党员带动十家农户创新'联五带十'工作机制。"（b14）	村民自治组织（b14）	
"在现代农业产业体系的构建中，要将市场需求作为核心与关键，对于农业供给侧结构性改革要给予更多重视与关注，能够从农业产业体系整体谋划出发，做好产业链建设工作与价值链建设工作。"（b15）	发展产业链（b15）	产业治理（B5）
"粮食主产区建设工作，形成更具特色的品牌以及支柱产业，这样为消费者提供的产品供给，才能确保品种多样、品质优良。"（b16）	特色产业治理（b16）	
"在农业社会化服务体系的构建中，要将合作经济组织、龙头企业以及公共服务机构作为重点与关键，并将其他社会力量发挥出来，对于全过程服务要给予更多重视与关注。"（b17）	龙头产业治理（b17）	

续表

原始访谈资料	概念化	范畴化
"是的，我们村有专门的一体化污水处理设备，村干部还是比较重视环境卫生的。"（b18）	污水处理（b18）	生态治理（B6）
"咱们村可是有好山好水好风景，不仅环境优美旅游景点多，当地的人们呀也特别热情，民宿的环境好。"（b19）	绿化美化（b19）	
"以排房为单位，安排 2 名党员干部联系 30 余户农户，带领志愿者对这类人员家庭门口进行集中清理，近两年还逐步开始实行垃圾分类，普普通通的老百姓成了人居环境整治最大的受益者。"（b20）	垃圾分类（b20）	
"在农业社会化服务发展中，要将政府组织公共服务机构作为主要依托，并将合作经济组织作为基础保障，建立不同事业单位公益性服务以及企业法人的经营性服务相结合的农业社会化服务体系。"（b21）	服务体系（b21）	公共服务治理（B7）
"及时落实农业技术推广服务、粮食烘干服务、仓储物流服务等。为小农户提供个性化服务与精准化服务，促使小农户能够更好发展体验农业以及设施农业等。"（b22）	服务内容（b22）	
"我家有自己的一点地，平时我们也基本不用买米和蔬菜，我们自己地里都有。"（b23）	所有权制度（b23）	法治环境（B8）
"我们坚持以农为本，积极响应中央农业支持保护政策，实施耕地地力保护补贴政策、农机购置补贴政策、稳定生猪生产政策、农业保险支持政策等，建设高标准农田。"（b24）	农业扶持政策（b24）	
"当然了，我们村的法律法规制度还需完善，对于村民的土地纠纷问题、土地管理问题、收入分配问题等都还有待确认。"（b25）	法律援助（b25）	
"要创建农村专业人才队伍，使智力通道、技术通道以及管理通道能够畅通，培养更多专业的新型职业农民，扶持并培养文化能人、乡村工匠等，使得乡土人才能够得到强化，为乡村地区的更好发展提供保障。"（b26）	人才振兴战略（b26）	人才政策（B9）
"目前，村里还在扎实推进农机安全生产专项整治，全面实施农机安全网格化监管，农机安全监管体系已延伸到镇村两级，打通农机安全监管'最后一公里'。"（b27）	农机监管（b27）	农业监管（B10）
"通过智能化远程操作终端，对农业物联的自动化、智能化、系统化、可视化进行监管，实现高效、高产、集约、优质、生态、安全的农业生产。"（b28）	物联监管（b28）	
"加上我们村的农产品价格实惠，一分价钱一分货，因此也广受消费者的喜爱。"（b29）	市场价格（b29）	

原始访谈资料	概念化	范畴化
"我们友爱村有三块金字招牌'省级优秀园区''省级四星级乡村旅游景点'和'国家级菜篮子基地',连续6年获得镇绩效考核综合奖,先后被评为江苏省美丽乡村、江苏省文明村、江苏省和谐社区建设示范村、中国美丽乡村等。"(b30)	地方人文环境(b30)	风土人情(B11)
"我觉得发展现代化的新农村挺好的。在生活中我也经常能看到他们进行直播带货,这样无论多远都可以将我们村的产品送到顾客手中,让他们也了解到我们友爱村。这样多方便啊,我十分支持。"(b31)	村民支持配合度(b31)	价值观念(B12)
"我的儿子就是我们盐城工学院毕业的,学的就是农机方面的专业,虽然算不上什么名校毕业吧,但也能够在村里开开机器,研究研究设备,帮村里的联合社采购什么的,也算是有用武之地了。"(b32)	专职院校(b32)	教育环境(B13)
"要创建农村专业人才队伍,引进更加专业的教师团队,使得智力通道、技术通道以及管理通道能够畅通,培养更多专业的新型职业农民。"(b33)	师资力量(b33)	

表4.3　　　　　　　　开放式译码形成的范畴

范畴	主范畴	主范畴内涵
数字化乡村公共服务	数字化服务及基础设施	以数字化手段为人们提供便利、高效、健康的各种形式附加值的经济服务活动和以网络通信大数据等数字技术为主要应用的新型基础设施
数字化基础设施		
经济组织发展	村庄组织发展	包括社会组织和经济组织在内的、以社会主义集体所有制经济为主要特征的乡村组织的发展
社会组织发展		
产业治理	多元治理	治理主体、治理手段、治理目标、治理内容等多元化、多样化,促进农村、农业、生态等发展
生态治理		
公共服务治理		
法治环境	政治氛围	一个国家或地区在一定时期内的政治环境,包括政策、制度、政府行动等
人才政策		
农业监管		
风土人情	文化氛围	笼罩在整体环境中,体现农村特定风土人情、习惯、行为方式等的精神格调
价值观念		
教育环境		

（2）主轴译码。主轴编码是开放性编码后的第二轮编码，即在开放性编码的基础上反复分析和思考开放性译码所得到的概念和范畴，理清它们之间的相互关系，从而得出更为抽象的主范畴。经过访谈资料的对比与分析，本书将开放式译码提炼的 13 项范畴进一步概括为数字化服务及基础设施（AA1）、村庄组织发展（AA2）、多元治理（AA3）、政治氛围（AA4）、文化氛围（AA5）五个主范畴。其中，数字化服务及基础设施包括数字化乡村公共服务和数字化基础设施两个范畴，村庄组织发展包括经济组织发展和社会组织发展两个范畴，多元治理包括产业治理、生态治理和公共服务治理三个范畴，政治氛围包括法治环境、人才政策和农业监管三个范畴，文化氛围包括风土人情、价值观念和教育环境三个范畴。各主范畴的典范模式如表 4.4 ～表 4.8 所示。

表 4.4　　　　　　主范畴"数字化服务及基础设施"的典范模型

因果条件	现象	脉络
数字化时代高速发展	农村服务设施不断完善	村民接受度高
中介条件	行动策略	结果
吸引投资、引入人才、政府支持、设备交流、信息共享	企业加大技术创新	政企合作

表 4.5　　　　　　　主范畴"村庄组织发展"的典范模型

因果条件	现象	脉络
政府宣传、加强管理	村干部带头、党员示范	村民积极配合
中介条件	行动策略	结果
政府监管	法治完善、管理有序	组织发展

表 4.6　　　　　　　　主范畴"多元治理"的典范模型

因果条件	现象	脉络
社会多方主体合作	创业氛围、合作共赢	推动乡村治理、保护村民利益
中介条件	行动策略	结果
示范工程、政府补贴、荣誉证书	产业治理、生态治理、公共服务治理	互惠互利、实力取胜、沟通便捷、重复合作、问题协商解决

表 4.7   主范畴"政治氛围"的典范模型

因果条件	现象	脉络
政策支撑	依法纳税、履行社会责任	配合政府工作、给政府建言献策
中介条件	行动策略	结果
农业协会、信息互通	加入行业协会、完善村庄管理制度、加入官方联盟	政府联系

表 4.8   主范畴"文化氛围"的典范模型

因果条件	现象	脉络
重视文化发展	风土人情、价值观念	教育
中介条件	行动策略	结果
组织学习、思想感化	宣传推广、集体学习、保护乡村、文化创新	氛围浓厚、村民支持

（3）选择性译码。完成了开放式译码和主轴译码，接下来便要通过选择性译码进一步挖掘出核心范畴。选择性译码是指通过系统的资料整理和分析在所有已发现的概念类属中归纳出一个核心范畴，起到联系主范畴的作用，将研究结果置之于较为宽泛的理论范围之中，验证各范畴之间的关系，并补充尚未开发完备的概念。

通过对主轴译码阶段得到的五个主范畴及相应副范畴的深入分析和挖掘，结合原始资料的不断比较，本书最终确定出数字化服务及基础设施、村庄组织发展和多元治理这三个核心范畴。围绕这三个核心范畴，本书形成了一条新时代乡村治理体系现代化影响因素的故事线：现阶段，政治氛围、文化氛围、数字化服务及基础设施、村庄组织发展、多元治理等因素直接制约着新时代乡村治理体系现代化的发展，这些因素在新时代乡村治理体系现代化发展中有着重要的影响，最终促进了新时代乡村治理体系现代化建设，如图 4.2 所示。

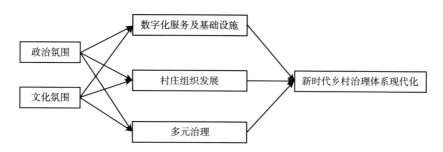

图 4.2 新时代乡村治理体系现代化影响因素的机理

第 5 章

新时代乡村治理体系现代化的理论模型

　　本章基于扎根理论研究新时代乡村治理体系现代化的影响因素，在案例分析的结果中发现数字化服务及基础设施对新时代乡村多元治理起到正向作用，村庄组织发展在数字化服务及基础设施影响多元治理的关系中起到中介作用。虽然前人的很多研究都认为数字化服务及基础设施正向影响新时代乡村多元治理，但是对于数字化服务及基础设施影响多元治理的机理与过程还不是很明确。本章将在案例分析的基础上，通过文献查阅和理论推导，重点分析数字化服务及基础设施、村庄组织发展、多元治理三者之间的关系，并引入政治氛围和文化氛围两个调节变量，深入剖析数字化服务及基础设施影响多元治理的机理，构建研究的理论模型，提出研究假设。

　　首先，本章拟构建数字化服务及基础设施的维度并研究不同维度对乡村多元治理进而建设新时代乡村治理体系现代化的影响机理，并提出研究假设。在前人的研究中，有的研究表明，数字化乡村公共服务的建设情况影响乡村多元治理的发展（金龙君和翟翌，2022）；有的研究关注数字化基础设施的建设（孙久文，2023）。截至目前，关于数字化服务及基础设施的维度影响新时代乡村治理体系现代化建设的结论还不一致。因此，本章首先明确数字化服务及基础设施的维度，并分析不同维度对新时代乡村治理体系现代化的影响。其次，针对数字化服务及基础设施对乡村多元治理的非均衡性，将社会组织发展衍化为村庄组织发展，研究村庄组织发展在数字化服务及基础设施影响乡村多元治理中的中介作用；最后，基于环境氛围因素的考虑，本章引入政治氛围和文化氛围两个环境因素的调节变量，分析其在数字化服务及基础设施和乡村多元治理关系中的调节作用。

5.1　乡村数字化服务及基础设施与多元治理

党的二十大报告指出，全面建设社会主义现代化国家，最艰巨最繁重的任务仍然在农村。统筹乡村基础设施和公共服务布局，建设宜居宜业和美乡村。乡村兴则国家兴，我国要实现全面建成社会主义现代化强国的目标，就要重视乡村发展，全面实施乡村振兴战略，加快农业农村现代化。对于乡村公共服务及基础设施的建设对乡村多元治理的影响，先前的研究并没有一个一致的结论。大部分研究认为乡村公共服务及基础设施的建设对乡村多元治理的影响是正面的。完善乡村公共服务及基础设施的建设和加强乡村多元治理既是实施乡村振兴战略的重要任务，也是推动农业高质量发展的现实需求（包晓斌，2021）。

5.1.1　数字化乡村公共服务与多元治理的关系

完备的乡村治理体系需要政府、社会组织、基础村干部、村民等多元主体的齐心打造，既需要承担多重身份的农村基层党组织，又需要敢于担当、乐于奉献的青年人才。大量研究表明，改善数字化乡村公共服务有利于各主体更高效率、高水平地投入乡村治理，促进新时代乡村治理体系的现代化建设（方塑等，2019）。近年来，我国农村治理、农业发展呈现良好的发展趋势，但也依然存在诸如农村人口流失严重、乡村产业基础不牢固、乡村人才缺乏等问题，制约新时代乡村治理体系现代化的发展（赵继颖和李响，2023）。数字鸿沟是城乡差距的重要因素，大力推进乡村数字化公共服务，推动农村数字化发展的产业升级，提升乡村数字化治理水平，是缩小城乡差距的重要手段（胡莹，2022）。

数字乡村公共服务体系是传统农村公共服务模式在新时代乡村振兴过程中的升级版，探究数字化乡村公共服务与多元治理的关系对数字化乡村战略背景下消弭城乡"数字鸿沟"具有重要的理论与现实意义。在发展农业农村建设，推进国家乡村治理体系与治理能力现代化的过程中，数字化是赋能农村公共服务高质量发展的题中之义（陈弘和冯大洋，2022）。乡村振兴战略的深入实施为数字农业发展提供了广阔空间。发展数字农业有助于开拓农业发展新路径，全面促进农业升级，提高农民的生活质量，满足农村村民对新时代的新需求，提高幸福感。乡村多元治理的组织体系是新时代乡村治理体系的关键环节（赵亮，2023）。乡村治理应坚持党的全面领导，以基层党组织为核心，引领乡村治理。基层经济组织、社会组织、自治组织等在新时代乡村治理体系中扮演着不同的角色，发挥着不同的功能作用，因而多元治理能够有效加强治理的有序性、有效性。

（1）数字化乡村公共服务与产业治理。在信息化飞速发展的时代，城乡差距体现在公共服务信息化水平、数字基础设施建设、信息技术的应用等各个方面，数字化治理技术的鸿沟可能进一步影响乡村经济、文化、生活水平的提高。当前，无论是从乡村社会结构、农民现实需求，还是现代化乡村建设等角度看，数字化乡村发展对于农村产业经济发展、乡村振兴都具有重要意义（田先红，2020）。我国数字化乡村公共服务还存在很多现实问题，如互联网设施缺乏、产业融合欠缺、技术能力有限等，要实现乡村公共服务的现代化，必然要解决这些治理难题来弥合"数字鸿沟"，让乡村产业融合化、治理质量化、设施数字化，从而激发乡村发展的内生动力，促进我国新时代乡村治理体系现代化。

现代化发展赋予了农村主体、农村产业结构、公共服务和农村治理助推力，促进了城乡消费、医疗、教育、收入的均等化（Cao et al.，2022）。加快以人民为中心的城乡数字化转型，通过打造村庄特色模式、转变经济增长动力、加快产业升级、公共服务普惠等手段，形成技术进步与人才培养结合的解决方案，加快新时代乡村治理体系的现代化进程，让新型农村在数字赋能的空间中彼此交融（崔凯，2022）。

数字化治理使政府利用互联网信息技术来改善服务，实现高质量治理，从而使社会公共服务部门之间的联系更紧密，合作更有效，以创建一个更加有能力、政务公开透明的政府，提高农村村民的生活质量（Panga-niban，2019）。由于资金缺乏、技术有限、人才流失等一系列问题的产生和方案与当地实际情况不符，农村基层的公共治理失败的案例屡见不鲜，显然，政府合作使通信变得更加可及和有用，尤其是在农村贫困地区和发展中国家。尽管数字化建设在农村极具挑战性，但它的确可提高村干部的管理和决策能力，利用技术创新提供更高质量的条件，让农村社交平台有效互动。

（2）数字化乡村公共服务与生态治理。乡村数字治理能力是乡村治理能力现代化的重要组成部分，绿色化和数字化是当今世界发展的两大趋势，以大数据、云计算、人工智能为代表的新时代数字技术已悄然影响农村生态治理，在生态维度上打造乡村数字治理的生态系统，为新农村的生态文明建设开拓了发展路径（佟林杰和张文雅，2021）。

农村生态文明建设是一项系统性工程，数字化进程为农村的生态治理提供技术支持，让人工智能、实时追踪成为农业发展的有力武器，实现美丽乡村的建设（吴才聪等，2022）。要丰富生态领域的数字技术应用，构建大数据信息平台的结构体系，推动新农村山水林田湖草沙一体化的保护、治理工作，进一步改善农村生态环境。

乡村生态文明的发展不仅是生产方式的革新，还意味着农村居民生活方式的转变、生活质量的提升。随着智能合同、智慧政务、高新技术农机的发展，农村数字化的发展水平步步提高，依托互联网平台、区块链技术，实现绿色消费、绿色出行。伴随着城乡社会发展融合度的提升，城乡发展越发趋向共同体模式，乡村生态治理先后经历了行政管控、自主治理、多元治理和城乡协同治理四个阶段，正面临着现代化转型（李宁，2021）。

当前，随着科技的不断发展，数字化乡村公共服务与生态治理的关系日益紧密，数字化和绿色化相互依存、相互促进，夯实了生态环境科技基础，拓宽了数字化发展场景，以数字化引领乡村生态文明建设，以绿色化带动数字经济新的动能。

（3）数字化乡村公共服务与公共服务治理。农村数字化乡村公共服务与公共服务治理紧密联系，将数字化技术和农村公共服务有机融合会有效促进农村公共服务治理的改善与发展。要想农村公共服务治理达到良好水平，就要加强农村数字化公共服务体系的基础设施建设，全面应用农村公共服务信息化技术，优化体系建设的投入机制（王锋和张兆庭，2023）。乡村公共服务数字化转型是缩小城乡差距的必由之路和实现城乡公共服务均等化的重要途径（汤资岚，2022）。

实现共同富裕最艰巨的任务在乡村，乡村数字化建设的时间、空间与共同富裕高度契合，数字化乡村公共服务与公共服务治理推动着新时代乡村治理体系的建设和发展（徐政等，2022）。因而，未来依然需要稳固乡村数字化公共服务的治理基础，建立健全数字服务监管保障体系，以更好地促进数字乡村共同体，实现新时代乡村治理体系现代化建设。

因此，本书提出假设：

假设1-1：数字化乡村公共服务对多元治理具有显著的正向影响。

5.1.2 数字化基础设施与乡村多元治理的关系

由于农村基础设施建设薄弱、人员普遍专业知识缺乏、基层治理松散，乡村多元治理还存在诸多挑战，"互联网＋乡村治理"的融合过程任务艰巨，仍须提高"以民为本"的治理理念，加强数字化基础设施建设，增加村民的专业技能培训，从而使乡村政府由单一管控走向多元共治（马丽和张国磊，2020）。

多元治理离不开政府部门的支持、管理体系的健全、技术人才的培育、有识之士的奉献、公共服务的改善等条件基础，注重发挥中央、地方以及农村基层组织多元主体的力量，在农村经济、政治、文化、社会等各个方面进行不同程度的交流合作，致力于实现乡村振兴的战略目标（沈费伟和诸靖文，2020）。

（1）数字化基础设施与产业治理。在数字经济时代，助推新时代乡村治理体系现代化发展，充分发挥数据要素生产力作用，必将对乡村经济发展、产业融合等产生深远影响。农村数字化有利于促进产业融合发展，延长乡村产业链条，促进农村产业新业态（王定祥和冉希美，2022）。农村数字化基础设施建设与农村产业治理之间存在着明显关系，农村数字化基础设施建设对农村产业融合发展有很大的促进作用，随着农村人力、物力等水平的提高，农村劳动力应用数字技术和数字设施的能力越来越强，农村产业化发展的前景也越来越好。

我国幅员辽阔，不同地区农村的特色产业、现代化发展现状不同，农村数字化基础设施建设对农村产业融合发展的影响程度也存在一定差异。农村数字化基础建设水平较高的地区，其产业链也较为完善，对农村数字资源和数字技术的应用也更加深入；而农村数字化基础设施建设水平较低的地区，受制于农村人力资本缺乏和数字化投入不够，当地农村劳动力的文化素养较低，数字化意识较为浅薄，相应的数字化应用能力也有所欠缺，从而阻碍农村产业的融合发展。农村产业化发展通过提高当地村民的收入水平和改善收入结构来促进村民持续增收（彭影，2022）。应持续推进农村数字化基础设施建设赋予农村新时代现代化新的时代内涵，致力于提高农民的生活水平和幸福指数，促进农村全方位发展。

随着新时代农村现代化建设的推进，农村特色产业发展在培育乡村产业价值、加速产业转型和帮助农民提高收入等方面的作用逐渐凸显，促进了农村产业转型和农村产业融合发展，这也能够加快农村数字化转型，深刻改变农村居民的生产生活、产业融合方式等，影响着我国农业的发展（姜长云，2023）。

（2）数字化基础设施与生态治理。一直以来，生态治理都是农村建设必须解决的一个突出问题。随着新时代信息化大数据的发展，应继续整治传统的农村脏乱差现象，避免生态问题日益凸显，影响农村现代化发展，因而推进生态治理的数字化转型尤为重要（顾金喜，2020）。从理论上看，农村基础设施数字化有利于传统生态治理实现功能、模式、价值的多维度转变；从实践上看，农村基础设施数字化的重点在于完善农村网络基础设施体系，推进政务一条龙便捷化服务，增强生态数据的智能传输效率，加强生态要素预测、分析、避险等能力，使现代数字技术与生态治理有机结合并优化政府治理体系，净化新时代新农村的生态环境。

数字化基础设施建设在乡村绿色生态、低碳环保和可持续发展等方面体现出日益重要的影响力，不同的行政级别、地理位置、基础设施、社会属性和内外环境的农村生态环境质量也存在较大差异，政府应强化绿色发展的理念，大力发展数字乡村建设，以"数字化"与"生态化"相结合的方式为乡村发展注入"数字动能"（张荣博，2023）。

农业农村的发展进入了社会主义经济的新时期，我国农业现代化发展存在着巨大的数字赋能空间，数字技术是乡村振兴的强大助推力，要以互联网、大数据、人工智能等新一代数字化基础设施为技术基础，以数字技术创新为发展动力，以现代化网络平台为载体，进一步加强农村数字设施建设，提高农民信息综合素养，加大农村政策出台与治理力度，促进数字技术与农业农村发展的深度融合，推进乡村经济、政治、文化、生态等各方面的现代化发展（秦秋霞等，2021）。

农民数字素养对乡村数字基础设施建设和数字产业、数字生态治理、数字生活等方面产生"提升农民数字素养→促进数字乡村实践参与→推动数字乡村全面发展"的影响机理（苏岚岚等，2021）。提升数字化素养可通过低成本、高效率的参与实践来促进数字乡村单一领域的广度和深度发展，加强农民数字素养有利于激活乡村数字基础设施与数字生态治理的协同发展，有利于不断优化乡村要素配置和系统结构，生成数字乡村内生动力，持续提高乡村发展质量。

（3）数字化基础设施与公共服务治理。当前，我国乡村公共服务智慧化发展体现出数字基础设施不健全、内部转型动力不足、评估框架体系单薄、治理碎片化等问题，亟须夯实数字基础设施建设，激发现代化发展动力，健全绩效考评制度，加强乡村监管治理来完善乡村公共服务治理系统（王宁宁和程文广，2022）。推进基层治理的数字化转型是满足人民对优质公共服务需求的必由之路（王宇，2022）。基层公共服务治理关系到村民的生活质量、农村基础设施保障和众多主体的利益，村干部在村庄治理的过程中要树立数字化发展思维，畅通互联网平台，规范数字化治理，全力打造能体现新时代现代化特色的农村治理体系。

乡村基础设施建设是数字时代助力国家公共服务治理的基础性支撑，通过强化乡村基础设施建设，加快建立数据驱动乡村治理的新模式，推动农村治理现代化、科学化、高效化，不断加强数字化建设的顶层设计、技术创新和协同治理，能够有效提高乡村数字化服务水平（陈凯华等，2022）。目前，我国乡村数字化转型还面临着人才匮乏、技术短缺、机制不完善等诸多问题，无法充分发挥数字要素作用来满足人民对新时代农村治理体系现代化的需求。我国仍须树立构建高效、安全、公平发展的全方位发展理念，建立健全与之相适应的数据要素体系，形成政府、社会和农村村民多元主体协同共治的治理模式，强化科技与制度、经济与文化多维协同驱动的战略，完善人才、基础设施与公共服务一体化保障体系，提高我国基层政府的高质量治理水平，为乡村现代化建设提供有力支持。

因此，本书提出假设：

假设1-2：数字化基础设施对多元治理具有显著的正向影响。

5.2 乡村公共服务及基础设施与村庄组织发展

农村村务旨在落实基层民主，提升公共服务，使农村组织发挥有效作用。农村村务受国家政治、经济、文化等环境的影响，也具有很多的不确定性（陈鹏，2023）。构建美丽乡村共治、乡村公共服务及基础设施建设需要广大社会力量的加入，带动村庄经济组织和政治组织的快速发展。

5.2.1 数字化乡村公共服务与村庄组织发展的关系

数字化乡村公共服务的发展是我国农业经营体制改革的重要探索，对农村经济社会产生深刻变革。农村公共服务数字化有助于增强农民集体数字技术应用能力，数字化乡村公共服务通过催生新的村庄组织，提高乡村治理水平，改变系统性乡村发展结构，增进农村公共治理（王亚华和宦梅丽，2023）。数字化乡村公共服务能够正向调节农村资源匮乏、人才流失对农民整体能力的不利影响。因此，推动农村基础设施数字化建设能有力促进农业农村现代化发展，增进农村公共治理，全面实现乡村振兴。

基于对新时代农村治理体系现代化的相关文献查阅，本书探讨了数字化乡村公共服务与村庄组织发展的关系，一般农村在乡村振兴过程中面临着组织治理体系不完善、组织力度不足等问题。通过加强自身组织能力优化农村治理的方式方法，凝聚各方力量激发乡村振兴的动力是农村基层政府的首要建设目标（王惠林，2022）。农村基层政府可通过下沉公共服务、领办农村合作社、加强党员联系群众等形式，有效提高基层政府的自身治理能力。当前，我国正尝试通过区域化党建带动区域协调发展，这种做法也可联系到乡村建设，以基层党组织为着力点推进乡村经济文化等各方面发展，加强基层党组织对集体经济的统筹能力和再分配能力，充分调动党员致力于乡村建设的动力。

当代，乡村治理的结构体系与实践离散加剧使乡村治理失效的风险加大，新时代，传统的乡村治理模式已经不能适应数字化农村转型的需要，乡村治理结构需要在充分把握村民美好生活需求的基础上强化基层政府的领导能力，优化社会组织功能与村庄对外开放水平，主动跟进乡村振兴的步伐，引领乡村治理的行动，以行动有力加速乡村振兴的发展（宁华宗，2021）。

在我国乡村基础设施数字化转型的进程中，村庄组织的发展对农村行政和社会有序运行有重要影响。改革开放以来，我国乡村治理过程中主体权利不断强化，协同共治更进一步，城乡建设日益融合，乡村公共服务数字化日益完善，实现了政府治理与村民自治的有机结合。在新时代新农村建设大力推进的背景下，我国乡村治理需要继续强化政府在宏微观层面的互动机制，进一步规范乡村政府的权责体系，完善村级党组织村规村约建设（曹志立和孙德超，2018）。

近年来，随着乡村城市化进程的加快，我国的乡村治理逐渐呈现科层治理的形态，"非农民化"和"社区去公共化"减弱了村庄共同体的总体支配，大量的公共产品与公共服务进入乡村，基层政府正以制度化的科层治理使村庄村务更加便利（董磊明和欧阳杜菲，2023）。

因此，本书提出假设：

假设 2 - 1：数字化乡村公共服务对经济组织发展具有显著的正向影响。

假设 2 - 2：数字化乡村公共服务对社会组织发展具有显著的正向影响。

5.2.2 数字化基础设施与村庄组织发展的关系

通过对乡村农业出口占国际市场份额、劳动生产率和农村人口人均耕地面积等数据的测量分析，我国与世界农业强国的农业农村发展水平依然存在较大差距，搞好"三农"问题，大力建设新时代乡村治理体系现代化是我国推进乡村振兴的重要举措（夏杰长和孙晓，2023）。数字化正与各大实体经济部门融合，数字化基础设施建设是村庄组织发展的新动能，在数字化生产、科技企业创新、产业协同发展、高水平对外开放等方面发挥着巨大的作用。

我国数字经济高速发展，逐渐成为驱动经济社会、村庄组织高质量发展的重要引擎，农村数字化基础设施建设摆脱了传统农村发展模式的局限性，正向着乡村振兴的方向前进（张蕴萍和栾菁，2022）。数字经济将通过信息化、大数据将生产要素投入农业生产，将数字服务融入村民生活的方方面面，将数字思维应用于农村政务，为实现乡村产业振兴、人才振兴、组织振兴提供现代发展动力。然而，当代农村不完善的农村数据共享平台、薄弱的数字化基础设施体系、短缺的农村优秀人才都将成为乡村振兴发挥作用的阻碍。因此，政府需要加强农业农村发展引导，探索赋能数字化乡村建设的着眼点并为之付诸行动。

在农村发展的不同阶段，农民的收入来源和农业经济发展方式有所不同，从集体合作社经营收入转变为集体土地经营收入（陈柏峰，2020）。村干部是农业发展的关键人物，村庄治理的效率和作用在很大程度上受到村干部的治理理念、开展活动等因素的影响，因而村干部以及村庄组织内部成员的选拔任用、绩效考核等都尤为重要，严格监督村干部以及村庄组织的行为实践有利于保护村民的公共利益。正式的基层民主制度能够显著提升农村公共物品的供给水平，基层民主的发展约束着富人村干部权力的扩张，可以有效激励村干部们更好地提供公共服务（张志原，2019）。

近年来，农村城镇化发展趋势加快，其中受影响较大的城边村等地区的集体收入明显增加，村庄社会组织、经济组织对于村民个体的影响力也在上升，农村政务正向着多元化、精英化治理的模式发展（张磊，2019）。在农村城镇化的过程中，数字化基础设施建设提供了强大动力，逐渐弱化了农村发展的理论修正，更多投入能够促进经济集体的收益增加和村庄共同体凝聚力的强化。

因此，本书提出假设：

假设2-3：数字化基础设施对经济组织发展具有显著的正向影响。

假设2-4：数字化基础设施对社会组织发展具有显著的正向影响。

5.3　乡村组织发展与乡村多元治理

5.3.1　乡村经济组织发展与多元治理的关系

乡村组织的发展在乡村治理体现现代化建设中处于关键环节，是推进乡村现代化发展的重要一环。我国乡村正努力推进"创新、协调、绿色、开放、共享"的高质量发展，同时，乡村的全面振兴也为实现高质量发展提供了坚实的物质保障和广阔的市场空间，是建设现代化乡村的重要力量。

（1）乡村经济组织发展与产业治理的关系。现阶段，我国在农业农村领域的工作发生转移，需要以基层治理的独特思路巩固脱贫攻坚的成果。因此，在新发展格局政策的指引下，基层政府需要找准乡村振兴发展的切入点和突破口，深化新发展格局下乡村产业协同治理的逻辑框架和实践方案，完善乡村振兴县域治理框架（翟坤周，2021）。

乡村经济组织是农村经济社会发展的重要动力和实现乡村振兴的重要载体，经济组织的发展与乡村振兴相辅相成、互助共赢（邓桢柱，2022）。在建设乡村组织的实践中，常因缺乏对农民需求的思考而使得农村经济组织建设效益不高、发展方向不明确、发展方式不适当；经营管理机制不健全等使得农村经济组织发展能力不足，农村产业缺乏新鲜活力，特色产业无法做大做强，形成产业链，致使农村产业发展陷入困境。为克服这些困境，农村经济组织应系统性引导乡村发展综合性产业，并重视乡村产业治理，将产业发展嵌入当地风土人情与民俗文化，打造独具特色的创新产业，创造新的经济增长点，倒逼乡村文化、生态文明的重塑。促进农村经济组织与农户成为利益共同体，结合各项收益、激励、监督机制，顺利推进乡村产业振兴，既保障农民的权益，又促进产业融合。

经济组织的制度优势不能自然转化为基层治理效能，必须经过复杂的中间机制来实现，通过组织学习与加强产业治理推动基层治理创新，整合乡村经济资源，构建产业协同治理机制。乡村经济组织与乡村产业互为支撑、相互影响，共同推进制度优势转化为乡村经济发展效能，从而推进乡村振兴，激发社会活力，增强现代化高质量乡村治理能力（何得桂和赵倩林，2023）。

因此，本书提出假设：

假设3-1：经济组织发展对产业治理具有显著的正向影响。

（2）乡村经济组织发展与生态治理的关系。推进农村治理体系现代化完全依靠国家的资金投入是不现实的，更需要乡村组织的协同治理，同时，乡村的生态环境保护也须重视，乡村文明不仅是物质文明，更是精神文明、生态文明。不同时期乡村治理的目标逻辑、形式逻辑和发展逻辑不同，但都契合于当时当地的政策环境（衡霞，2021）。目前，在各级政府的高度重视下，农村经济组织的发展呈现多样化的发展态势，在村民委员会和经济组织、产业治理同构中合作性、竞争性、制度性相互交织，经济组织在发展中与产业治理、资源技术逐渐融合，及时弥补经济组织运作过程中的缺陷，降低乡村治理成本，提升治理效能。

乡村振兴与高质量发展之间存在着紧密的内在联系和实践联系，高质量发展是新时代乡村治理体系现代化的重要任务，乡村振兴是推动高质量发展的重要支撑，必须坚持以高质量发展为主题的乡村经济组织发展目标（张琦，2023）。

农村地区生态文明的价值追求与时代的发展具有天然的契合性，乡村生态振兴的历史机遇已经到来，农村发展的理论基础和实践准备日益成熟（葛宣冲，2022）。当前乡村产业治理的困境肇始于村民的认同不足、资源要素的短缺和生态功能不全面等方面，从而制约着乡村经济组织的发展和现代化治理体系的构建。要实现乡村生态资源的高效开发与利用，须满足农村居民的美好生活需要，加速农业生产的供给侧结构性改革，加强乡村社会治理和产业发展的模式管理。

因此，本书提出假设：

假设 3-2：经济组织发展对生态治理具有显著的正向影响。

5.3.2　乡村社会组织发展与多元治理的关系

乡村组织的发展、多元治理的成效都是新时代农业农村建设的具体表现，乡村社会组织是乡村多元治理的有力主体之一。伴随着乡村村民生活水平的不断提高，传统乡村社会治理在方式方法、过程成果等各方面都发生着前所未有的深刻变化，乡村利益主体和价值观念更加多元，治理工作也更加有序地进行。

（1）乡村社会组织发展与产业治理的关系。农村基层干部对产业治理能力的提升是落实乡村振兴战略的关键，它对农村基层干部的管理与服务能力、生态保护能力、文化建设能力等确立了客观要求（童成帅和周向军，2021）。乡村社会组织不仅仅是一种政治组织，更体现为利益共同体和文化共同体，在民众情感、内心想法等一致的基础上形成的乡村社会组织在产业治理的过程中可以发挥其特殊的社会功能。无论是传统农村建设，还是新时代现代化乡村发展，乡村社会组织都是乡村实现有效治理的重要社会基础。现阶段，农村部分基层干部还存在产业治理能力不足、群众基础不够优良、文化氛围不够浓厚、价值观念不够先进等问题，他们需要做的是直面问题，在经济建设方面，鼓励发展农村特色产业，开发旅游业，以此激发乡村产业发展活力；在文化建设方面，着力提升村民文化涵养，重视教育教学和人才引进政策；在生态方面，努力打造绿色乡村建设；在社会方面，集聚多方力量共建和谐乡村。

乡村社会组织是乡村产业发展和乡村治理的重要力量，肩负着乡村振兴的重任。乡村组织须利用地理优势，结合村庄实际发展状况，导向更高效的治理模式，这是乡村多元治理的重要目标和路径之一（乔杰等，2021）。要综合乡村政治、经济、文化等多方位研究理论和实践经验，从村民生态环境、文化氛围等角度找寻乡村治理的理论逻辑和最适合当地发展的战略措施，面向国家落实乡村治理体系的深度改革，从人文生态空间、乡村社会组织、乡村多元治理等方面实现新时代乡村治理体系的现代化目标，为乡村发展提供重要理论与实践贡献。

乡村多元治理是一种新的治理理念，在社会主义现代化建设的过程中起到重要作用，对于推动脆弱且调节能力较差的贫困地区实现乡村振兴的战略目标，巩固脱贫攻坚的成果，提升乡村产业治理成效等具有重要的社会意义。构建经济、社会、生态、文化相结合的乡村治理结构是贫困地区乡村振兴的实践路径，在价值取向、治理机制、需求主体等方面高度契合，可通过产业治理、生态治理、文化治理、社会组织治理等举措，形塑乡村振兴内生动力，促进脱贫攻坚与乡村振兴双管齐下（许小玲，2021）。

因此，本书提出假设：

假设 3 - 3：社会组织发展对生态治理具有显著的正向影响。

（2）乡村社会组织发展与公共服务治理的关系。在构建新时代乡村治理体系现代化的进程中，乡村公共服务治理与村庄社会组织发展逐渐迈入耦合演进之路，在紧密联系的互动关系下共同前行。政府、市场与社会各主体的服务内核都在稳固加强，新型乡村社会组织参与基层公共服务治理的工作更加明确有序，同时也拓宽了乡村公共服务供给渠道，改善了村民生活条件，助力乡村社会组织的发展，减轻了政府公共服务治理负担，强化了乡村治理主体之间的协同合作（马德浩，2022）。

近年来，我国不断释放出积极发展乡村社会组织的政策信号，社会组织在提供公共产品和服务以及加强公共服务治理等方面发挥的作用越来越明显。研究发现，公共产品供给效率与社会组织发展之间存在显著的倒"U"型曲线关系，公共服务治理的改善能够有效推动社会组织的发展（彭正波和王凡凡，2019）。同时，对于不同时期的经济环境、文化环境，公共产品和服务对社会组织发展的影响程度也各不相同，我国政府应当充分发现和明确政府、市场与社会三者之间的关系，逐步推动乡村组织的发展与经济体制改革，促进社会组织参与乡村多元治理的作用充分发挥。

乡村振兴战略是党和政府推进农业农村现代化建设的重大战略举措，而乡村社会组织发展是助力乡村振兴的重要手段。乡村振兴战略给农村社会组织的发展提出了新的要求，同时也为乡村建设带来了新的机遇与挑战（朱慧劼和姚兆余，2022）。数字治理、多元治理等治理技术和理念是乡村治理体系推动全面乡村振兴的新趋势和新方向，为有效乡村治理和全面乡村振兴提供有效路径，加强传统治理手段与新兴治理技术的有机融合。

因此，本书提出假设：

假设 3-4：社会组织发展对公共服务治理具有显著的正向影响。

5.4　村庄组织发展的中介作用

5.4.1　经济组织发展的中介作用

经济组织的发展是乡村基层组织建设的突出亮点，也是影响乡村建设的重要组成部分，改革开放以来，我国根据农村经济社会发展的新要求，把提高基层政府的为民服务能力、打造服务型政府作为深化农村改革的重要目标，努力构建规范化、数字化、制度化的基层政府体系，探索农村综合发展新机制（邢军，2009）。

农村数字化基础设施建设有助于增强基层政府服务水平，振兴乡村文化（冯献和李瑾，2021）。数字化建设提升了乡村公共服务的可及性，增强了影响力，使其作用机制更具有效性。数字平台、数字化公共服务等通过提高村民乡村治理的参与度推动乡村组织的成立与发展，为打造村民文化共享平台、提升村民现代化建设意识等发力。乡村公共服务供给正向着高质量高水平的方向发展，数字化建设能够有效促进闲置资源的合理配置，促进村民互助的稳定性机制，在农村经济组织、社会组织的发展中发挥优势；通过乡村组织等形式完善农村配套机制，提升农村公共服务水平，实现社会效益最大化（曹现强和卓文昊，2022）。

村庄组织能够有效破解传统农业农村发展的数字化鸿沟、发展动力不足等问题，超越传统内容衔接，为农村相对贫困、经济落后的地区迈向乡村振兴、脱贫致富提供持续动力（胡志平，2022）。这需要乡村基层政府积极推动职能转变，促进机制创新，强化激励政策，发挥村干部、村组织等各方主体协同共治，扎实推进农业农村现代化发展。

因此，本书提出假设：

假设 4 - 1：经济组织发展在数字化乡村公共服务与多元治理关系中起中介作用。

假设 4 - 2：经济组织发展在数字化基础设施与多元治理关系中起中介作用。

5.4.2　社会组织发展的中介作用

村庄组织是新时代乡村治理体系的重要组成部分，从实践上看，组织体系是建设乡村多元治理的关键环节，它既是新时代乡村治理体系建设的经验总结，又是党在农村建设道路上探索的实践回应（陈成文等，2022）。

社会组织作为乡村多元治理的主体之一，是推动新时代乡村治理体系现代化建设的重要力量。社会组织的发展能够为乡村内部视角探索提供不同思路，为实现乡村治理目标带来积极价值，为农业领域的研究提供可参照案例，通过营造文化氛围、提升农村教育水平、增强数字化服务等实现现代化乡村治理目标，对构建共治共享的乡村氛围具有重要的现实意义（王海涛，2022）。

随着乡村现代化发展的全面推进，农村各地的生态环境也得到了极大改善，新农村越来越成为人民的宜居之地，村民对社会组织的认可度、参与村务的热情度等深刻影响着村庄组织的发展和乡村治理体系的优化（马威，2023）。通过集体合作社构建按劳分配机制保障村民劳有所得，使村民生活更具安全性、稳定性；通过村民与村庄组织相互协商实现良性互动，依托多方治理为农民的生活保驾护航，在环境质量等逐步提升的过程中实现乡村现代化的全面发展。

现阶段，我国大力推进乡村治理，农民组织化的可能性越发增大，建设乡村共治格局已成为营造乡村良好政治氛围与文化氛围的有力保障（文军和卢素文，2022）。村庄社会组织化是乡村治理的重要一环，在现代社会已具备尝试的基础条件，村庄治理的多元主体为构建村庄组织文化、加强技术引领与利用数字资源提供了强劲推动力。

因此，本书提出假设：

假设4-3：社会组织发展在数字化乡村公共服务与多元治理关系中起中介作用。

假设4-4：社会组织发展在数字化基础设施与多元治理关系中起中介作用。

5.5 政治氛围正向调节数字化服务及基础设施与多元治理的关系

习近平总书记在党的二十大报告中提出"建设宜居宜业和美乡村"，发展农村治理体系现代化，让农民享受现代化带来的福利。近年来，大学生群体、返乡创业群体逐渐成为乡村发展的主力军，他们致力于整治乡村环境，发展农业科技，投身乡村治理，利用乡村自然资源，借助制造业回流优势，依托乡村创业产业园区，打造数字化乡村建设，培育农村农业创业主体，在实践中体现自我价值，实现乡村振兴的战略价值，以此盘活乡村市场价值，优化乡村现代化治理体系（孔祥利和贺音，2023）。

加强农村数字化服务基础设施建设和多元治理是落实乡村振兴战略、建设社会主义强国的必由之路（黄博琛，2022）。目前，我国乡村治理的主要困境表现在乡村文化氛围不足、生态环境恶化、村民教育水平较低、村庄组织建设宽松等方面。要解决这些问题，村干部及党群组织必须强化村庄治理，不断提升村民参与村庄治理的主动性和积极性，提升乡村文化认同感。

乡村振兴战略的任务艰巨，影响重大，意义特殊，但目前无论是苏南地区，还是中西部地区，在新时代农村建设的过程中都存在产业发展动力不足、乡村人才流失、文化氛围薄弱等阻滞因素，这是乡村振兴的难点，同时也是重点。我国政府正通过文化氛围建设、农村数字化服务体系建设、多元治理等系列措施来引导乡村多元文明回归，强化农村绿色生态支撑和可持续发展战略，提升乡村居民的认同水平，培育壮大乡村特色产业，增强农村经济活力，激发乡村生态文明建设的动力，强调农村文化振兴，以健全村民保护机制为目标，涵养乡村生态空间，净化乡村社会风气，营造乡村和谐的社会氛围（曹昶辉，2018）。

因此，本书提出假设：

假设5：政治氛围正向调节数字化服务及基础设施与多元治理的关系。

5.6　文化氛围正向调节数字化服务及基础设施与多元治理的关系

乡村数字化公共服务创新扩散和价值实现的必要前提是农村居民的普遍

采纳，数字化乡村建设基于大数据信息技术，通过识别经济发展的影响因素和作用机理来分析农村数字化基础设施的重要性，从信息技术、人才优势、设施现状等方面分析文化氛围对数字化服务及基础设施与乡村多元治理的关系，通过改善公共数字文化服务的适应性来提升农村居民数字技术的应用能力以及营造良好数字化乡村文化氛围（冯献等，2022）。

关注村民对数字化服务及基础设施的真实感受等因素可以更好地阐述村民对新时代农村治理体系现代化的满意度，以此来提高乡村公共服务数字文化的服务效能（王锰等，2021）。乡村数字化公共服务及基础设施建设可促进乡村多元共治的自我更新，增强乡村居民的归属感、自豪感，培育乡村数字文化氛围，赋能乡村振兴。通过打造智能公共服务平台，重塑乡村居民数字技术运用能力，建立数字服务共同体，实现乡村数字文化输出，将数字化服务融入乡村多元治理体系中（郭青青，2022）。

研究表明，数字化基础设施建设的多重效应对乡村现代化建设持续发展起到重要作用，包括基础设施配套效应、产业集聚空间效应、数字赋能经济效应等，实现乡村多元共治与乡村振兴须提升乡村数字文化氛围，传递治理方法，促进地区协调共治，推进治理主体多元化、治理对象全面化和治理方式高效化（林元城等，2022）。

因此，本书提出假设：

假设6：文化氛围正向调节数字化服务及基础设施与多元治理的关系。

5.7 小　　结

建立在前期案例分析的基础上，本章对数字化服务及基础设施、村庄组织发展和多元治理的关系进行理论演绎，并加入政治氛围和文化氛围两个调节变量，本书构建了如图5.1所示的理论模型。根据理论模型，本书共提出了6组16个假设，汇总如表5.1所示。

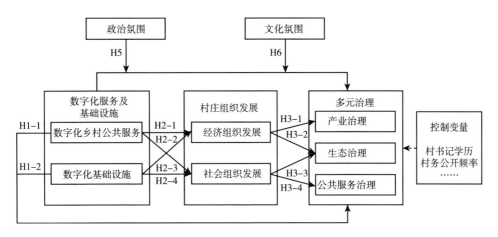

图 5.1　新时代乡村治理体系现代化的理论模型

表 5.1	假设汇总
假设序号	假设内容
假设 1-1	数字化乡村公共服务对多元治理具有显著的正向影响
假设 1-2	数字化基础设施对多元治理具有显著的正向影响
假设 2-1	数字化乡村公共服务对经济组织发展具有显著的正向影响
假设 2-2	数字化乡村公共服务对社会组织发展具有显著的正向影响
假设 2-3	数字化基础设施对经济组织发展具有显著的正向影响
假设 2-4	数字化基础设施对社会组织发展具有显著的正向影响
假设 3-1	经济组织发展对产业治理具有显著的正向影响
假设 3-2	经济组织发展对生态治理具有显著的正向影响
假设 3-3	社会组织发展对生态治理具有显著的正向影响
假设 3-4	社会组织发展对公共服务治理具有显著的正向影响
假设 4-1	经济组织发展在数字化乡村公共服务与多元治理关系中起中介作用
假设 4-2	经济组织发展在数字化基础设施与多元治理关系中起中介作用
假设 4-3	社会组织发展在数字化乡村公共服务与多元治理关系中起中介作用
假设 4-4	社会组织发展在数字化基础设施与多元治理关系中起中介作用
假设 5	政治氛围正向调节数字化服务及基础设施与多元治理的关系
假设 6	文化氛围正向调节数字化服务及基础设施与多元治理的关系

| 第 6 章 |

新时代乡村治理体系现代化的
研究设计与方法

本章将对第 5 章提出的理论概念模型中涉及的数字化服务及基础设施、村庄组织发展、政治氛围、文化氛围、多元治理等变量进行操作定义与测量，并且通过半结构化访谈以及预调研情况修正预测问卷，形成正式量表。本书主要采取问卷调查的数据收集方法对研究数据进行定量分析，本章将介绍新时代乡村治理体系现代化建设情况以及问卷调查的基本情况，并阐述本书归纳和分析所收集到数据的方式方法。

6.1 问卷设计

6.1.1 问卷调查方法

本书采用调查问卷的方法作为收集数据的研究方法，原因是本书涉及的数字化服务及基础设施、村庄组织发展、政治氛围、文化氛围、多元治理等概念均属于无法直接被测量或观察到的潜变量，加之与村庄现代化建设的程度相关的二手数据的获取也有一定的难度。在问卷调查法的实施过程中，预测试、信度检验、效度检验须引起研究者更大的重视（徐建华等，2020），问卷法是研究者通过控制式测量来研究问题的有效方法，一般来讲，问卷调查法收集到的资料较为详细、完整，因而其在调查研究中也获得越来越广泛的应用（周黎和宋红霞，2019）。

本书主要采用结构型问卷，主要以客观题的形式，把问题的答案事先加以限制，答题者须在限定的答案中进行选择，题目类型主要有：选择式、对错式、矩阵式等。问卷以线上线下相结合的方式进行发放，线上主要是通过问卷平台、E-mail 或者是小程序等渠道递送给被调查者，被调查者收到问卷后自行填写问卷。为了方便被调查者及时询问问卷填写过程中遇到的问题，在问卷的开头部分提供了研究团队的联系电话和邮件地址。线上发放问卷的方式具有一定的不可控性，考虑到填写时间过长会导致受访者产生疲劳、厌倦心理，问卷题量控制在 20 分钟以内。本书使用的问卷中所有测量项目均采用 Likert 5 级量表（Jiang et al.，2021），使用 1~5 选项表示与被调查者想法的符合程度。其中，"1"表示完全不符合（或极低）；"2"表示不符合（或低）；"3"表示一般；"4"表示符合（或高）；"5"表示完全符合（或极高）。采用 Likert 5 级量表评估方法有很多好处：容易设计；使用范围广泛，可以用来测量某些多维度的复杂概念和态度；信度高；可以使回答者方便地标出自己的位置（吴清，2013）。因此，本书问卷中的测量项目采用 Likert 5 级量表进行测量。

6.1.2 问卷设计过程

在问卷设计方面，大多数研究往往忽略对原则和程序的考查，而仅停留在技巧层面。问卷设计有五大原则：系统性原则、方便性原则、科学性原则、严谨性原则和趣味性原则（李俊，2009）。基于这五项原则，研究者设计问卷时须遵循严格的操作步骤，这些步骤是根据研究假设和研究目的来收集所需资料，并确定问卷形式，考虑研究时间、研究范围、分析方法等，列出各部分研究项目，按操作步骤展开问卷设计（杨天宏，2022）。一般来说，问卷设计可分为六个步骤：第一，明确研究目标；第二，厘清研究概念；第三，制订数据分析计划；第四，收集信息；第五，编写问题；第六，测试与修订问题。具体而言，问卷的设计过程如下。

（1）明确研究目标。在设计问卷之前，要明确研究的目标，首先对发放人群进行筛选，去掉不符合条件的人群，确定研究对象有助于找到适合的方法触达研究对象并采用合理的方式来设计问卷题目。在前期对句容、射阳、江都和重庆四个城市的农村居民进行个人深度访谈的基础上，确定了研究的基本理论框架和变量概念，加之大量相关文献的阅读和梳理，进一步明确了本书研究所涉及变量的维度和概念。

（2）厘清研究概念。明确研究问题之后，则可进一步列出所需测量的概念。研究概念往往是抽象的，需要研究者通过一定的方法把这些抽象的概念转化为可测量的指标（胡鹏，2021）。本书研究需要探索新时代乡村治理体系现代化的影响因素与保障机制，它涉及数字化服务及基础设施、村庄组织发展、政治氛围、文化氛围、多元治理等变量及其相关概念，研究者可以通过测量受访者教育程度、职业、收入等具体指标来衡量该农村现代化建设的发展状况。本书在参考大量调查问卷及文献的基础上，初步设计针对实证研究阶段的调查问卷。

（3）制订数据分析计划。提前布局数据分析计划在问卷设计过程中非常重要。为了确保信息的有效性，即将关键的变量信息收集完整，不重要的变量信息不浪费问卷空间，设计者须合理计划数据分析，分配宝贵的问卷空间，确保变量符合研究者的预期类型。厘清分类变量和连续变量，对变量的精度要求不很高的问题可采用分类变量，以此来降低问题的敏感度，避免数据缺失；若问题对变量要求较高，需要更加精准、大量的信息，则选择连续变量。

（4）收集信息。在收集信息、设计问卷的过程中，很多问题有成熟的问法，大多为研究领域内有经验的前人设计的，经历了大量的实践检验和打磨，如果这些问题与本书研究的测量目标相匹配，可适当借鉴。在编写问题之前，研究者需要做大量的文献研究工作、团队讨论、小组访谈等，通过这些渠道来获得有用信息，帮助更全面、深入和准确地理解概念、开展研究。

（5）编写问题。由于研究者和受访者的认知不同，因此在编写问题时需要研究者站在受访者的角度思考问题，选用受访者可接受的语言、可理解的内容，以取得真实、具体的填写反馈。此外，在问卷编排问题上，涉及问卷的完整性和有效性，需要设计者有能力完成卷首语和结束语的编写、问题的排序和分组、变量的编码、外观的呈现、操作指示的注明等。

（6）测试与修订问题。问卷测试在整个设计问卷的过程中至关重要，将直接影响数据收集的效果。形成初始问卷后，研究者在 2022 年 10 月到 2022 年 11 月，对句容市、射阳县、江都区和重庆市四地的部分居民进行了问卷预测，问卷填写对象主要为一些村的村干部。一共发放问卷 300 份，有效回收 116 份，有效问卷回收率为 38.7%。调研团队根据问卷预测收集的数据进行了项目分析和探索性分析，去除分析过程中没有达到信度和效度要求的题项，最终形成本书的调查问卷。

基于测试结果，研究者需要对题项进行修订。不仅要检查调查问题本身，还要进一步测试整个访问流程的各个方面，包括问卷的填写时间和问卷长度。在确定了问卷题项之后，研究团队组织了三次小规模访谈，邀请业内专家、村民干部、相关研究人员等展开讨论，以此来检验内容的合适性和合理性，避免潜在问题的发生，修正并完善问卷设计。

6.2　变量的测量

本书通过理论推导和质性分析建立了新时代乡村治理体系现代化的理论模型，同时将政治氛围和文化氛围作为模型的调节变量。因此，本书涉及的变量主要包括数字化服务及基础设施、村庄组织发展、多元治理、政治氛围以及文化氛围。这些变量都是无法直接精确观测的潜变量。考虑到变量依赖农村村民的想法感受和村庄内部信息的支持，以及部分项目可能涉及农村村干部、村组织不愿对外诉说或公开的资料，本书研究主要选择问卷调查的方法作为收集实证研究部分的数据来源，问卷发放的对象主要是江苏省的射阳县、江都区、句容市和重庆四地各个乡镇的农村村干部以及普通村民。根据沈婷婷（2021）和王兰等（2020）的观点，主观感知的方法有利于体现出客观测量的研究变量难以捕捉的农村现代化影响效应，因此本书采用主观感知的方法。而这种方法最有效的工具是 Likert 量表，本书对变量题项的测量采用 Likert 5 级量表，由受访者根据当地农村的实际发展情况进行评估打分。在本书的研究目标和背景的基础上，参考了已有文献的成熟量表，对变量和测试题项进行了适当的调整。

6.2.1 数字化服务及基础设施的测量

数字化服务及基础设施是本书的解释变量，根据文献回顾以及案例分析的结果，本书从数字化乡村公共服务和数字化基础设施两个方面进行测量。根据中国乡村振兴的数字化建设背景以及发展成果，可将乡村数字化建设分为公共服务建设和基础设施建设两个维度，公共服务包括医疗、教育、就业等方面；基础设施建设包括物联、水利、交通等方面。参考邓斌等（2020）、郝文武（2019）、王雷等（2022）、马晨等（2022）的研究，数字化乡村公共服务包括三个题项；参考杨媛媛（2021）、蒋云钟（2022）、戴志强等（2023）等的研究，数字化基础设施包括三个题项。具体的测量题项如表 6.1 所示。

表 6.1   **数字化服务及基础设施的测量**

变量维度		测量题项	来源或依据
数字化乡村公共服务	DS1	村民使用互联网＋医疗、教育、就业等服务	邓斌等（2020）、郝文武（2019）、王雷等（2022）、马晨等（2022）
	DS2	村民使用普惠金融相关服务	
	DS3	村民使用微信等交流乡村公共服务信息	
数字化基础设施	DI1	我村镇农业生产使用遥感监测、物联网等数字化基础设施	杨媛媛（2021）、蒋云钟（2022）、戴志强等（2023）
	DI2	我村镇使用4G或5G网络等数字化载体，发展智慧水利	
	DI3	村内外交通很便利	

6.2.2　村庄组织发展的测量

本书对村庄组织的发展研究可分为经济发展组织和社会发展组织两个维度。在中国，由于不同时期的村庄组织性质不同，目前对于村庄组织的测量在以往的文献中少有提及（许恒周，2022）。在前人的研究中，实证发现不同的组织关系存在不同的利益和感知差异，村干部更加关注与自己的政绩等相关的因素，而村民更加关注与家庭发展和生活环境相关的因素。总的来说，乡村的就业状况、生活环境、社区活动等是村庄组织中村民都关心的内容（赵德余和代岭，2022）。集体经济的发展壮大有利于农村整体生产力的提升和农业经济的发展；农村社会的和谐有利于加强农村精神文明建设，树立健康文明的农村社会新风尚（赵意焕，2021）。参考刘凌（2021）、洪名勇和何金福（2022）、高敏（2019）、王同昌（2021）、徐晨光和王小萍（2021）、张网成和王鹏（2019）、彭正波和王凡凡（2018）等的研究成果，本书从经济发展组织和社会发展组织两个维度对村庄组织发展进行测量，具体测量题项如表 6.2 所示。

表 6.2　　　　　　　　　村庄组织发展的测量

变量维度		测量题项	来源或依据
经济发展组织	EO1	我村小作坊等小微企业发展得越来越好	刘凌（2021）、洪名勇和何金福（2022）、高敏（2019）
	EO2	我村农民合作社等专业合作社越来越多	
	EO3	我村农民合作社等专业合作社对我村产业发展的带动作用明显	
社会发展组织	SO1	我了解村里社会组织的功能和作用	王同昌（2021）、徐晨光和王小萍（2021）、张网成和王鹏（2019）、彭正波和王凡凡（2018）
	SO2	我认为村里组织的各类活动丰富多彩	
	SO3	我经常参与村里组织举办的活动（如村里志愿活动、文体活动等）	
	SO4	如果我有需求或困难，村里社会组织会提供帮助	
	SO5	我对村里社会组织的发展有信心	

6.2.3　政治氛围的测量

在社会主义国家，思想政治工作是政治优势和有效手段，在农村政治建设事业中极具积极作用，不仅能够调动群众的积极性，还有助于提高清廉公正、和谐的政治氛围。在实施乡村振兴的背景下，农村基层党组织的发展也面临着新的挑战：提高政治领导力、加强组织保障、营造良好氛围等都是新农村政治建设的新要求，只有做到不断创新与前进，才能增强村庄政治氛围，造血与输血并重，约束与激励并重（吴成林 2019）。据前人研究，民众对乡镇政府的政治信任是提高政府治理绩效、加强村庄政治氛围的主要方式，营造和谐互助的社会氛围有助提高民众的政治信任（胡荣等，2018）。参考韩康宁（2023）、易新涛（2020）、陈彪和贺芒（2021）、王亚华等（2016）、瞿新明和王之虹（2020）等的研究，组织文化的具体测量题项如表 6.3 所示。

表 6.3　　　　　　　　　　　　政治氛围的测量

变量维度		测量题项	来源或依据
政治氛围	PA1	村党组织在居民心中有很高的威望	韩康宁（2023）、易新涛（2020）、陈彪和贺芒（2021）、王亚华等（2016）、瞿新明和王之虹（2020）
	PA2	村作出重大决策时一般会广泛征求大家意见	
	PA3	村公共事务参与有明确的规章制度和指引	
	PA4	村公共事务信息是公开透明的	
	PA5	我积极参与选举，经常参加村的居民议事会、听证会、座谈会等	

6.2.4　文化氛围的测量

中国农业人口数量大、农村土地面积广，是公认的世界农业大国，因此，构建文明和谐的农业社会环境十分重要，创建光辉灿烂的农村文化氛围，培育思想觉悟和综合文化素质较高的农村群众，对促进我国农村社会发展具有深远影响（关欣，2021）。文化的建立和传播需要良好的氛围，广大农村地区邻里往来频繁、人际关系密切，营造出浓厚的文化氛围可以感染更多群众，让体育、娱乐、艺术等文化在每家每户、邻里之间自由传播。参考范红丽等（2022）、熊艳（2021）、傅才武和李俊辰（2022）、陈晓霞（2021）等的研究，本书对农村文化氛围的具体测量题项如表6.4所示。

表6.4　　　　　　　　　　　　　文化氛围的测量

变量维度		测量题项	来源或依据
文化氛围	CA1	我喜欢我居住的社区文化	范红丽等（2022）、熊艳（2021）、傅才武和李俊辰（2022）、陈晓霞（2021）
	CA2	村里大部分人愿意相互帮助	
	CA3	村里经常开展体育、娱乐等文化活动	
	CA4	村里在传统节日期间举办节庆活动	

6.2.5　多元治理的测量

乡村治理现代化是国家治理现代化的基础和重要组成部分，是协调推进城乡融合发展、实施乡村振兴战略的重要举措，也是适应社会主要矛盾转变的正确选择。农村多元治理是治理现代化的要义，在当代发展城乡融合的趋势下，发现乡村新价值，让乡村现代化建设能力整体提升，迎接新的机遇和挑战。打造"互联网＋乡村治理"，实现乡村基层治理数字化、信息化、现代化，以降低人力、物力成本，真正实现农村多元共治，让群众实实在在感受发展成果。当下乡村治理各主体作用发挥情况与乡村治理格局相一致，多元治理视角下乡村发展主要影响因素有村干部治理能力、农业发展水平、村民配合度等（王薇然和杜海峰，2021）。参考唐煜金和唐重振（2022）、徐朝卫（2020）、吴军（2019）、朱卫卿和郑易平（2021）、陈健（2020）、张劲松（2016）、宁泽逵等（2021）、谢玲红等（2023）、陈浩和王皓月（2022）等的研究，本书对多元治理的衡量从产业治理、生态治理、公共服务治理三个维度考虑测量农村多元治理的绩效。具体的测量题项如表6.5所示。

表 6.5   多元治理的测量

变量维度		测量题项	来源或依据
产业治理	IG1	我村镇有较为明确的产业治理规划	唐煜金和唐重振（2022）、徐朝卫（2020）、吴军（2019）
	IG2	我村镇在本县产业链分工较为明晰	
	IG3	我村镇产业空间治理较为合理	
生态治理	EM1	我村镇水、大气、土壤治理较好	朱卫卿和郑易平（2021）、陈健（2020）、张劲松（2016）
	EM2	我村镇垃圾、厕所治理较好	
	EM3	我村镇绿化效果较佳	
公共服务治理	PG1	我村镇医疗、文化、养老等农村基本公共服务水平较高	宁泽逵等（2021）、谢玲红等（2023）、陈浩和王皓月（2022）
	PG2	我村镇基础设施建设水平较高	
	PG3	我村镇金融服务水平较高	

6.2.6 控制变量

参考张季琴等（2021）、陈彬等（2021）、葛章明等（2022）、林龙飞和陈传波（2022）、杨艳华和陈建锋（2022）等的研究，本书将村支部书记学历、村务公开频率作为控制变量。

先前的研究认为，不同学历的村支部书记对新时代农村现代化建设的态度和思想不同，其乡村贫困治理绩效也有很大差距（倪大钊等，2020）。经调查研究发现，学历较高的村支部书记更加支持农村的现代化建设，其采取的手段和治理方法也主要以现代化高科技的农机设备、农业数字化、信息大数据等为主（陈翠，2020），其所带领的村干部也较为支持村支部书记的治理理念和相关办法；而学历较低的村支部书记虽然也支持新时代农村现代化建设，但其实践力度远远不如学历较高的书记所管辖的村庄，他们大多更青睐传统农业技术、人才引进等传统农业发展手段，虽然也起到相应效果，但现代化发展进程较慢。因此，本书将村支部书记学历作为控制变量。

已有研究表明，村务公开频率对新时代乡村治理体系现代化建设产生影响（周敏和张锐昕，2017）。村务公开的频率在各个地方并没有硬性规定，因此每个村庄村务的公开透明度不同。村务相对公开的村庄，其政府的相关决定、办理进程、实际效果等会受到社会各层面的监督，其腐败、不作为、乱作为的现象相对较少，这对于乡村治理会产生正向效果；此外，在村务公开的情况下，会得到更多有用的专家建议，这对于现代化建设也起到了积极作用。在实际调查中也发现，村庄得到村务公开频率越高，村庄现代化建设的规划越明确，其村民支持乡村现代化建设程度越高，而村务相对公开较少的村庄并没有明确的现代化建设方案，甚至没有现代化建设的想法，因而本书将村务公开频率作为第二个控制变量。

6.3　问卷修正

6.3.1　访谈检验

为了检验初始题项的适合度和合理性，须选取小规模人群展开访谈，尤其是相关研究领域的专家人群和问卷发放的目标人群，通过访谈讨论题项的设计细节和顺序等，以此来完善问卷的设计（徐敬宏和张如坤，2022）。为了提高真实性和可行度，我们选择问卷发放地区的主要村干部以及农业发展相关领域的专家为受访者，向他们阐明访谈目的并与他们进行深度交流，他们的看法或认知可以帮助证实或证伪先前的研究假设。如果我们的访谈对象拥有调研所需的第一手资料，并且是相对有经验的人，那我们的访谈信度就有了一定程度的保障（蒋琳莉等，2022）。同时，为了避免收集到的访谈资料出现无意识的偏差，我们应选择不同的访谈者，并且他们对我们的访谈主题涉及的事件等拥有一定的发言权（高虹，2022）。

因此，本书在考虑以上访谈对象选取的基础上，于 2022 年 10 月到 11 月，共邀请了 3 位农业工程学与农业自动化专业的教授、3 位农业水利工程专业的教授、4 位农业生物环境与能源工程专业的博士，以及前期接受个人深度访谈的 12 位村干部先后进行了 3 次小规模访谈。

　　第一次访谈主要邀请农学专家来进行访谈，主要是针对问卷测量项目的内容进行讨论，修正了村民和村干部的基本情况（删除了"村庄组织的发展情况"的题项，因为问题过于宽泛，且对此题项的判断可以根据所在村庄存在哪些经济组织和社会组织来确定，所以可以删除）、村民整体文化教育水平（删除了"学校名称""子女受教育水平和期望""村民平均月收入"这三个测量题项，主要是考虑到学校名称在反映村民文化教育水平的作用上不是很重要，加之大多数年纪大的村民学历不高，没有了解学校名称的必要，所以将学校名称的测量题项删除；而子女的受教育水平这个问题在问卷发放人群中调查会产生大量重复，导致数据的不准确性，因此也将其删除；考虑到村民在透露个人月收入时会有所顾虑，提供的数据可能不具备高度的真实性，且如果村庄贫富差距较大，平均月收入则不具备反映问题的效果，因而将其删除）等测量项目，对测量项目的修正有利于确保测量题项准确地反映对应变量。同时，本次访谈还对问卷的整体结构安排和测量题项的语句通顺与准确性进行了讨论和修改，特别是专家提出的"专有名词运用过多会让普通村民难以理解问题内容，从而影响问卷的有效性。"因此，对于问卷的语言作出如下处理：将"村民在创新2.0的信息时代、知识社会形态推动下使用医疗、教育、就业等服务"改为"村民使用互联网＋医疗、教育、就业等服务"；将"村民使用网络线上App等交流乡村公共服务信息"改为"村民使用微信等交流乡村公共服务信息"；将" 村民使用普惠金融服务，使其'与网点一体化'经营转型深度融合"改为"村民使用普惠金融相关服务"；将"我村使用智能感知技术、三维3S技术、云计算与云存储等技术发展智慧水利"改为"我村镇使用4G或5G网络等数字化载体，发展智慧水利"；将"我村镇全面打好水、大气、土壤污染防治攻坚战"改为"我村镇水、大气、土壤治理较好"；将"我村镇集群化发展的产业治理新阶段发展进程"改为"我村镇有较为明确的产业治理规划"。

　　同时，为了测试受试者填答问题的效度，专家建议在一个量表中设置一至四道反向题。因此，把"目前，村里社会组织的发展得到了足够的支持"设为反向题"目前，村里社会组织的发展缺乏足够的支持"。除此以外，为了避免问题的绝对性，在设计问题时，还将"最""极其""都"等词修改为"较""很""一般"等较为灵活的词语，以提高问题的严谨性。例如，将问题"我村镇医疗、文化、养老等农村基本公共服务水平是最好的"修改为"我村镇医疗、文化、养老等农村基本公共服务水平较高"；将"村党组织在居民心中有极其高的威望"调整为"村党组织在居民心中有很高的威望"；将"村作出重大决策时都会广泛征求大家意见"改为"村作出重大决策时一般会广泛征求大家意见"等。

第二次访谈主要是邀请 12 位村干部填写经过修改后的问卷，在此基础上再对填写结果的探讨和问卷涉及的问题进行反馈，了解村干部填写问卷时的真实感受，是否能够完全理解问卷的含义以及作出相应的回答，随后对他们提出的建议和感受进行总结，并对问卷再次修正。

第三次访谈再次邀请小规模专家，对于修改过两次的问卷进行整体评估，衡量问卷的有效性和目的性，再次审核是否有需要进一步改进的地方，主要是对问卷的排版和措辞进行了微调。在问卷题项顺序的修改过程中，专家之间以及研究者本人对于某些问题的先后排序产生了分歧，经过多次讨论，还是决定采用研究者原本设计的顺序，专家提出的建议对研究提供参考作用，但是否采用依然由研究者根据研究目的和问卷所期望的效果来决定。因此，最终的修改决定权依然掌握在研究者手中。经过三次小规模访谈，对问卷的设计进行了较为深入的分析，最终完成了问卷的初步设计。

6.3.2　预测试

在进行正式调研之前，研究者以句容市白兔村的 300 位村民为调研对象进行了预调研，来测量和验证相关测量变量量表的合理性，通过预调研来改进测量项目，以此来提高正式调研的有效性和科学性。

预调研时间为 2022 年 9 月至 2022 年 10 月，在提前获得当地村委干部的联系方式之后，经过沟通协调，对句容市白兔村的 300 位村民进行了问卷预测。本次预调研共发放问卷 300 份，发放的形式主要以亲自发放为主，以委托发放为辅。亲自发放主要是通过当场发放当场回收和电子邮件发放、微信发放等方式发放；委托发放主要是通过事先与村支部书记沟通，经书记同意后代为发放。其中，亲自发放问卷 100 份，回收问卷 89 份；委托发放问卷 200 份，有效 168 份。两种方式共回收问卷 257 份，回收率为 85.7%。在整理回收到的问卷的过程中，发现有 7 份问卷填写不完整，超过 10 个题项的答案为空白；有 3 份问卷出现超过 10 个题项答非所问，所写内容明显与问题无关；有 11 份问卷超过 10 道题连续出现相同答案，数据偏向极端化，影响问卷质量，为了保证问卷的有效性和数据分析的合理性，将以上共 21 份问卷剔除，本次共回收有效问卷 147 份，有效问卷回收率为 73.5%，预测试样本村民的基本情况如表 6.6 所示。

表 6.6　　　　　　　预测试村民的基本情况（N = 200）

村民特征	分类	频数	百分比（%）
性别	男	162	54.0
	女	138	46.0
年龄	<20	18	6.0
	≥20 岁并且 <30 岁	55	18.3
	≥30 岁并且 <40 岁	101	33.7
	≥40 岁并且 <50 岁	60	20.0
	≥50 岁并且 <60 岁	56	18.7
	≥60 岁	10	3.3
文化程度	小学及以下	34	11.3
	初中	46	15.3
	高中	121	40.3
	大专	53	17.7
	本科	42	14.0
	硕士研究生及以上	4	1.4
职业	农业劳动者	131	43.7
	医务人员	4	1.3
	科研或教育工作者	32	10.7
	个体商人	34	11.3
	自由职业者	60	20.0
	离退休人员	33	11.0
	其他	6	2.0

村民特征	分类	频数	百分比（％）
身份	普通村民	169	56.3
	村两委干部	3	1.0
	新乡贤	4	1.3
	乡村社会组织成员	11	3.7
	其他	13	4.3

属于 Likert 量表性质的量表才能进行项目分析与信度分析。问卷中若有一个以上的 Likert 量表，应该每一个 Likert 量表均个别跑一次项目分析与信度分析，这样做的目的是检验量表每个测试题的可信程度。项目分析主要有项目描述统计、同质检验法、极端组检验和因素分析四种方法。项目描述统计主要是通过选取想要分析的题目变量选取要分析的统计量（statistics），根据平均值、最大值、最小值、标准差，以及峰度和偏度系数（越接近于 0，越接近于正态）来检验题目的好坏；同质检验法选取 scale-reliability analysis 选取要分析的题目并移到题目清单中，选取 statistics 中 descriptive for scalei fitem deleted，根据 item-total statistics 中 corrected item-total correlation 和 alpha if item deleted 来决定是否删除题目，一般题目的相关系数值小于 0.4，则认为这个题目和该维度相关性比较小，可以删掉该题目（蒋召彬等，2022）；极端组检验求出量表的总分并按总分高低排列，找出高低分组上下 27% 处的分数，依临界分数将观察值在量表值得分中分成高低二组，以独立样本 t-检验来检验两组在每个题目上的差异，将 t 检验结果未达显著性的题目删除或修改（高伟明等，2016）；因素分析是一种潜在结构分析法，假定每个题目均由共同因素和唯一因素两个部分构成，假设唯一因素间无相关，共同因素与唯一因素间无相关，共同因素之间的相关正交无，斜交有（张立华等，2019）。

本书选取同质检验法对量表的预调研数据进行项目分析，主要通过分析个别题项与总分的相关系数（corrected item-total correlation，CITC）进行检验。相关系数即每一个题项与题项加总后的相关系数，若该值过低，则表示该题项与构念所在的其他题项的相关性不高，缺乏同质性，本书采用 0.4 的相关系数标准值进行检验，题项—总分相关系数值大于 0.4 即可通过检验。

量表的信度代表量表的稳定性或一致性，主要反映的是测验内部题目之间的信度关系，考察测验的各个题目是否测量了相同的内容或特质，该值主要通过计算内部一致性系数 Cronbach's α 值进行检验，克朗巴哈（Cronbach）提出 α 系数的方法，其公式为：

$$\alpha = \frac{K}{K-1}\left(1 - \frac{\sum S_i^2}{S_x^2}\right) \tag{6-1}$$

式（6-1）中，K 为测验的题目数，S_i^2 为某一题目的变异数，S_x^2 为测验总分的变异数。量表的题项数越多，$\frac{K}{K-1}$ 的值越接近于 1，$\frac{\sum S_i^2}{S_x^2}$ 的值越接近于 0，内部一致性系数就越接近于 1，Cronbach's α 值越大，量表的内部一致性越高。在探索性研究中，内部一致性系数可以小于 0.7，但应大于 0.6；问项数量小于 6 个时，内部一致性系数大于 0.6，表明量表是有效的。参考肖艳艳等（2018）的观点，本书在探索性研究中以 0.6 作为 Cronbach'α 系数可接受的最低标准。在项目分析中，信度检验旨在检验题项删除后，构念整体量表的信度系数变化情况，如上所述，量表所包含的题项数越多，内部一致性系数 α 越高，删除某一题项后，α 系数相对会降低，如果题项删除后的量表整体信度系数比原先的信度系数高出很多，说明此题项与其他题项的同质性不高，可以考虑删除这个题项。

基于上述分析，本书在项目选取中采取以下原则和标准：第一，将题项与总分的相关系数小于 0.4 且不显著的题项删除；第二，将删除该题项后可以显著增加构念整体 Cronbach's α 值的题项删除。

（1）数字化服务及基础设施的 CITC 及信度检验。采用 SPSS 对数字化服务及基础设施嵌入量表进行分析，结果如表 6.7 所示。

表 6.7　　　　数字化服务及基础设施量表的 CITC 及信度检验结果

变量	未删除题项之前的 Cronbach's α 系数	测量题项	题项—总分 相关系数	删除该题项后的 Cronbach's α 系数	备注
数字化乡村 公共服务	0.750	DS1	0.637 **	0.632	保留
		DS2	0.503 **	0.695	保留
		DS3	0.553 **	0.667	保留
数字化基础 设施	0.824	DI1	0.591 **	0.778	保留
		DI2	0.736 **	0.694	保留
		DI3	0.620 **	0.790	保留

注：** 表示 $P < 0.01$。

根据分析的结果，数字化乡村公共服务的测量题项 DS1、DS2、DS3 的 Cronbach's α 系数为 0.750，内部一致性良好；数字化基础设施的测量题项 DI1、DI2、DI3 的 Cronbach's α 系数为 0.824，在探索性分析中有较好的内部一致性。数字化乡村公共服务的 CITC 检验中，题项—总分相关系数均在 0.5 以上，且在 0.01 的水平上显著，因此该层面题项全部通过 CITC 检验。从删除题项后的 Cronbach's α 系数可以看出，在数字化乡村公共服务层面，DS1、DS2、DS3 的删除该题项后的 Cronbach's α 系数均小于该变量的整体系数 0.750，因此，保留数字化乡村公共服务的全部题项。数字化基础设施变量的 CITC 检验中，题项—总分相关系数均在 0.5 以上，且在 0.01 的水平上显著，因此该层面题项全部通过 CITC 检验。从删除题项后的 Cronbach's α 系数可以看出，在数字化基础设施层面，DI1、DI2、DI3 的删除该题项后的 Cronbach's α 系数均小于该变量的整体系数 0.824，因此，保留数字化基础设施的全部题项。

（2）村庄组织发展的 CITC 及信度检验。采用 SPSS 对村庄组织发展嵌入量表进行分析，结果如表 6.8 所示。

表6.8 村庄组织发展量表的 CITC 及信度检验结果

变量	未删除题项之前的 Cronbach's α 系数	测量题项	题项—总分 相关系数	删除该题项后的 Cronbach's α 系数	备注
经济发展 组织	0.634	EO1	0.583 **	0.681	保留
		EO2	0.581 **	0.507	保留
		EO3	0.539 **	0.428	保留
社会发展 组织	0.767	SO1	0.513 **	0.757	保留
		SO2	0.592 **	0.696	保留
		SO3	0.532 **	0.731	保留
		SO4	0.436 **	0.740	保留
		SO5	0.674 **	0.700	保留

注：** 表示 $P < 0.01$。

根据分析的结果，经济发展组织的测量题项 EO1、EO2、EO3 的 Cronbach's α 系数为 0.634，可以接受；社会发展组织的测量题项 SO1、SO2、SO3、SO4、SO5 的 Cronbach's α 系数为 0.767，内部一致性良好。经济发展组织变量的 CITC 检验中，题项—总分相关系数均在 0.5 以上，且在 0.01 的水平上显著，因此该层面题项全部通过 CITC 检验。从删除题项后的 Cronbach's α 系数可以看出，在经济发展组织层面，题项 EO1、EO2、EO3 的删除该题项后的 Cronbach's α 系数均小于该变量的整体系数 0.634，因此，保留经济发展组织的全部题项。社会发展组织变量的 CITC 检验中，题项—总分相关系数均在 0.4 以上，且在 0.01 的水平上显著，因此该层面题项全部通过 CITC 检验。从删除题项后的 Cronbach's α 系数可以看出，在经济发展组织层面，题项 SO1、SO2、SO3、SO4、SO5 的删除该题项后的 Cronbach's α 系数均小于该变量的整体系数 0.767，因此，保留社会发展组织的全部题项。

（3）多元治理的 CITC 及信度检验。采用 SPSS 对多元治理嵌入量表进行分析，结果如表6.9所示。

表6.9　　　　　　　　　多元治理量表的 CITC 及信度检验结果

变量	未删除题项之前的 Cronbach's α 系数	测量题项	题项—总分 相关系数	删除该题项后的 Cronbach's α 系数	备注
产业治理	0.826	IG1	0.645**	0.810	保留
		IG2	0.691**	0.690	保留
		IG3	0.729**	0.777	保留
生态治理	0.651	EM1	0.584**	0.506	保留
		EM2	0.529**	0.544	保留
		EM3	0.427**	0.607	保留
公共服务 治理	0.700	PG1	0.402**	0.607	保留
		PG2	0.553**	0.598	保留
		PG3	0.580**	0.619	保留

注：** 表示 $P < 0.01$。

　　根据分析的结果，产业治理的测量题项 IG1、IG2、IG3 的 Cronbach's α 系数为 0.826，有较好的内部一致性；生态治理的测量题项 EM1、EM2、EM3 的 Cronbach's α 系数为 0.651，可以接受；公共服务治理的测量题项 PG1、PG2、PG3 的 Cronbach's α 系数为 0.700，内部一致性良好。产业治理变量的 CITC 检验中，题项—总分相关系数均在 0.6 以上，且在 0.01 的水平上显著，因此该层面题项全部通过 CITC 检验。从删除题项后的 Cronbach's α 系数可以看出，在产业治理层面，题项 IG1、IG2、IG3 的删除该题项后的 Cronbach's α 系数均小于该变量的整体系数 0.826，因此，保留产业治理的全部题项。生态治理变量的 CITC 检验中，题项—总分相关系数均在 0.4 以上，且在 0.01 的水平上显著，因此该层面题项全部通过 CITC 检验。从删除题项后的 Cronbach's α 系数可以看出，在生态治理层面，题项 EM1、EM2、EM3 的删除该题项后的 Cronbach's α 系数均小于该变量的整体系数 0.651，因此，保留生态治理的全部题项。公共服务治理层面的题项—总分相关系数均在 0.4 以上，且在 0.01 的水平上显著，通过检验。从删除题项后的 Cronbach's α 系数可以看出，公共服务治理层面的题项 PG1、PG2、PG3 的删除该题项后的 Cronbach's α 系数均小于该变量的整体系数 0.700，因此，保留公共服务治理层面的全部题项。

（4）政治氛围的 CITC 及信度检验。采用 SPSS 对政治氛围嵌入量表进行分析，结果如表 6.10 所示。

表 6.10　　　　　政治氛围量表的 CITC 及信度检验结果

变量	未删除题项之前的 Cronbach's α 系数	测量题项	题项—总分相关系数	删除该题项后的 Cronbach's α 系数	备注
政治氛围	0.752	PA1	0.582**	0.787	保留
		PA2	0.598**	0.708	保留
		PA3	0.612**	0.661	保留
		PA4	0.664**	0.671	保留
		PA5	0.659**	0.702	保留

注：** 表示 $P < 0.01$。

根据分析的结果，政治氛围的测量题项 PA1、PA2、PA3、PA4、PA5 的 Cronbach's α 系数为 0.753，内部一致性良好。政治氛围变量的 CITC 检验中，题项—总分相关系数均在 0.5 以上，且在 0.01 的水平上显著，因此该层面题项全部通过 CITC 检验。从删除题项后的 Cronbach's α 系数可以看出，在政治氛围层面，题项 PA1、PA2、PA3、PA4、PA5 的删除该题项后的 Cronbach's α 系数均小于该变量的整体系数 0.753，因此，保留政治氛围的全部题项。

（5）文化氛围的 CITC 及信度检验。采用 SPSS 对文化氛围嵌入量表进行分析，结果如表 6.11 所示。

表 6.11　　　　　文化氛围量表的 CITC 及信度检验结果

变量	未删除题项之前的 Cronbach's α 系数	测量题项	题项—总分相关系数	删除该题项后的 Cronbach's α 系数	备注
文化氛围	0.719	CA1	0.461**	0.707	保留
		CA2	0.539**	0.686	保留
		CA3	0.657**	0.585	保留
		CA4	0.683**	0.628	保留

注：** 表示 $P < 0.01$。

根据分析的结果，政治氛围的测量题项 CA1、CA2、CA3、CA4 的 Cronbach's α 系数为 0.719，内部一致性良好。文化氛围变量的 CITC 检验中，题项—总分相关系数均在 0.4 以上，且在 0.01 的水平上显著，因此该层面题项全部通过 CITC 检验。从删除题项后的 Cronbach's α 系数可以看出，在文化氛围层面，题项 CA1、CA2、CA3、CA4 的删除该题项后的 Cronbach's α 系数均小于该变量的整体系数 0.719，因此，保留文化氛围的全部题项。

6.4　正式量表的形成

根据对量表的项目分析和探索性因素分析的结果，共保留了 32 个题项，形成了正式调研的量表。数字化服务及基础设施包括"数字化乡村公共服务"和"数字化基础设施"2 个层面 6 个题项，村庄组织发展包括"经济发展组织"和"社会发展组织"2 个层面 8 个题项，多元治理包括"产业治理""生态治理""公共服务治理"3 个层面 12 个题项，政治氛围包括 5 个题项，文化氛围包括 4 个题项，各题项及对应的含义如表 6.12 所示。

表 6.12　新时代乡村治理体系现代化的影响因素与保障机制研究的正式量表

变量	构念	题项编号	题项内容
数字化服务及基础设施	数字化乡村公共服务	DS1	村民使用互联网 + 医疗、教育、就业等服务
		DS2	村民使用普惠金融相关服务
		DS3	村民使用微信等交流乡村公共服务信息
	数字化基础设施	DI1	我村镇农业生产使用遥感监测、物联网等数字化基础设施
		DI2	我村镇使用 4G 或 5G 网络等数字化载体，发展智慧水利
		DI3	村内外交通很便利
村庄组织发展	经济发展组织	EO1	我村小作坊等小微企业发展得越来越好
		EO2	我村的农民合作社等专业合作社越来越多
		EO3	我村农民合作社等专业合作社对我村产业发展的带动作用明显
	社会发展组织	SO1	我了解村里社会组织的功能和作用
		SO2	我认为村里组织的各类活动丰富多彩
		SO3	我经常参与村里组织举办的活动（如村里的志愿活动、文体活动等）
		SO4	如果我有需求或困难，村里社会组织会提供帮助
		SO5	我对村里社会组织的发展有信心

续表

变量	构念	题项编号	题项内容
多元治理	产业治理	IG1	我村镇有较为明确的产业治理规划
		IG2	我村镇在本县产业链中的分工较为明晰
		IG3	我村镇产业空间治理较为合理
	生态治理	EM1	我村镇水、大气、土壤治理较好
		EM2	我村镇垃圾、厕所治理较好
		EM3	我村镇绿化效果较佳
	公共服务治理	PG1	我村镇医疗、文化、养老等农村基本公共服务水平较高
		PG2	我村镇基础设施建设水平较高
		PG3	我村镇金融服务水平较高
政治氛围	政治氛围	PA1	村党组织在居民心中有很高的威望
		PA2	村作出重大决策时一般会广泛征求大家意见
		PA3	村公共事务参与有明确的规章制度和指引
		PA4	村公共事务信息是公开透明的
		PA5	我积极参与选举，经常参加村的居民议事会、听证会、座谈会等
文化氛围	文化氛围	CA1	我喜欢我居住的社区文化
		CA2	村里大部分人愿意相互帮助
		CA3	村经常开展体育、娱乐等文化活动
		CA4	村在传统节日期间举办节庆活动

6.5　数据收集

6.5.1　样本的选择

本书主要是针对新时代乡村治理体系现代化的影响因素与保障机制进行研究，调查对象是相关村镇的村干部、普通村民等，考虑到研究需要和调研的可实施性，选取江苏省的射阳县、江都区、句容市和重庆四地的各个乡镇农村村民为对象展开实地调研。我国正处于全面推进乡村振兴的关键时刻，

"三农"问题是关系到国民生计的根本性问题。根据江岚（2022）对新时代现代化农村的定义，5G 技术给新农村带来网络通信、信息传输方式颠覆式的变革，为乡村各领域发展提供了更加优质的平台。因为本次调查问卷的问题主要包括数字化服务及基础设施、村庄组织发展、多元治理、政治氛围以及文化氛围的相关问题，涉及村庄的内部信息，因此，本书主要选择相关村庄的村干部、特色农产品农户、农业企业内部工作人员以及部分普通村民为问卷的发放对象，以保证问卷填写者对问卷中的问题有准确、全面的认识。本书选择了江苏省的射阳县、江都区、句容市和重庆四个地区，分别对这四个地区的各个乡镇村民进行问卷调查。

（1）江苏省射阳县、江都区、句容市。通过前期的资料查阅以及多方打听，最终选取了 8 个具有代表性的农村进行实地调研，分别是江苏省射阳县的桃园村、双丰村；江都区的纪西村、丁东村、真武村；句容市的白兔村、二圣村、林梅村，想要了解当前江苏省乡村治理体系现代化发展情况，研究其影响因素与保障机制，为其寻找农业经济发展和突破的新方法。虽然难以了解到这些地方每一村每一户农民的真实看法，但"普遍性与特殊性相互联结，普遍性寓于特殊性之中，并通过特殊性表现出来"。通过科学对比进行典型抽样，选取能够代表当下江苏省乡村治理体系现代化发展状况的村落，为全面分析江苏省乡村振兴的前景和措施提供有价值的资料，无论从研究方法的可行性或研究结果的可信度而言，都是值得肯定的。为此，调研团队通过对这些地区村落的农民发放问卷、面对面访谈的方式了解村干部和普通村民们对新时代乡村治理体系现代化的影响因素与保障机制研究的看法以及对村庄发展、国家相关政策的建议，为实施深度访谈提供可行性研究。

以桃园村为例，通过问卷和访谈调研，调研团队了解到桃园村位于射阳县经开区，桃园村辖区面积 5 平方千米，耕地面积 9000 亩，人口数 3816 人，农户数 1180 户。党员 115 人，村民 9 个组，有草编生产基地、苗木花卉基地等。桃园村附近有后羿文化园、卢公祠、河口风景区等旅游景点，有射阳大米、洋马菊花、射阳河银鱼、射阳药材、醉泥螺等特产和射阳农民画、杨氏膏药、陆师傅古法小榨油技艺、评书、纹银制作工艺、臧家豆腐制作工艺等民俗文化。

随着社会经济的发展和该村经济的壮大，村里的基础设施建设也越来越完善。生活用水为全市统一供应的自来水；耕地灌溉主要是地表水；居民用电按市国家电网标准缴费；村内 5G 信号全覆盖、宽带覆盖全村，以电信和移动网为主；村里交通十分便利，整村实现道路硬化，大的自然村已完成沥青道路的建设，修建费用主要由涉农项目资金和村集体自筹；全村快递使用统一收件地址，集中在村内完成所有快递的收发，现在物联网发展得十分迅速，村里的通信、物流等发展得都不错。

除此以外，桃园村近年来还在尝试推进社区网上服务、农业科技信息服务的平台构建，力图为村民提供有效农产品收购的市场信息；重视农产品区域品牌初加工；还专门聘请了农业专家在线为农民解决农产品区域品牌生产难题；同时，村内设有电子商务进农村综合示范、大数据赋能农村实体店、智慧休闲农业平台、休闲农业数字地图等，努力跟上互联网时代的发展速度，推进新时代农村现代化治理体系建设，推进乡村振兴，助力桃园村农产品产业的发展。

（2）重庆太安镇。对重庆太安镇的调研分析以一手数据为主，二手数据为辅。为全面了解影响太安镇新时代乡村治理体系现代化的因素与保障机制的相关情况，本书以太安镇古堰村、钟刘村、柏弯村和醒狮村四个村庄的居民为调研对象，对农村的基础设施状况、农产品交易情况、农业科技运用情况等进行调查和研究，为项目研究提供一手数据。同时，本书还对研究所需的专著、论文以及关于乡村振兴战略的研究等相关文献资料进行了梳理和分析，为本书研究提供了理论支撑和政策依据。基于扎根理论对原始材料、资料进行提炼、归纳的过程中，主要以深度访谈法收集到的原始访谈资料为主。调研形式方面，本书以深度访谈为主，调查问卷、案例收集方式为辅的形式，收集农村居民的平均生产面积、家庭人口、农产品收入、家庭主要收入来源、生产方式、农产品年产量等数据。

太安镇注重教育事业、文体事业、社会保障、交通运输的发展，镇内的幼儿园、小学、初中等学校设施齐全，有各级民办学校和教育机构；有广播电视站 1 个，广播覆盖率 100.0%；有各级医疗卫生机构，社会保障较为合理；主要景点有丁家楼子、丁氏司南祠、丁家箭楼、凤凰花果山等。

　　为保证获取的调研资料以及研究对象范围覆盖程度的最大化，访谈采取目的性抽样与异质性抽样相结合的方法。面对面访谈的地理范围以选取的重庆太安村 4 个村为主，对 4 个村以外的太安镇受访者则主要以电话等方式进行访谈。研究团队采取抽样调查的方法，从不同村庄中选择具有典型性和代表性的农户作为调研对象进行访谈调查。此外，为全面了解村庄人口数、耕地数、农产品生产收入、农业科技的应用真实情况，调研团队还对村委工作人员进行了问卷调研。

6.5.2　问卷调查

　　本书选择以江苏省的射阳县、江都区、句容市和重庆四地的各个乡镇农村村民为调查对象。数据的收集时间从 2022 年 11 月底开始到 2023 年 4 月底结束，历时 5 个月。样本的抽样方式为简单随机抽样，从网络资料、当地政府、村委会等渠道获得村镇长期居住人员名单，再根据名单随机地抽取样本村民。

　　因为调查的内容与乡村治理体系现代化的多个方面情况有关，涉及很多村庄的内部信息，最好是由对本书涉及的问题有全面清晰了解的村干部本人或者是在村里有一定地位的村民进行回答，因此，本书调查对象的人格化代表选择了了解情况的村委会干部，包括村支部书记、村民小组长、妇联主任等。本书的问卷调查主要是通过线上和线下两种渠道进行，线上主要是通过发送电子邮件、问卷星、电话访谈等方式进行；线下主要是进行实地调研，深入乡村，与村民们面对面沟通。在进行访谈的过程中也主要是以基础性问题、启发性问题和开放性问题层层递进的方式来与村民交流，缓解村民紧张的情绪，提高配合度和积极性。样本的基本情况描述见第 5 章第 1 节。问卷发放情况和回收情况如表 6.13 所示。

表6.13　　　　　　　　　问卷调查情况统计

分类	调查方式	发放数量（份）	回收数（份）	有效问卷数量（份）	有效问卷率（%）	有效问卷回收率（%）
江苏省射阳县	委托调查	158	155	150	94.94	96.77
	面访调查	20	20	20	100.00	100.00
	邮寄调查	85	80	65	76.47	81.25
江苏省江都区	委托调查	75	66	60	80.00	90.91
	面访调查	5	5	5	100.00	100.00
	邮寄调查	60	53	50	83.33	94.34
江苏省句容市	委托调查	320	304	300	93.75	98.68
	面访调查	20	20	20	100.00	100.00
	邮寄调查	165	164	163	98.79	99.39
重庆市	委托调查	60	58	40	66.67	68.97
	面访调查	8	8	8	100.00	100.00
	邮寄调查	24	23	20	83.33	86.96
合计	—	1000	956	901	90.10	94.25

6.6　分析方法介绍

6.6.1　结构方程模型分析

结构方程模型（SEM），又称协方差结构模型、线性结构方程，是由因子分析和路径分析发展而来的高级统计方法（方绮雯等，2018）。结构方程模型常用于路径及因果分析、验证性因子分析、高阶因子分析等，常用的分析软件有 Amos、LISREL、EQS 等，通过比较假设模型隐含的协方差矩阵与实际搜集数据导出的协方差矩阵之间的差异来检验假设的潜变量之间的关系以及潜变量与显性指标的一致性程度，潜变量是无法直接观测的，需要借助一组观察变量来进行测量。结构方程模型可分为测量模型和结构模型，测量模型是指指标和潜变量之间的关系，结构模型是指潜变量之间的关系。本书研究涉及的数字化服务及基础设施、多元治理、政治氛围、文化氛围等变量都属于潜变量，传统的统计方法不能妥善处理这些潜变量，而结构方程模型则能同时分析潜变量及其指标。

结构方程模型有其特点和优势：第一，能够同时处理多个因变量，弥补了在回归分析或路径分析中忽略其他因变量的存在及其影响的缺陷；第二，容许自变量和因变量含测量误差，变量也可用多个指标测量；第三，同时估计因子结构和因子关系，因子与题目之间的关系和因子与因子之间的关系同时考虑；第四，容许更大弹性的测量模型，便于处理一个指标从属多个因子或者考虑高阶因子等复杂模型；第五，可估计整个模型的拟合程度，除了估计每一路径的强弱，还可以计算不同模型对同一个样本数据的整体拟合程度，从而判断哪一个模型更接近数据所呈现的关系（郑吉友和李兆友，2017）。

与线性相关分析相比，结构方程模型可以反映单指标与总体之间的因果关系，更易于分析影响乡村治理体系现代化因素指标间的关系，而线性相关分析中两个变量地位相等，没有自变量和因变量之分，难以体现单指标与总体的关系。与线性回归分析相比，虽然线性回归在模型中定义了自变量与因变量，但它只能反映变量间的直接关系而不能体现间接关系。此外，线性回归分析中会存在共线性的问题，使得单项指标与总体间出现超出合理解释范围的结果。结构方程模型是一种建立、估计和检验因果关系模型的方法，它可以替代多重回归、通径分析、因子分析、协方差分析等方法，清晰分析单项指标对总体的作用和单项指标间的相互关系（常青青和刘平辉，2018）。

6.6.2　层级回归分析

层级回归（hierarchical multiple regression），又称分层回归，通常用于中介作用或者调节作用研究，是检验调节效应最直接和有效的方法，在实证研究中被广泛应用。层级回归所选的变量有控制变量、调节变量、中介变量，控制变量就是排除了这些变量的影响之后，其他变量对因变量的预测作用是怎么样的；中介变量主要考察自变量如何影响因变量，是一种机制和原因研究；调节变量主要考察自变量何时或何种条件下影响因变量，是一种边界条件研究（林丽梅等，2017）。层级回归分析通过检验调节变量和自变量之间的交互关系，来确定调节变量对原始双变量关系的调节效应（肖巧玲等，2018）。本书将政治氛围和文化氛围作为调节变量，研究其在数字化服务及基础设施和多元治理关系中的调节效应。

层级回归的运算步骤主要可分为三步：第一，对变量进行中心化或标准化处理；第二，添加变量到回顾方程，求出复相关系数以及复相关系数的平方 R^2，即方差解释量，将这个解释量减去只有性别加入方程时的方差解释量，所获得的差值就是偏相关；第三，观察回归系数的显著性和 R^2 的变化，根据交互效应的统计结果对调节作用是否存在进行检验。

第7章

数据分析与假设检验

本章将以三治融合理论、人地关系理论、可持续发展理论为理论基础，将数字化服务及基础设施、村庄组织发展、多元治理、政治氛围、文化氛围等概念有机结合起来，用 SPSS22.0 和 AMOS21.0 软件检验第 5 章提出的数字化服务及基础设施通过村庄组织发展的中介作用影响多元治理的理论概念模型的有效性，并检验政治氛围和文化氛围在其中的调节作用。

7.1   样本描述

从理论上讲，结构方程模型的样本量最好大于 200，但也不能太大，如果样本数超过 500，最大似然估计法会变得过于敏感，影响结构方程模型的拟合指数。一般要求是 N/P > 10；N/t > 5；其中 N 为样本容量，t 为自由估计参数的数目，P 为指标数目（张丽，2017）。一般，研究者在进行结构方程模型分析时会选择 200 ~ 500 的样本量。在探索性研究中，为了在预试结果中可以根据需要删除不好的指标因子，指标的数目可以适当多一些，一般要求至少 3 个。绝大多数结构方程模型是基于定比、定序、定距数据来计算的，数据要有足够的变异量，这样相关系数才较为明显，样本测量要尽可能减小误差。本书的有效样本量为 901，符合结构方程模型分析对样本量的大小要求。样本的基本情况如表7.1所示。

表7.1 样本基本情况描述 (N=901)

样本特征	分类	样本个数（人数）	所占百分比（%）
被调查者性别	男性	597	66.26
	女性	304	33.74
被调查者年龄	<20 岁	23	2.55
	≥20 岁并且 <30 岁	123	13.65
	≥30 岁并且 <40 岁	175	19.42
	≥40 岁并且 <50 岁	173	19.20
	≥50 岁并且 <60 岁	239	26.53
	≥60 岁	168	18.65
被调查者学历	小学及以下	98	10.88
	初中	223	24.75
	高中	269	29.86
	大专	195	21.64
	本科	116	12.87
	硕士研究生及以上	0	0.00
被调查者分布	苏北（射阳县）	235	26.08
	苏中（江都区）	115	12.76
	苏南（句容市）	483	53.61
	重庆	68	7.55

根据表7.1所显示的信息，在江苏部分地区选取的问卷发放农村内收集到833份有效样本数据，占全部样本量的92.45%，在重庆部分地区选取的问卷发放农村内收集到68份样本数据，占全部样本量的7.55%。

从被调查者的年龄来看，大部分被调研的村民为男性，共597人，占全部样本量的66.26%，女性被调研者共304人，所占比例为33.74%，这与选取的村庄总人口和男女比例有一定的关系。

被调查者的年龄反映了村庄老龄化情况以及村庄现代化发展的活力、人才引进情况等，本书的调研对象从各村民中随机抽取，从样本的年龄来看，

<20 岁的有 23 个人，占全部样本量的 2.55%；≥20 岁并且 <30 岁的有 123 个人，占全部样本量的 13.65%；≥30 岁并且 <40 岁的有 175 个人，占全部样本量的 19.42%；≥40 岁并且 <50 岁的 173 个人，占全部样本量的 19.20%；≥50 岁并且 <60 岁的有 239 个人，占全部样本量的 26.53%；≥60 岁的有 168 个人，占全部样本量的 18.65%。由此可见，样本中大部分人群集中在 30 到 60 岁之间，30 岁以下的年轻人占比较少，占比最多的是 50 岁到 60 岁的中老年人，说明当地村庄具有人口老龄化的趋势，须引起重视。

村民的学历反映了村民受教育水平和当地政府对教育事业的重视程度，这也是衡量新时代乡村治理体系现代化的重要标准之一。本书的调研对象中，小学及以下学历的村民有 98 人，占全部样本量的 10.88%；初中学历的有 223 人，占全部样本量的 24.75%；高中学历的村民共 269 人，占全部样本量的 29.86%；大专学历的有 195 人，占全部样本量的 21.64%；本科学历的共 116 人，占全部样本量的 12.87%；硕士研究生及以上学历的有 0 人。由此可见，村民中初中、高中、大专学历的占绝大多数，而本科和研究生的比例较少，说明这些地区村庄的教育事业仍有很大的进步空间。

7.2　样本检验

7.2.1　信度检验

如前所述，信度主要用来评价测量工具的精确性、稳定性和一致性，表示反复测量的接近程度，一般用相关系数来表示。本书对正式调研中所取得的数据进行信度分析，大致可分为两个标准：第一，以 0.6 作为 Cronbach's α 系数的临界值，同时观察某个题项删除后的 Cronbach's α 系数与未删除题项之前的 Cronbach's α 系数相比是否有显著提高，如果有明显的提高，则删除该题项；第二，观察修正后的题项—总分相关系数，如果修正的题项—总分的相关系数过低，则表示该题项与构面所在的其他题项的相关性不高，缺乏同质性，本书依旧以 0.4 作为判断的临界值，若题项—总分相关系数小于 0.4，则表示该题项与其余题项的相关度很低，则予以删除，反之保留。对各个变量的信度检验结果如表 7.2 ~ 表 7.6 所示。

表 7.2　　　　　数字化服务及基础设施量表的 CITC 及信度检验结果

变量	未删除题项之前的 Cronbach's α 系数	测量题项	题项—总分 相关系数	删除该题项后的 Cronbach's α 系数
数字化乡村 公共服务	0.769	DS1	0.645 **	0.668
		DS2	0.534 **	0.717
		DS3	0.615 **	0.680
数字化基础设施	0.751	DI1	0.643 **	0.669
		DI2	0.762 **	0.635
		DI3	0.667 **	0.696

注：** 表示 P < 0.01。

从分析结果来看，数字化乡村公共服务和数字化基础设施的 Cronbach's α 系数均在 0.7 以上，内部一致性较为良好，修正的题项—总分相关系数均大于 0.5，且删除某一题项后的 Cronbach's α 系数均小于未删除题项之前的 Cronbach's α 系数，量表通过信度检验。

表 7.3　　　　　村庄组织发展量表的 CITC 及信度检验结果

变量	未删除题项之前的 Cronbach's α 系数	测量题项	题项—总分 相关系数	删除该题项后的 Cronbach's α 系数
经济发展组织	0.642	EO1	0.489 **	0.611
		EO2	0.588 **	0.530
		EO3	0.549 **	0.506
社会发展组织	0.784	SO1	0.499 **	0.778
		SO2	0.596 **	0.724
		SO3	0.539 **	0.743
		SO4	0.426 **	0.738
		SO5	0.675 **	0.739

注：** 表示 P < 0.01。

从分析结果来看，经济发展组织和社会发展组织的 Cronbach's α 系数均在0.6以上，可以接受，修正的题项—总分相关系数均大于0.4，且删除某一题项后的Cronbach's α系数均小于未删除题项之前的Cronbach's α系数，量表通过信度检验。

表7.4　　　　　　　　　多元治理量表的CITC及信度检验结果

变量	未删除题项之前的 Cronbach's α 系数	测量题项	题项—总分 相关系数	删除该题项后的 Cronbach's α 系数
产业治理	0.808	IG1	0.676 **	0.736
		IG2	0.712 **	0.710
		IG3	0.736 **	0.769
生态治理	0.764	EM1	0.609 **	0.698
		EM2	0.551 **	0.653
		EM3	0.485 **	0.697
公共服务治理	0.802	PG1	0.452 **	0.746
		PG2	0.594 **	0.707
		PG3	0.610 **	0.737

注：** 表示 P<0.01。

从分析结果来看，产业治理、生态治理、公共服务治理的Cronbach's α系数均在0.7以上，内部一致性较为良好，修正的题项—总分相关系数均大于0.4，且删除某一题项后的Cronbach's α系数均小于未删除题项之前的Cronbach's α系数，量表通过信度检验。

表7.5　　　　　　　　　政治氛围量表的CITC及信度检验结果

变量	未删除题项之前的 Cronbach's α 系数	测量题项	题项—总分 相关系数	删除该题项后的 Cronbach's α 系数
政治氛围	0.793	PA1	0.525 **	0.790
		PA2	0.595 **	0.750
		PA3	0.642 **	0.721
		PA4	0.683 **	0.737
		PA5	0.676 **	0.770

注：** 表示 P<0.01。

从分析结果来看，政治氛围的Cronbach's α系数为0.793，说明内部一致性较为良好，修正的题项—总分相关系数均大于 0.5，且删除某一题项后的 Cronbach's α 系数均小于未删除题项之前的 Cronbach's α 系数，量表通过信度检验。

表7.6   文化氛围量表的 CITC 及信度检验结果

变量	未删除题项之前的 Cronbach's α 系数	测量题项	题项—总分相关系数	删除该题项后的 Cronbach's α 系数
文化氛围	0.726	CA1	0.516 **	0.704
		CA2	0.577 **	0.679
		CA3	0.677 **	0.599
		CA4	0.669 **	0.669

注：** 表示 $P < 0.01$。

从分析结果来看，文化氛围的 Cronbach's α 系数为 0.726，内部一致性较为良好，修正的题项—总分相关系数均大于 0.5，且删除某一题项后的 Cronbach's α 系数均小于未删除题项之前的 Cronbach's α 系数，量表通过信度检验。

7.2.2 共同方法偏差检验

由于本书收集到的样本数据均来自对江苏和重庆部分地区的乡村村民和农村企业工作人员的调查问卷和访谈记录，因此可能存在共同方法偏差（common method bias）的风险。共同方法偏差指的是因为项目本身特征或者同样的数据来源、测量环境、项目语境等所造成的变量之间人为的共变。这种人为的共变会对研究结果产生影响，导致结论发生变化，是一种系统性误差。共同方法偏差有多种统计控制法，包括偏相关法、因素风险法、结构方程模型法、潜在的误差变量控制法等，各有其优缺点（周浩和龙立荣，2004）。共同方法偏差对测量的影响主要表现在两方面，一方面是影响行为测评的数据，另一方面是影响测评数据之间的相关性。本书对共同方法偏差进行了程序控制和统计检验。

　　程序控制是指研究者在进行研究设计和测量的过程中所采取的控制措施，例如从不同来源测量预测和校标变量，分离测量的时间、空间、方法等，采用匿名的形式保护被测试者的个人信息，减小对测量目的的猜度和改进量表等。这些方法是直接针对共同方法偏差的来源设计的，因而研究者在研究过程中首先应该考虑采用程序控制，除非在某些特殊情境下受条件限制而无法实施或无法完全实施，这个时候就应该考虑在数据分析时采用统计的方法来对共同方法偏差进行检验和控制。

　　哈曼（Harman）单因素检验法一般采用验证性因素分析，简单易用，设定公因子数为1，更为精确地检验了"单一因素解释了所有的变异"这一假设。但这种方法只能评估共同方法变异严重程度，并没有任何控制方法效应的作用，是一种不灵敏的检验方法。且单因素模型不太可能拟合数据，更多情况是多个因子从因素分析中析出，但这并不能证明测量中没有共同方法变异。

　　偏相关方法一般有三种：分离出第一公因子、分离出一个标签变量、分离出可测量的方法变异来源，它可以将方法变异来源作为统计分析中的一个协变量，根据这些变异来源能否被识别以及在多大程度上能够被识别来进行测量。

　　潜在误差变量控制法是指在结构方程模型中将共同方法偏差作为一个潜在变量，如果在包含方法偏差潜在变量的情况下模型的显著拟合度优于不包含的情况，那么共同方法偏差效应就得到了检验。

7.3　描述性统计分析和相关分析

　　本书对研究所涉及的各个变量的均值、标准差和相关关系进行了描述性统计分析，相关分析主要是通过计算变量间的 Pearson 相关系数，分析结果如表7.7所示。

表 7.7   描述性统计分析和相关分析结果

变量	1	2	3	4	5	6	7	8	9	10
1. 数字化乡村公共服务	1									
2. 数字化基础设施	0.664 **	1								
3. 经济组织发展	0.363 **	385 **	1							
4. 社会组织发展	0.511 **	432 **	639 **	1						
5. 政治氛围	0.467 **	615 **	520 **	512 **	1					
6. 文化氛围	0.526 **	605 **	439 **	490 **	618 **	1				
7. 产业治理	0.424 **	527 **	374 **	443 **	697 **	572 **	1			
8. 生态治理	0.474 **	513 **	378 **	416 **	619 **	562 **	625 **	1		
9. 公共服务治理	0.407 **	482 **	317 **	335 **	526 **	515 **	519 **	632 **	1	
10. 多元治理	0.510 **	596 **	418 **	468 **	722 **	645 **	847 **	878 **	835 **	1

注：** 表示 P < 0.01。

根据相关分析的结果，数字化乡村公共服务和多元治理的相关系数为 0.510（P < 0.01），显著正相关，因此假设 1 - 1 获得支持；数字化基础设施和多元治理相关系数为 0.596（P < 0.01），显著正相关，因此假设 1 - 2 获得支持。

数字化乡村公共服务与村庄经济组织发展、社会组织发展的相关系数分别为 0.363（P < 0.01）、0.511（P < 0.01），均为显著正相关，假设 2 - 1、假设 2 - 2 获得支持；数字化基础设施与村庄经济组织发展、社会组织发展的相关系数分别为 0.416（P < 0.01）、0.335（P < 0.01）均为显著正相关，假设 3 - 1、假设 3 - 2 获得支持。

村庄经济组织发展与产业治理、生态治理的相关系数分别为 0.374（P < 0.01）、0.378（P < 0.01），均为显著正相关，假设 3 - 1、假设 3 - 2 获得支持；社会组织发展与生态治理、公共服务治理的相关系数分别为 0.385（P < 0.01）、0.639（P < 0.01）均为显著正相关，假设 2 - 3、假设 2 - 4 获得支持。

虽然在相关分析中对假设关系的检验在统计上具有显著性，但是由于变量之间可能存在相互作用和相互影响，将变量之间的关系进行综合考虑时，结论未必一致。因此，本书采用结构方程模型方法对假设关系进行进一步检验，分析变量之间的相互关系。

7.4　概念间关系的结构方程模型分析

7.4.1　样本数据正态分布检验

结构方程模型分析的基本假定要求样本数据符合多变量正态性假定，数据必须为正态分布数据，测量指标变量呈现线性关系（焦辛妮等，2015）。正态性检验主要用于判断连续性变量是否服从或近似服从正态分布。从样本数据中多次抽样，然后计算每个样本的统计量（如均值），当抽样的次数足够大的时候，这些样本的统计量服从近似正态分布。当样本数据偏度的绝对值小于 3.0，峰度的绝对值小于 10.0，可以认为样本基本符合正态分布的要求（黄芳铭，2005）。本书对样本数据进行正态分布检验，检验结果如表 7.8 所示。

表 7.8　　　　　　　　　　　　样本正态分布检验

变量	题项	均值	标准差	偏度		峰度	
				统计值	标准误差	统计值	标准误差
数字化乡村公共服务	DS1	4.4629	0.75134	−1.279	0.13	1.175	0.26
	DS2	4.5714	0.66366	−1.507	0.13	2.246	0.26
	DS3	4.5457	0.7197	−1.483	0.13	1.425	0.26
数字化基础设施	DI1	4.6057	0.64588	−1.651	0.13	2.474	0.26
	DI2	4.5543	0.7151	−1.469	0.13	1.268	0.26
	DI3	4.6057	0.65469	−1.536	0.13	1.545	0.26
经济发展组织	EO1	4.1886	1.00365	−0.693	0.13	−0.015	0.26
	EO2	4.5057	0.71314	−1.188	0.13	0.336	0.26
	EO3	4.4171	0.79953	−1.063	0.13	−0.064	0.26

续表

变量	题项	均值	标准差	偏度		峰度	
				统计值	标准误差	统计值	标准误差
社会发展组织	SO1	4.2371	0.9625	−1.15	0.13	0.867	0.26
	SO2	4.3571	0.7539	−0.817	0.13	−0.364	0.26
	SO3	4.4514	0.76206	−1.085	0.13	−0.013	0.26
	SO4	4.5229	0.73262	−1.575	0.13	2.347	0.26
	SO5	4.5486	0.68691	−1.483	0.13	2.093	0.26
产业治理	IG1	4.6343	0.63604	−1.523	0.13	1.062	0.26
	IG2	4.6514	0.58509	−1.471	0.13	1.132	0.26
	IG3	4.6514	0.64117	−1.959	0.13	4.123	0.26
生态治理	EM1	4.6543	0.57445	−1.537	0.13	1.836	0.26
	EM2	4.6171	0.60252	−1.329	0.13	0.704	0.26
	EM3	4.6343	0.59412	−1.48	0.13	1.543	0.26
公共服务治理	PG1	4.6714	0.56956	−1.731	0.13	2.95	0.26
	PG2	4.7	0.56523	−1.934	0.13	3.672	0.26
	PG3	4.6886	0.5986	−1.849	0.13	2.594	0.26
政治氛围	PA1	4.5657	0.65557	−1.227	0.13	0.281	0.26
	PA2	4.5971	0.65164	−1.427	0.13	1.027	0.26
	PA3	4.6314	0.62758	−1.556	0.13	1.516	0.26
	PA4	4.6629	0.58691	−1.725	0.13	2.731	0.26
	PA5	4.6314	0.6631	−1.916	0.13	3.846	0.26
文化氛围	CA1	4.6229	0.64727	−1.741	0.13	2.704	0.26
	CA2	4.6343	0.62238	−1.848	0.13	4.146	0.26
	CA3	4.5286	0.67543	−1.171	0.13	0.327	0.26
	CA4	4.4971	0.72114	−1.166	0.13	0.241	0.26

根据 SPSS 软件的输出结果，所有测量题项数据的偏度绝对值都小于3.0，最小绝对值为0.693，最大绝对值为1.959；所有测量题项数据的峰度绝对值都小于10.0，最小绝对值为0.013，最大绝对值为4.146。根据检验的结果，可以认为问卷调查得到的样本数据基本符合正态分布的要求，能够使用结构方程模型方法进行进一步的分析。

7.4.2　验证性因素分析

验证性因素分析（confirmatory factor analysis）是指"实证性因素分析"，因素分析的一种。验证性因子分析是使用样本数据对已经根据某些先验知识和理论作出的因子结构假设进行验证的过程，强调验证理论分析结果的可靠性（田雪垠等，2019）。进行验证性因子分析时，根据已有理论建立的因子结构可形成一个估计的协方差矩阵，而基于理论建立量表进行抽样测量的样本资料可形成一个样本协方差矩阵。

拟合优度是根据数据得出的模型参数与理论模型的参数值的吻合程度，是检验一个验证性因子分析模型是否成立的重要指标，是检验样本协方差矩阵与估计的协方差矩阵间的相似程度的统计量，理论期望值为 1（张立华等，2019）。实际操作中，因子模型的拟合优度越接近于1，说明样本协方差矩阵与估计的协方差矩阵相似程度越大，因子模型拟合度越好。本书使用测量模型对正式调研所收集到的样本数据进行验证性因素分析，其目的是查看几个观察变量在潜变量上的载荷大小和显著性。本书对测量模型拟合程度的检验采用 AMOS21.0 软件来进行。根据结构方程模型理论，要检验假设模型与实际数据是否契合，即模型外在质量的评估，整体模型适配度指标是考虑的关键。

在检验整体模型适配度指标时，应先检核模型参数是否有违规估计现象，可从下列三方面着手：（1）有无负的误差方差存；（2）标准化参数系数是否 ≥1；（3）是否有太大的标准误存在。如果模型检验结果没有违规估计现象，则可以进行整体模型适配度的检验。一般而言，整体模型适配度指标是否达到适配标准可以分为绝对指标（absolute indexes）、相对指标（relative indexes）和调整指标（adjusted indexes）。绝对指标陈述的问题内涵为：在模型适配后留下的残差或未解释的变异量是否还可察觉得到？相对指标陈述的问题内涵为：解释一组观察数据时，一特定模型与其他可能的模型相比较，能有多好的表现？这些指标大部分建立在最差适配（worst fitting）模型的底线之上。调整指标陈述的问题内涵为：模型如何结合适配性与有效性。绝对指标如卡方自由度比（χ^2/df）、RMSEA、GFI、AGFI，相对性指标如 CFI、NFI、TLI、IFI 等，具体分析如下。

①卡方自由度比（χ^2/df）。假设模型的估计参数越多，自由度会变得越小；而样本数增多，卡方值也会随之扩大，若同时考虑卡方值与自由度大小，则二者的比值也可以作为模型适配度是否契合的指标。卡方自由度比值越小，表示假设模型的协方差矩阵与观察数据越适配；相对地，卡方自由度比值越大，表示模型的适配度越差。一般而言，卡方自由度比值小于 2 时，表示假设模型的适配度较佳。当 $1 < \chi^2/df < 3$ 时，表示模型拟合效果很好；当 $3 < \chi^2/df < 5$ 时，表示模型拟合效果较好，模型可以接受；当 $5 < \chi^2/df < 10$ 时，表示模型拟合效果较差；当 $\chi^2/df > 10$ 时，表示观察数据与理论模型不能拟合。

②渐近残差均方和平方根（root mean square error of approximation，RMSEA）。RMSEA 为一种不需要基准线模型的绝对性指标，其值越小，表示模型的适配度越佳。当 RMSEA < 0.05 时，表示模型适配度非常好；当 $0.05 <$ RMSEA < 0.08 时，表示模型适配度良好，合理适配；当 $0.08 <$ RMSEA < 0.1 时，表示模型适配度尚可，具有普通适配度；当 RMSEA > 0.1 时，模型呈现不良适配

③适配度指数（goodness of fit index，GFI）。GFI 指标用来显示观察矩阵（S 矩阵）中的方差与协方差可被复制矩阵（Σ 矩阵）预测得到的量，其数值是指根据"样本数据的观察矩阵（S 矩阵）与理论建构复制矩阵（Σ 矩阵）之差的平方和"与"观察的方差"的比值。GFI 值越大，表示理论建构复制矩阵（Σ 矩阵）能解释样本数据的观察矩阵（S 矩阵）的变异量越大，二者的契合度越高。GFI 数值介于 0 和 1 之间，其数值越接近 1，表示模型的适配度越佳；GFI 值越小，表示模型的契合度越差。一般的判别标准为 CFI 值大于 0.90，表示模型路径图与实际数据有良好的适配度；$0.8 <$ GFI < 0.9，表示理论模型与实际数据的适配程度可以接受。

④调整后适配度指数（adjusted goodness of fit index，AGFI）。CFI 值越大时，则 AGFI 值也会越大，AGFI 数值介于 0 和 1 之间，数值越接近 1，表示

模型的适配度越佳；GFI 值越小，表示模型的契合度越差。一般的判别标准为 AGFI 值大于 0.90，表示模型路径图与实际数据有良好的适配度；0.8 < AG-FI < 0.9，表示理论模型与实际数据的适配程度可以接受。AGFI 值不受单位影响，同时考虑估计的参数数目与观察变量数，利用假设模型的自由度与模型变量个数的比率对 GFI 指标进行修正，在模型估计中，AGFI 估计值通常会小于 CFI 估计值。

⑤比较适配指数（comparative fit index，CFI）。表示在测量从最限制模型到最饱和模型时，参数的改善情形。CFI > 0.90，表示理论模型与实际数据有良好的适配度；0.8 < CFI < 0.9，表示理论模型与实际数据的适配程度可以接受。

⑥假设模型与虚无模型的差异程度（normed fit index，NFI）。NFI > 0.90，表示理论模型与实际数据有良好的适配度；0.8 < NFI < 0.9，表示理论模型与实际数据的适配程度可以接受。

⑦TLI（tucker lewis index）。TLI 是考虑了自由度后假设模型与一个假设观察变量间没有任何共变的独立模型的差异程度，TLI > 0.90，表示理论模型与实际数据有良好的适配度；0.8 < IFI < 0.9，表示理论模型与实际数据的适配程度可以接受。

⑧IFI（incremental fit index）。IFI 是虚无模型与假设模型卡方值之差与虚无模型与自由度之差的比值，IFI > 0.90，表示理论模型与实际数据有良好的适配度；0.8 < IFI < 0.9，表示理论模型与实际数据的适配程度可以接受。

综上所述，将整体模型适配度的评价指标及其评价标准整理如表 7.9 所示。

本书主要包括 5 组测量模型，数字化服务及基础设施、村庄组织发展、政治氛围、文化氛围和多元治理。本书选取 χ^2/df、RMSEA、GFI、AGFI 四个绝对指标和 CFI、NFI、TLI 和 IFI 四个相对指标对整体模型适配度是否达到适配标准进行检验。接下来采用 AMOS21.0 软件对这 5 组测量模型分别进行验证性因素分析。

表7.9   **SEM 整体模型适配度的评价指标及评价标准**

统计检验量		适配的标准或临界值
绝对适配度指数	χ^2 值	显著性概率值 P > 0.05（未达显著水平）
	RMSEA 值	< 0.05（适配良好）< 0.08（适配合理）
	GFI 值	> 0.90 以上
	AGFI 值	> 0.90 以上
相对适配度指数	CFI 值	> 0.90 以上
	NFI 值	> 0.90 以上
	TLI 值	> 0.90 以上
	IFI 值	> 0.90 以上

（1）数字化服务及基础设施验证性因素分析。对数字化服务及基础设施测量模型进行验证性因素分析，结果显示，模型的基本适配度良好，且均在 P < 0.001 的水平上显著，符合因素负荷量值介于 0.5 ~ 0.95 的要求。各项拟合统计指标如表 7.10 所示。

表7.10   **数字化服务及基础设施测量模型拟合度评价**

拟合度指标	χ^2/df	RMSEA	GFI	AGFI	CFI	NFI	TLI	IFI
统计值	2.748	0.071	0.980	0.947	0.981	0.971	0.965	0.981

测量模型如图 7.1 所示。

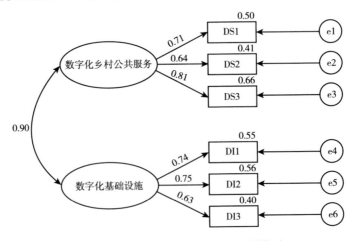

图7.1   数字化服务及基础设施测量模型

　　数字化乡村公共服务和数字化基础设施的相关系数为 0.90，高于临界值 0.85（McDonald & Ho，2002），说明构念的维度具有区分效度。

　　根据弗耐尔和拉可尔（Fornell & Larcker，1981）的建议，题项的因素负荷量、组合信度（CR）、平均变异量抽取值（AVE）三个指标可以检验聚合效度，其中因素负荷量要求所有测量题项均大于 0.5 且达到显著水平；组合信度要求大于 0.7；平均变异量抽取值要求大于 0.5。产业集群关系嵌入的聚合效度检验结果如表 7.11 所示。

表 7.11　　　　　　　　数字化服务及基础设施聚合效度检验结果

测量维度	测量题项	因素负荷量	标准误	T 值	P	CR	AVE
数字化乡村公共服务	DS1	0.709	—	—	—	0.7659	0.5242
	DS2	0.637	0.075	10.544	***		
	DS3	0.815	0.086	12.762	***		
数字化基础设施	DI1	0.743	—	—	—	0.751	0.5028
	DI2	0.748	0.090	12.381	***		
	DI3	0.630	0.081	10.630	***		

注：*** 表示 P < 0.001。

　　数字化乡村公共服务和数字化基础设施的组合信度均大于 0.7，平均变异量抽取值均大于 0.5，因此变量具有良好的聚合效度。

　　（2）村庄组织发展验证性因素分析。对村庄组织测量模型进行验证性因素分析，结果显示，模型的基本适配度良好，且均在 P < 0.001 的水平上显著，符合因素负荷量值介于 0.5 ~ 0.95 的要求，各项拟合统计指标如表 7.12 所示。

表 7.12　　　　　　　　数字化服务及基础设施测量模型拟合度评价

拟合度指标	χ^2/df	RMSEA	GFI	AGFI	CFI	NFI	TLI	IFI
统计值	1.829	0.049	0.975	0.953	0.980	0.958	0.971	0.980

　　测量模型如图 7.2 所示。

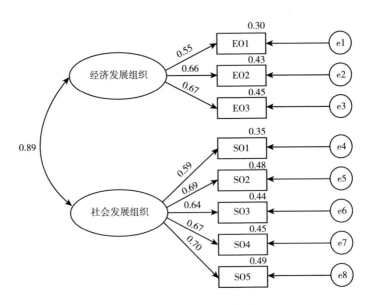

图 7.2　村庄组织测量模型

村庄经济组织发展和村庄社会组织发展的相关系数为 0.89，高于临界值 0.85，说明构念的维度具有区分效度。

村庄组织发展的聚合效度检验结果如表 7.13 所示。

表 7.13　　　　　　　村庄组织发展聚合效度检验结果

测量维度	测量题项	因素负荷量	标准误	T值	P	CR	AVE
经济发展组织	EO1	0.547	—	—	—	0.6602	0.395
	EO2	0.657	0.103	8.287	***		
	EO3	0.674	0.117	8.398	***		
社会发展组织	SO1	0.591	—	—	—	0.7948	0.4375
	SO2	0.692	0.095	9.646	***		
	SO3	0.643	0.094	9.192	***		
	SO4	0.673	0.091	9.474	***		
	SO5	0.702	0.087	9.732	***		

注：*** 表示 P<0.001。

经济发展组织的组合信度均为 0.6602，平均变异量抽取值 0.395；社会发展组织的组合信度均为 0.7948，平均变异量抽取值 0.4375。由于数据测量存在误差，因此结果在合理范围之内。

（3）政治氛围验证性因素分析。对政治氛围测量模型进行验证性因素分析，结果显示，模型的基本适配度良好，且均在 P < 0.001 的水平上显著，符合因素负荷量值介于 0.5 ~ 0.95 的要求，各项拟合统计指标如表 7.14所示。

表 7.14　　　　　　　　政治氛围测量模型拟合度评价

拟合度指标	χ^2/df	RMSEA	GFI	AGFI	CFI	NFI	TLI	IFI
统计值	3.783	0.089	0.980	0.941	0.972	0.963	0.945	0.973

测量模型如图 7.3 所示。

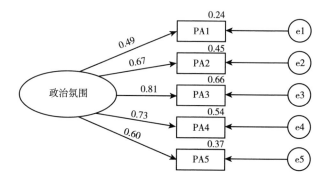

图 7.3　政治氛围测量模型

政治氛围的聚合效度检验结果如表 7.15 所示。

表 7.15　　　　　　　　政治氛围聚合效度检验结果

测量维度	测量题项	因素负荷量	标准误	T 值	P	CR	AVE
政治氛围	PA1	0.493	—	—	—	0.7994	0.45
	PA2	0.669	0.169	7.890	***		
	PA3	0.811	0.184	8.560	***		
	PA4	0.732	0.160	8.298	***		
	PA5	0.605	0.164	7.582	***		

注：*** 表示 P < 0.001。

政治氛围的组合信度为 0.7994,大于 0.7;平均变异量抽取值 0.45,由于数据测量存在误差,因此结果在合理范围之内,因此变量具有良好的聚合效度。

(4) 文化氛围验证性因素分析。对文化氛围测量模型进行验证性因素分析,结果显示,模型的基本适配度良好,且均在 P < 0.001 的水平上显著,符合因素负荷量值介于 0.5 ~ 0.95 的要求,各项拟合统计指标如表 7.16 所示。

表 7.16　　　　　　　　　文化氛围测量模型拟合度评价

拟合度指标	χ^2/df	RMSEA	GFI	AGFI	CFI	NFI	TLI	IFI
统计值	17.160	0.215	0.953	0.764	0.897	0.893	0.692	0.899

测量模型如图 7.4 所示。

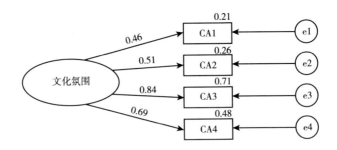

图 7.4　文化氛围测量模型

文化氛围的聚合效度检验结果如表 7.17 所示。

表 7.17　　　　　　　　　文化氛围聚合效度检验结果

测量维度	测量题项	因素负荷量	标准误	T 值	P	CR	AVE
政治氛围	CA1	0.456	—	—	—	0.7338	0.4232
	CA2	0.510	0.169	6.362	***		
	CA3	0.862	0.266	7.238	***		
	CA4	0.694	0.232	7.310	***		

注: *** 表示 P < 0.001。

文化氛围的组合信度为 0.7938，大于 0.7；平均变异量抽取值 0.4232，由于数据测量存在误差，因此结果在合理范围之内，因此变量具有良好的聚合效度。

（5）多元治理验证性因素分析。对多元治理的测量模型进行验证性因素分析，结果显示，模型的基本适配度良好，且均在 P < 0.001 的水平上显著，符合因素负荷量值介于 0.5 ~ 0.95 的要求。各项拟合统计指标如表 7.18 所示。

表 7.18　　　　　　　　　　多元治理测量模型拟合度评价

拟合度指标	χ^2/df	RMSEA	GFI	AGFI	CFI	NFI	TLI	IFI
统计值	2.506	0.066	0.963	0.931	0.973	0.956	0.960	0.973

测量模型如图 7.5 所示。

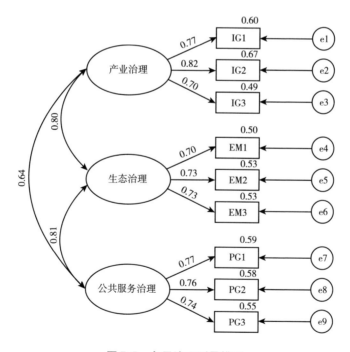

图 7.5　多元治理测量模型

产业治理、生态治理、公共服务治理的两两相关系数为 0.80、0.81、0.64，没有超过临界值 0.85，说明构念的维度具有区分效度。

多元治理的聚合效度检验结果如表 7.19 所示。

表 7.19 多元治理聚合效度检验结果

测量维度	测量题项	因素负荷量	标准误	T 值	P	CR	AVE
产业治理	IG1	0.775	—	—	—	0.8108	0.5892
	IG2	0.821	0.068	14.307	***		
	IG3	0.702	0.073	12.517	***		
生态治理	EM1	0.704	—	—	—	0.7643	0.5195
	EM2	0.727	0.091	11.874	***		
	EM3	0.731	0.090	11.933	***		
公共服务治理	PG1	0.768	—	—	—	0.8024	0.5752
	PG2	0.763	0.075	13.187	***		
	PG3	0.744	0.079	12.909	***		

注：*** 表示 P < 0.001。

产业治理、生态治理和公共服务治理的组合信度均大于 0.7，平均变异量抽取值均大于 0.5，因此变量具有良好的聚合效度。

（6）二阶验证性因素分析。一阶变数间若有中高度相关（> 0.5），则应考虑有二阶变量的存在。SEM 模型中若条目数太多，则须进行模型简化，因为条目太多就无法符合单一构面准则，容易造成多重构面准则。而多重构面准则中所有条目可能包含好几个构面，如何证明须进行二阶验证性因素分析，须先计算目标系数，目标系数的计算是以与构面有完全相关模型的卡方值为目标，与二阶模型的卡方值做比较，因此必须执行构面之间的完全相关，与二阶模型的卡方值（李煜华等，2015）。

①数字化服务及基础设施的二阶验证性因素分析。根据数字化服务及基础设施的测量模型，数字化乡村公共服务和数字化基础设施的相关系数为 0.90，有高度的关联程度，且一阶测量模型与样本数据拟合良好，可以认为两个一阶因素构念在测量更高一阶的因素构念，即一阶因素构念均受到一个

较高阶潜在特质的影响，因此尝试将数字化服务及基础设施的两个一阶因素合并为一个二阶因素——数字化服务及基础设施。

对数字化服务及基础设施进行二阶因素分析，拟合度各项指标基本达到要求，拟合指标如表 7.20 所示。

表 7.20　　数字化服务及基础设施二阶验证性因素分析拟合度评价

拟合度指标	χ^2/df	RMSEA	GFI	AGFI	CFI	NFI	TLI	IFI
统计值	2.748	0.071	0.980	0.947	0.981	0.971	0.965	0.981

结构方程模型如图 7.6 所示。

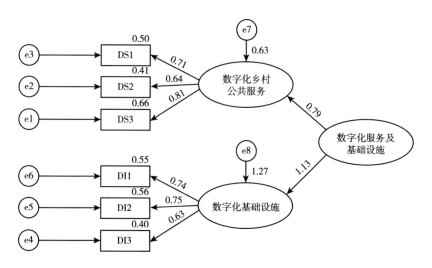

图 7.6　数字化服务及基础设施二阶因素分析

路径系数估计如表 7.21 所示。

表 7.21　　数字化服务及基础设施二阶因素分析路径系数估计

路径	因素负荷量	标准误	T 值	P
数字化乡村公共服务←数字化服务及基础设施	0.794	—	—	—
数字化基础设施←数字化服务及基础设施	1.128	—	—	—
DS3←数字化乡村公共服务	0.815	—	—	—
DS2←数字化乡村公共服务	0.637	0.064	11.215	***

续表

路径	因素负荷量	标准误	T值	P
DS1←数字化乡村公共服务	0.709	0.073	12.442	***
DI3←数字化基础设施	0.630	—	—	—
DI2←数字化基础设施	0.748	0.120	10.828	***
DI1←数字化基础设施	0.743	0.110	10.549	***

注：*** 表示 P < 0.001。

根据 AMOS21.0 输出的数字化服务及基础设施二阶验证性因素分析结果，所有测量题项对应于一阶因素的因素负荷量均高于 0.7 或接近 0.7，而且均在 P < 0.001 的水平上显著，符合因素负荷量值介于 0.5 ~ 0.95 的要求（其中数字化基础设施←数字化服务及基础设施路径的因素负荷量高于 0.95 但在合理误差范围之内）。数字化服务及基础设施到两个一阶因素的因素负荷量均在 0.8 以上，且在 P < 0.001 的水平上显著。因此，数字化乡村公共服务和数字化基础设施两个维度存在一个共同的二阶因素——数字化服务及基础设施。作为一个单维的二阶潜变量，后续分析可以将数字化服务及基础设施的一阶潜变量作为测量变量处理。

②多元治理的二阶验证性因素分析。根据多元治理的测量模型，产业治理、生态治理、公共服务治理的两两相关系数为 0.64、0.80、0.81，有中高度的关联程度，且一阶测量模型与样本数据拟合良好，可以认为三个一阶因素构念在测量更高一阶的因素构念，即一阶因素构念均受到一个较高阶潜在特质的影响，因此尝试将创业绩效的三个一阶因素合并为一个二阶因素——多元治理。

对多元治理进行二阶因素分析，拟合度各项指标基本达到要求，拟合指标如表 7.22 所示。

表 7.22　　　　　多元治理二阶验证性因素分析拟合度评价

拟合度指标	χ^2/df	RMSEA	GFI	AGFI	CFI	NFI	TLI	IFI
统计值	2.479	0.065	0.961	0.932	0.971	0.953	0.960	0.972

结构方程模型图如图 7.7 所示。

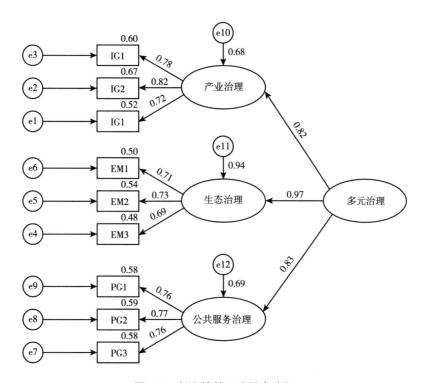

图 7.7　创业绩效二阶因素分析

路径系数估计如表 7.23 所示。

表 7.23　　　　　　　　多元治理二阶因素分析路径系数估计

路径	因素负荷量	标准误	T 值	P
产业治理←多元治理	0.823	—	—	—
生态治理←多元治理	0.969	—	—	—
公共服务治理←多元治理	0.828	—	—	—
IG3←产业治理	0.719	—	—	—
IG2←产业治理	0.821	0.066	15.573	***
IG1←产业治理	0.776	0.072	14.629	***

续表

路径	因素负荷量	标准误	T值	P
EM3←生态治理	0.694	—	—	—
EM2←生态治理	0.733	0.082	13.495	***
EM1←生态治理	0.709	0.081	12.649	***
PG3←公共服务治理	0.763	—	—	—
PG2←公共服务治理	0.767	0.062	15.006	***
PG1←公共服务治理	0.765	0.065	14.413	***

注：*** 表示 P < 0.001。

根据 AMOS21.0 输出的多元治理二阶验证性因素分析结果，所有测量题项对应于一阶因素的因素负荷量均高于或接近于 0.7，而且均在 P < 0.001 的水平上显著，符合因素负荷量值介于 0.5 ~ 0.95 的要求（其中生态治理←多元治理路径的因素负荷量高于 0.95 但在合理误差范围之内）。多元治理到三个一阶因素的因素负荷量均在 0.7 以上，且在 P < 0.001 的水平上显著。因此，产业治理、生态治理、公共服务治理三个维度存在一个共同的二阶因素——多元治理。作为一个单维的二阶潜变量，后续分析可以将多元治理的一阶潜变量作为测量变量处理。

7.4.3 假设关系的分模型检验

（1）数字化服务及基础设施与多元治理的关系模型。将多元治理视为二阶因素，数字化服务及基础设施与多元治理关系的结构方程模型如图 7.8 所示。

根据 AMOS21.0 输出的结果，各项拟合指标良好（在误差范围内），路径系数均达到显著，也说明了多元治理二阶因素的合理性。拟合度指标和路径系数如表 7.24、表 7.25 所示。

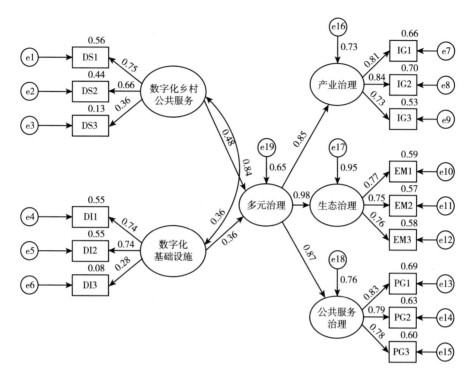

图 7.8　数字化服务及基础设施与多元治理的关系模型

表 7.24　数字化服务及基础设施与多元治理关系模型的拟合度指标

拟合度指标	χ^2/df	RMSEA	GFI	AGFI	CFI	NFI	TLI	IFI
统计值	4.050	0.093	0.883	0.840	0.881	0.849	0.858	0.882

表 7.25　数字化服务及基础设施与多元治理关系模型的路径系数

路径	因素负荷量	标准误	T 值	P
多元治理←数字化乡村公共服务	0.482	—	—	—
多元治理←数字化基础设施	0.357	—	—	—
产业治理←多元治理	0.855	—	—	—
生态治理←多元治理	0.976	—	—	—
公共服务治理←多元治理	0.874	—	—	—
DS3←数字化乡村公共服务	0.359	—	—	—
DS2←数字化乡村公共服务	0.662	0.329	5.851	***

续表

路径	因素负荷量	标准误	T 值	P
DS1←数字化乡村公共服务	0.751	0.423	5.839	***
DI3←数字化基础设施	0.283	—	—	—
DI2←数字化基础设施	0.743	0.678	4.621	***
DI1←数字化基础设施	0.743	0.621	4.558	***
IG1←产业治理	0.815	—	—	—
IG2←产业治理	0.837	0.055	16.867	***
IG3←产业治理	0.728	0.063	14.004	***
EM1←生态治理	0.767	—	—	—
EM2←生态治理	0.755	0.066	14.935	***
EM3←生态治理	0.764	0.066	14.907	***
PG1←公共服务治理	0.833	—	—	—
PG2←公共服务治理	0.795	0.056	15.850	***
PG3←公共服务治理	0.775	0.061	15.112	***

注：*** 表示 P < 0.001。

数字化服务及基础设施与多元治理的假设检验结果如图 7.9 所示。

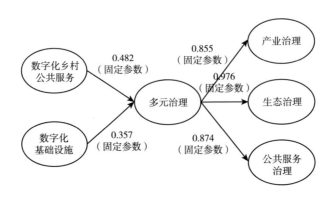

图 7.9 数字化服务及基础设施与多元治理的假设检验结果

根据检验的结果，数字化乡村公共服务对多元治理有显著的正向影响，因素负荷量为 0.482 （P < 0.001），假设 1 - 1 得到支持；数字化基础设施对多元治理有显著的正向影响，因素负荷量为 0.357 （P < 0.001），假设 1 - 2 得到支持。

（2）数字化服务及基础设施与村庄组织发展的关系模型。将一阶因素产业治理、生态治理、公共服务治理合并成二阶因素多元治理，AMOS21.0输出的数字化服务及基础设施与村庄组织发展关系的结构方程模型如图7.10所示。

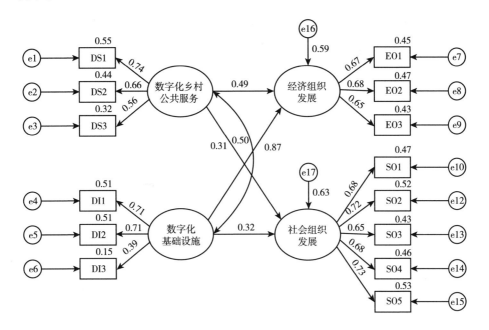

图7.10　数字化服务及基础设施与村庄组织发展的关系模型

根据 AMOS21.0 输出的结果，各项拟合指标良好，路径系数均达到显著。拟合度指标和路径系数如表7.26、表7.27所示。

表 7.26　数字化服务及基础设施与村庄组织发展关系模型的拟合度指标

拟合度指标	χ^2/df	RMSEA	GFI	AGFI	CFI	NFI	TLI	IFI
统计值	4.911	0.106	0.860	0.807	0.826	0.793	0.792	0.828

表 7.27　数字化服务及基础设施与村庄组织发展关系模型的路径系数

路径	因素负荷量	标准误	T 值	P
经济组织发展←数字化乡村公共服务	0.487	—	—	—
社会组织发展←数字化基础设施	0.317	—	—	—

路径	因素负荷量	标准误	T 值	P
社会组织发展←数字化乡村公共服务	0.500	—	—	—
经济组织发展←数字化基础设施	0.309	—	—	—
DS3←数字化乡村公共服务	0.564	—	—	—
DS2←数字化乡村公共服务	0.662	0.129	9.282	***
DS1←数字化乡村公共服务	0.740	0.154	9.825	***
DI3←数字化基础设施	0.389	—	—	—
DI2←数字化基础设施	0.715	0.341	6.423	***
DI1←数字化基础设施	0.711	0.311	6.327	***
EO1←经济组织发展	0.674	—	—	—
EO2←经济组织发展	0.684	0.062	10.728	***
EO3←经济组织发展	0.653	0.068	10.413	***
SO1←社会组织发展	0.683	—	—	—
←社会组织发展	0.722	0.060	12.762	***
←社会组织发展	0.654	0.061	11.272	***
←社会组织发展	0.679	0.059	11.743	***
←社会组织发展	0.728	0.056	12.546	***

注：*** 表示 P < 0.001。

数字化服务及基础设施与村庄组织发展的假设检验结果如图 7.11 所示。

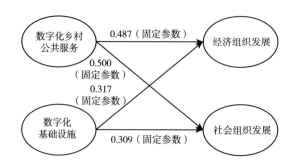

图 7.11 数字化服务及基础设施与村庄组织发展的假设检验结果

根据检验的结果，数字化乡村公共服务对经济发展组织有显著的正向影响，因素负荷量为 0.487（P < 0.001），假设 2 - 1 得到支持；根据检验的结

果，数字化乡村公共服务对社会发展组织有显著的正向影响，因素负荷量为 0.500（P < 0.001），假设 2 - 2 得到支持；数字化基础设施对经济发展组织有显著的正向影响，因素负荷量为 0.317（P < 0.001），假设 2 - 3 得到支持；根据检验的结果，数字化基础设施对社会发展组织有显著的正向影响，因素负荷量为 0.309（P < 0.001），假设 2 - 4 得到支持。

（3）村庄组织发展与多元治理的关系模型。根据第 5 章所提出的村庄经济组织发展、社会组织发展与产业治理、生态治理、公共服务治理之间的假设关系，建立结构方程模型进行检验。AMOS21.0 输出的村庄组织发展与多元治理的关系模型如图 7.12 所示。

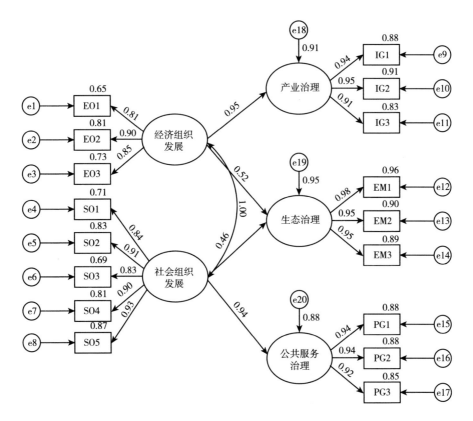

图 7.12 村庄组织发展与多元治理的关系模型

根据 AMOS21.0 输出的结果，各项拟合指标均在可接受的范围内，路径系数均达到显著。拟合度指标和路径系数如表 7.28、表 7.29 所示。

表 7.28　　　　村庄组织发展与多元治理关系模型的拟合度指标

拟合度指标	χ^2/df	RMSEA	GFI	AGFI	CFI	NFI	TLI	IFI
统计值	8.600	0.148	0.802	0.745	0.603	0.577	0.547	0.606

表 7.29　　　　村庄组织发展与多元治理关系模型的路径系数

路径	因素负荷量	标准误	T 值	P
生态治理←经济组织发展	0.518	—	—	—
产业治理←经济组织发展	0.953	—	—	—
生态治理←社会组织发展	0.458	—	—	—
公共服务治理←社会组织发展	0.940	—	—	—
EO3←经济组织发展	0.852	—	—	—
EO2←经济组织发展	0.900	0.096	11.403	***
EO1←经济组织发展	0.806	0.140	8.172	***
SO3←社会组织发展	0.828	—	—	—
SO2←社会组织发展	0.913	0.116	11.812	***
SO1←社会组织发展	0.844	0.153	9.063	***
SO4←社会组织发展	0.899	0.115	11.049	***
SO5←社会组织发展	0.933	0.106	12.820	***
IG1←产业治理	0.939	—	—	—
IG2←产业治理	0.954	0.059	15.971	***
IG3←产业治理	0.911	0.065	13.738	***
EM1←生态治理	0.978	—	—	—
EM2←生态治理	0.951	0.045	14.138	***
EM3←生态治理	0.946	0.044	13.840	***
PG1←公共服务治理	0.937	—	—	—
PG2←公共服务治理	0.937	0.064	14.844	***
PG3←公共服务治理	0.922	0.068	14.013	***

注：*** 表示 P<0.001。

村庄组织发展与多元治理的假设检验结果如图 7.13 所示。

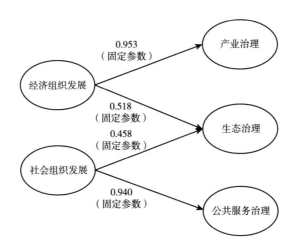

图 7.13　村庄组织发展与多元治理的假设检验结果

根据检验的结果，经济组织发展对产业治理有显著的正向影响，因素负荷量为 0.953（P < 0.001），假设 3 - 1 得到支持；经济组织发展对生态治理有显著的正向影响，因素负荷量为 0.518（P < 0.001），假设 3 - 2 得到支持；社会组织发展对生态治理有显著的正向影响，因素负荷量为 0.458（P < 0.001），假设 3 - 3 得到支持；社会组织发展对公共服务治理有显著的正向影响，因素负荷量为 0.940（P < 0.001），假设 3 - 4 得到支持。

7.4.4　中介效应检验

（1）经济组织发展在数字化服务及基础设施与多元治理关系中的中介效应模型。经济组织发展在数字化服务及基础设施与多元治理关系中的中介效应模型如图 7.14 所示。

根据 AMOS21.0 输出的结果，各项拟合指标均在可接受的范围内，说明模型拟合良好。拟合度指标如表 7.30 所示。

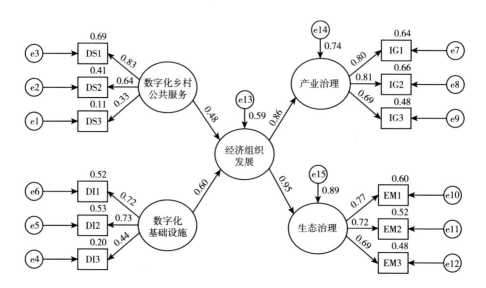

图7.14　经济组织发展在数字化服务及基础设施与多元治理关系中的中介效应模型

表7.30　中介效应模型的拟合度指标

拟合度指标	χ^2/df	RMSEA	GFI	AGFI	CFI	NFI	TLI	IFI
统计值	7.906	0.141	0.820	0.735	0.785	0.763	0.732	0.787

路径因素负荷量如表7.31所示。

表7.31　变量的路径因素负荷量

路径	因素负荷量	标准误	T值	P
经济组织发展←数字化乡村公共服务	0.484	—	—	—
经济组织发展←数字基础设施	0.597	—	—	—
产业治理←经济组织发展	0.861	—	—	—
生态治理←经济组织发展	0.946	—	—	—
DS3←数字化乡村公共服务	0.329	—	—	—
DS2←数字化乡村公共服务	0.639	0.276	7.093	***
DS1←数字化乡村公共服务	0.829	0.435	6.620	***
DI3←数字基础设施	0.443	—	—	—
DI2←数字基础设施	0.730	0.236	8.295	***
DI1←数字基础设施	0.723	0.211	8.283	***

续表

路径	因素负荷量	标准误	T 值	P
IG1←产业治理	0.798	—	—	
IG2←产业治理	0.814	0.054	16.801	***
IG3←产业治理	0.690	0.062	13.833	***
EM1←生态治理	0.771	—	—	
EM2←生态治理	0.721	0.064	14.402	***
EM3←生态治理	0.691	0.064	13.421	***

注：*** 表示 $P < 0.001$。

采用 BC（bias-corrected）偏差校正法估计的直接效应标准化估计的 95% 置信水平的下限值、上限值和双侧显著性检验、在 Stata17.0 中采用 Bootstrap 方法对模型直接效应和间接效应显著性进行检验，结果如表 7.32～表 7.35 所示。

表 7.32　　　　　　间接效应显著性检验结果

指标	数字化乡村公共服务				数字化基础设施			
	系数	下限值	上限值	P	系数	下限值	上限值	P
经济组织发展 产业治理	0.084	0.046	0.135	0.000	0.075	0.035	0.128	0.001

表 7.33　　　　　　直接效应显著性检验结果

指标	数字化乡村公共服务				数字化基础设施			
	系数	下限值	上限值	P	系数	下限值	上限值	P
经济组织发展 产业治理	0.303	0.200	0.424	0.000	0.433	0.319	0.553	0.000

表 7.34　　　　　　间接效应显著性检验结果

指标	数字化乡村公共服务				数字化基础设施			
	系数	下限值	上限值	P	系数	下限值	上限值	P
经济组织发展 生态治理	0.072	0.030	0.110	0.000	0.072	0.040	0.112	0.000

表7.35   直接效应显著性检验结果

指标	数字化乡村公共服务				数字化基础设施			
	系数	下限值	上限值	P	系数	下限值	上限值	P
经济组织发展生态治理	0.323	0.227	0.436	0.000	0.383	0.268	0.497	0.000

根据表 7.32 和表 7.33 所示，经济组织发展在数字化乡村公共服务和产业治理中间接效应置信区间的上限为 0.135，下限为 0.046，不包含 0，P 值在 5% 的水平上显著，说明存在中介效应。根据直接效应双侧显著性检验结果，数字化乡村公共服务对经济组织发展的直接效应标准化估计值为 0.303，直接效应显著（P < 0.05）。进一步可知，数字化乡村公共服务对产业治理的总效应等于直接效应 0.303 加上间接效应 0.084，总效应为 0.387。根据总体效应双侧显著性检验结果，总体效应显著（P < 0.05）。

因此，根据温忠麟等（2004）提出的中介效应检验程序，中介效应显著。即经济组织发展在数字化乡村公共服务和产业治理的关系中有显著的中介效应，假设 4 – 1 得到支持。同理，经济组织发展在数字化基础设施和产业治理的关系中有显著的中介效应，假设 4 – 2 得到支持。

根据表 7.34 和表 7.35 所示，经济组织发展在数字化乡村公共服务和生态治理中间接效应置信区间的上限为 0.110，下限为 0.030，不包含 0，P 值在 5% 的水平上显著，说明存在中介效应。根据直接效应双侧显著性检验结果，数字化乡村公共服务对经济组织发展的直接效应标准化估计值为 0.323，直接效应显著（P < 0.05）。进一步可知，数字化乡村公共服务对生态治理的总效应等于直接效应 0.323 加上间接效应 0.072，总效应为 0.395。根据总体效应双侧显著性检验结果，总体效应显著（P < 0.05）。

因此，中介效应显著，即经济组织发展在数字化乡村公共服务和生态治理的关系中有显著的中介效应，假设 4 – 3 得到支持。同理，经济组织发展在数字化基础设施和生态治理的关系中有显著的中介效应，假设 4 – 4 得到支持。

（2）社会组织发展在数字化服务及基础设施与多元治理关系中的中介效

应模型。采用 AMOS21.0 中的 BC 偏差矫正法检验社会组织发展在数字化服务及基础设施与多元治理关系中的中介效应，模型如图 7.15 所示。

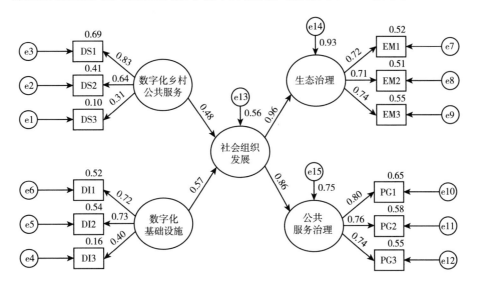

图 7.15　社会组织发展在数字化服务及基础设施与多元治理关系中的中介效应模型

根据 AMOS21.0 输出的结果，各项拟合指标均在可接受的范围内，说明模型拟合良好。拟合度指标如表 7.36 所示。

表 7.36　　　　　　　　中介效应模型的拟合度指标

拟合度指标	χ^2/df	RMSEA	GFI	AGFI	CFI	NFI	TLI	IFI
统计值	8.561	0.147	0.806	0.714	0.763	0.742	0.705	0.765

路径因素负荷量如表 7.37 所示。

表 7.37　　　　　　　变量的路径因素负荷量

路径	因素负荷量	标准误	T 值	P
社会组织发展←数字化乡村公共服务	0.485	—	—	—
社会组织发展←数字化基础设施	0.568	—	—	—
生态治理←社会组织发展	0.962	—	—	—
公共服务治理←社会组织发展	0.865	—	—	—

续表

路径	因素负荷量	标准误	T 值	P
DS3←数字化乡村公共服务	0.308	—	—	—
DS2←数字化乡村公共服务	0.638	0.301	6.929	***
DS1←数字化乡村公共服务	0.830	0.476	6.458	***
DI3←数字化基础设施	0.396	—	—	—
DI2←数字化基础设施	0.734	0.284	7.791	***
DI1←数字化基础设施	0.723	0.253	7.779	***
EM1←生态治理	0.723	—	—	—
EM2←生态治理	0.712	0.071	13.917	***
EM3←生态治理	0.745	0.071	14.353	***
PG1←公共服务治理	0.804	—	—	—
PG2←公共服务治理	0.763	0.059	15.134	***
PG3←公共服务治理	0.739	0.064	14.451	***

注：*** 表示 P < 0.001。

在 Stata17.0 中采用 Bootstrap 方法对模型直接效应和间接效应显著性进行检验，结果如表 7.38 ~ 表 7.41 所示。

表 7.38　　　　　　间接效应显著性检验结果

指标	数字化乡村公共服务				数字化基础设施			
	系数	下限值	上限值	P	系数	下限值	上限值	P
社会组织发展生态治理	0.098	0.048	0.162	0.001	0.091	0.050	0.144	0.000

表 7.39　　　　　　直接效应显著性检验结果

指标	数字化乡村公共服务				数字化基础设施			
	系数	下限值	上限值	P	系数	下限值	上限值	P
社会组织发展生态治理	0.301	0.190	0.402	0.000	0.365	0.259	0.470	0.000

表 7.40 间接效应显著性检验结果

指标	数字化乡村公共服务				数字化基础设施			
	系数	下限值	上限值	P	系数	下限值	上限值	P
社会组织发展 公共服务治理	0.071	0.010	0.141	0.026	0.059	0.022	0.121	0.015

表 7.41 直接效应显著性检验结果

指标	数字化乡村公共服务				数字化基础设施			
	系数	下限值	上限值	P	系数	下限值	上限值	P
社会组织发展 公共服务治理	0.270	0.154	0.392	0.000	0.367	0.253	0.486	0.000

根据表 7.38 和表 7.39 所示，社会组织发展在数字化乡村公共服务和生态治理中间接效应置信区间的上限为 0.162，下限为 0.048，不包含 0，P 值在 5% 的水平上显著，说明存在中介效应。根据直接效应双侧显著性检验结果，数字化乡村公共服务对社会组织发展的直接效应标准化估计值为 0.301，直接效应显著（$P < 0.05$）。进一步可知，数字化乡村公共服务对生态治理的总效应等于直接效应 0.301 加上间接效应 0.098，总效应为 0.399。根据总体效应双侧显著性检验结果，总体效应显著（$P < 0.05$）。

因此，中介效应显著，即社会组织发展在数字化乡村公共服务和生态治理的关系中有显著的中介效应，假设 4-5 得到支持。同理，社会组织发展在数字化基础设施和生态治理的关系中有显著的中介效应，假设 4-6 得到支持。

根据表 7.40 和表 7.41 所示，社会组织发展在数字化乡村公共服务和公共服务治理中间接效应置信区间的上限为 0.141，下限为 0.010，不包含 0，P 值在 5% 的水平上显著，说明存在中介效应。根据直接效应双侧显著性检验结果，数字化乡村公共服务对社会组织发展的直接效应标准化估计值为 0.270，直接效应显著（$P < 0.05$）。进一步可知，数字化乡村公共服务对生态治理的总效应等于直接效应 0.270 加上间接效应 0.071，总效应为 0.341。根据总体效应双侧显著性检验结果，总体效应显著（$P < 0.05$）。

因此，中介效应显著，即社会组织发展在数字化乡村公共服务和生态治

理的关系中有显著的中介效应，假设 4 - 7 得到支持。同理，社会组织发展
在数字化基础设施和公共服务治理的关系中有显著的中介效应，假设 4 - 8
得到支持。

7.5　调节效应检验

根据前面对数字化服务及基础设施的二阶因素分析，一阶因素数字化乡
村公共服务和数字化基础设施可以视为一个二阶因素——数字化服务及基础
设施。根据前面对多元治理的二阶因素分析，一阶因素产业治理、生态治
理、公共服务治理可以视为一个二阶因素——多元治理。本书的控制变量包
括村支部书记学历、村务公开频率和 2020 年召开村民大会次数。

7.5.1　政治氛围的调节效应检验

将政治氛围和数字化服务及基础设施变量中心化之后生成交互项，运用
层级多元回归方法分析数字化服务及基础设施与多元治理的关系以及政治氛
围的调节效应。分析的结果如表 7.42 所示，模型 1 表示控制变量对多元治
理的影响，模型 2 引入自变量即数字化服务及基础设施和调节变量即政治氛
围，模型 3 引入数字化服务及基础设施和政治氛围的交互项，表 7.42 显示
了各个模型对应的回归系数估计值、稳健标准误、常数项、N、adj. R^2。

表 7.42　　　　　　　政治氛围调节效应检验层级回归结果

变量	多元治理		多元治理		多元治理	
	模型 1		模型 2		模型 3	
	估计值	稳健标准误	估计值	稳健标准误	估计值	稳健标准误
数字化服务及基础设施	- 0.1124 **	0.0541	0.2208	0.3323	- 0.1251 **	0.0555
政治氛围	0.9338 ***	0.0745	1.2605 ***	0.3300	0.9141 ***	0.0770

续表

变量	多元治理		多元治理		多元治理	
	模型 1		模型 2		模型 3	
	估计值	稳健标准误	估计值	稳健标准误	估计值	稳健标准误
村支部书记学历	−0.0196	0.0293	−0.0177	0.0294	−0.0177	0.0294
村庄村务公开频率	0.0228	0.0550	0.0260	0.0550	0.0260	0.0550
2020 年召开村民大会次数	0.0289	0.0233	0.0295	0.0233	0.0295	0.0233
数字化服务及基础设施政治氛围			−0.0765	0.0753		
数字化服务及基础设施×政治氛围					−0.0765	0.0753
常数项	0.8265 **	0.3840	−0.6042	1.4591	0.9616 **	0.4064
N	350		350		350	
adj. R^2	0.432		0.432		0.432	

注: *** 表示 P < 0.001; ** 表示 P < 0.05。

根据 Stata17.0 输出的结果, 自变量数字化服务及基础设施与多元治理之间的关系估计值为 −0.1251, 显著负相关。数字化服务及基础设施和政治氛围的交互项不显著, 说明不存在调节效应。因此, 假设 5 不能得到支持。

7.5.2 文化氛围的调节效应检验

将村支部书记学历和数字化服务及基础设施变量中心化之后生成交互项, 运用层级多元回归方法分析数字化服务及基础设施与多元治理的关系以及文化氛围的调节效应。分析的结果如表 7.43 所示, 模型 1 表示控制变量对多元治理的影响, 模型 2 引入自变量即数字化服务及基础设施和调节变量即文化氛围, 模型 3 引入数字化服务及基础设施和文化氛围的交互项, 表 7.43 显示了各个模型对应的回归系数估计值、稳健标准误、常数项、N、adj. R^2。

表 7.43 文化氛围调节效应检验层级回归结果

变量	多元治理		多元治理		多元治理	
	模型 1		模型 2		模型 3	
	估计值	稳健标准误	估计值	稳健标准误	估计值	稳健标准误
数字化服务及基础设施	0.2364 ***	0.0500	1.5649 ***	0.2666	0.1535 ***	0.0510
文化氛围	0.3506 ***	0.0560	1.6873 ***	0.2693	0.2704 ***	0.0563
村支部书记学历	−0.0043	0.0299	0.0078	0.0299	0.0078	0.0299
村庄村务公开频率	−0.0802	0.0561	−0.0831	0.0542	−0.0831	0.0542
2020 年召开村民大会次数	0.0076	0.0240	0.0089	0.0231	0.0089	0.0231
数字化服务及基础设施文化氛围			−0.3088 ***	0.0609		
数字化服务及基础设施 × 文化氛围					−0.3088 ***	0.0609
常数项	2.3923 ***	0.3804	−3.3305 ***	1.1876	3.1458 ***	0.3964
N	350		350		350	
adj. R^2	0.306		0.352		0.352	

注：*** 表示 P < 0.001。

　　根据 Stata17.0 输出的结果，自变量数字化服务及基础设施与多元治理之间的关系估计值为 0.1535，显著正相关，数字化服务及基础设施和政治氛围的交互项显著负相关，说明存在调节效应。文化氛围在数字化乡村公共服务与多元治理中起负向调节作用，即文化氛围弱化了数字化乡村公共服务在多元治理中的作用，因此，假设 6 不能得到支持。

7.6　检验结果的进一步讨论

　　本章研究假设检验结果汇总情况如表 7.44 所示。

表 7.44　　　　　　　　　　　研究假设检验结果汇总情况

假设序号	假设内容	检验结果
假设 1 – 1	数字化乡村公共服务对多元治理具有显著的正向影响	支持
假设 1 – 2	数字化基础设施对多元治理具有显著的正向影响	支持
假设 2 – 1	数字化乡村公共服务对经济组织发展具有显著的正向影响	支持
假设 2 – 2	数字化乡村公共服务对社会组织发展具有显著的正向影响	支持
假设 2 – 3	数字化基础设施对经济组织发展具有显著的正向影响	支持
假设 2 – 4	数字化基础设施对社会组织发展具有显著的正向影响	支持
假设 3 – 1	经济组织发展对产业治理具有显著的正向影响	支持
假设 3 – 2	经济组织发展对生态治理具有显著的正向影响	支持
假设 3 – 3	社会组织发展对生态治理具有显著的正向影响	支持
假设 3 – 4	社会组织发展对公共服务治理具有显著的正向影响	支持
假设 4 – 1	经济组织发展在数字化乡村公共服务与产业治理关系中起中介作用	支持
假设 4 – 2	经济组织发展在数字化基础设施与产业治理关系中起中介作用	支持
假设 4 – 3	经济组织发展在数字化乡村公共服务与生态治理关系中起中介作用	支持
假设 4 – 4	经济组织发展在数字化基础设施与生态治理关系中起中介作用	支持
假设 5	政治氛围正向调节数字化服务及基础设施与多元治理的关系	不支持
假设 6	文化氛围正向调节数字化服务及基础设施与多元治理的关系	不支持

7.6.1　获得支持的研究假设

根据实证研究的结果，第一组的 2 个假设全部获得了支持，分别为假设 1 – 1：数字化乡村公共服务对多元治理具有显著的正向影响，因素负荷量为 0.482（P < 0.001）。假设 1 – 2：数字化基础设施对多元治理具有显著的正向影响，因素负荷量为 0.357（P < 0.001）。因此，数字化服务及基础设施（数字化乡村公共服务和数字化基础设施）对多元治理的显著正向影响基本得到验证。

第二组 4 个假设也全部获得了支持，分别为假设 2 – 1：数字化乡村公共

服务对经济组织发展具有显著的正向影响，因素负荷量为 0.487（P <
0.001）。假设 2－2：数字化乡村公共服务对社会组织发展具有显著的正向影
响，因素负荷量为 0.500（P < 0.001）。假设 2－3：数字化基础设施对经济
组织发展具有显著的正向影响，因素负荷量为 0.317（P < 0.001）。假设 2－
4：数字化基础设施对社会组织发展具有显著的正向影响，因素负荷量为
0.309（P < 0.001）。因此，数字化服务及基础设施（数字化乡村公共服务和
数字化基础设施）对村庄组织发展（经济组织发展和社会组织发展）的显
著正向影响基本得到验证。

第三组假设也都得到了支持，即假设 3－1：经济组织发展对产业治理具
有显著的正向影响，因素负荷量为 0.953（P < 0.001）。假设 3－2：经济组
织发展对生态治理具有显著的正向影响，因素负荷量为 0.518（P < 0.001）。
假设 3－3：社会组织发展对生态治理具有显著的正向影响。因此村庄组织发
展（经济组织发展和社会组织发展）对多元治理（产业治理、生态治理、
公共服务治理）的显著正向影响得到了验证。

第四组假设都得到了支持，即假设 4－1：经济组织发展在数字化乡村公
共服务与产业治理关系中起中介作用。假设 4－2：经济组织发展在数字化基
础设施与产业治理关系中起中介作用。假设 4－3：经济组织发展在数字化乡
村公共服务与生态治理关系中起中介作用。假设 4－4：经济组织发展在数字
化基础设施与生态治理关系中起中介作用。因此村庄组织发展（经济组织发
展和社会组织发展）在数字化服务及基础设施和多元治理中的中介效应得到
了验证。

7.6.2　未获得支持的研究假设

假设 5 和假设 6 均未获得支持。假设 5：政治氛围正向调节数字化服务
及基础设施与多元治理的关系；假设 6：文化氛围正向调节数字化服务及基
础设施与多元治理的关系。其中，根据对政治氛围的调节效应检验结果，政
治氛围在数字化服务及基础设施和多元治理关系中的调节效应不显著；根据

对文化氛围的调节效应检验结果，文化氛围对数字化服务及基础设施与多元治理的关系起到反向调节作用。

　　本书认为，政治氛围在数字化服务及基础设施和多元治理关系中的调节效应不显著，可能是受到被调查村庄本身以及外部环境因素的影响，如村务公开的频率不高、召开村民大会的次数有限、村支部书记的学历和政治能力、外部政治环境等都会对此过程产生影响。而文化氛围对数字化服务及基础设施与多元治理的关系起到反向调节作用主要是因为村庄一些不好的风俗、村民观念落后、村民受教育程度不高等原因所致。今后应进一步深入研究，考虑村庄的政治氛围和文化氛围以及其他变量在新时代乡村治理体系现代化建设中的影响。

| 第 8 章 |

新时代乡村治理体系现代化的
保障机制分析

　　党的十九届四中全会指出，要把"制度优势更好转化为国家治理效能"。① 基于对新时代乡村治理现实困境的剖析以及新时代乡村治理体系现代化影响因素的实证分析，明确了推进乡村治理体系现代化需要构建完善的保障机制，促使中国特色乡村治理体系现代化的各个要素在实践中有效运转起来。本章从四个方面进行优化：第一，促进村庄组织协同发展，促进乡村振兴、城乡融合、现代化乡村治理体系的有机结合，明确乡村治理体系现代化的实践方向与目标共识；第二，构建多元治理新格局，激发乡村治理多元主体活力，寻找乡村治理与多元共治的契合点，实现乡村多元共治发展格局；第三，优化乡村政治氛围，并在实践中促进自治、法治、德治的相互融合运转，创新引入"政治""智治"新的治理要素作为补充；第四，完善乡村数字化服务及基础设施建设，实现数字技术与乡村社会的调适与融合。

---

① 十九大以来重要文献选编（中）［M］. 北京：中央文献出版社，2021：288.

8.1　促进村庄组织协同发展

自党的十九大提出"健全自治、法治、德治相结合的乡村治理体系",① 全面推进乡村振兴,走城乡融合发展道路,至 2023 年中央一号文件提出"健全城乡融合发展体制机制和政策体系,畅通城乡要素流动",② 中共中央从国家顶层设计层面对作为乡村振兴高级阶段的城乡融合发展作出具体部署,也是对马克思恩格斯城乡发展理论的中国化与时代化的丰富与发展。脱离城乡融合发展总体机制来探讨乡村治理体系现代化保障机制的构建是不合理、不完善的。自改革开放以来,关于城乡发展问题历经"统筹城乡发展"到"城乡发展一体化"再到"城乡融合发展",重塑新型城乡关系,破解城乡二元机制,是全面推进乡村振兴的战略举措与目标方位,乡村经济组织与社会组织的发展在其中发挥重要作用。以有效村庄组织治理促进乡村振兴,以乡村振兴推进村庄组织有效治理,以村庄组织发展完善乡村治理体系,以现代化治理能力优化乡村治理模式,让乡村振兴、城乡融合、现代化治理体系三者有机结合,才能让现代化的乡村治理体系行稳致远。城乡融合发展意味着将城市与乡村置于同一发展战略地位,促进生产力与生产要素在城乡之间合理地双向流动,尤其是加大资源由城市向乡村倾斜,全面推动城乡经济、政治、社会、文化、生态五大要素的体系建构和机制并轨,以乡村经济组织与社会组织共同发展为城乡融合发展走向城乡全面融合发展提供区域社会整体运行的可能(谭明方,2020),逐渐形成城乡互补、工农互惠、资源互进的新型城乡关系。

---

① 习近平:决胜全面建成小康社会　夺取新时代中国特色社会主义伟大胜利——在中国共产党第十九次全国代表大会上的报告 [EB/OL]. 中华人民共和国政府网,https://www.gov.cn/zhuan-ti/2017 - 10/27/content_5234876.htm,2017 - 10 - 27.

② 中共中央关于坚持和完善中国特色社会主义制度　推进国家治理体系和治理能力现代化若干重大问题的决定 [EB/OL]. 中华人民共和国政府网,https://www.gov.cn/zhengce/2019 - 11/05/content_5449023.htm,2019 - 11 - 05.

8.1.1　社会组织参与，共谋城乡布局

城乡融合发展是一个将城市与乡村置于公共空间的动态发展过程，土地、资本、技术等生产要素在这个公共空间里有序流动，相互重组嵌入，共同推动城乡空间的生产与再生产。面临城乡二元机制影响下乡村发展远远滞后于城市的难题时，必须要科学引领城乡发展布局，优化城乡发展空间。首先，要坚持可持续发展理念，科学规划城乡区域空间。在规划城乡区域空间时，规划团队要整体考虑城镇与乡村的发展实际状况，在充分解读国家政策与国土空间规划内容的基础上，明确村庄发展定位，依据地方地理位置以及独特优势来因地制宜地加强城市与乡村的联系。在综合专家与民意的基础上，对村庄未来发展方向与产业布局进行总体规划，实现城乡功能互补，城乡经济互通，城乡文化互融，促进乡村产业可持续发展。其次，在优化城乡规划编制工作的同时，促进城乡空间规划过程的法治化。城乡规划编制的出发点和落脚点都是实现人的全面发展，因此城乡规划编制应当不仅合理规划城乡布局，更应该与乡村振兴有效衔接，成为民众对于美好生活需要的空间保障，通过完善民主机制与激活自治制度让民众参与规划编制的过程，让现代化治理体系保障城乡空间规划的科学性与合理性。通过对现代化乡村治理体系与治理能力的运用，把乡村规划编制纳入法治化的制度框架与法治轨道上，用"法治化"弥补"人治化"的随意性，保障空间规划的有效性（王滢涛，2021）。最后，城乡实体空间与数字虚拟空间建设并重。通过合理规划城乡布局，优化城乡发展空间等方式，打造共生型的城乡实体空间。在此基础上，通过数字技术在乡村社会的嵌入，弥合"线上""线下"沟壑，让数字技术孕育人文关怀，更好地服务民众，成为城乡融合的催化剂与耦合器。

8.1.2　经济组织创新，优化资源配置

城乡全面融合发展必定是政治、经济、社会、文化、生态"五位一体"

的融合发展，具体表现为城乡基层治理模式融合、城乡经济利益互惠、城乡居民权利地位均等化、城乡正义价值观共享以及城乡同等环境宜业宜居。城乡融合发展需要立足于乡村振兴发展战略，探索城乡要素双向流动机制，深化城乡要素合理配置改革，实现城乡互促共融。一是要优化并完善农村土地流转制度。土地要素是农民维持生计最基本的要素，农村土地流转制度对于促进农民增收、提高农村土地利用率以及盘活农村经济发展有着积极意义，但由于流转过程不规范、流转监管机制不健全等问题大大加重了现代化乡村治理的难度，因此要建立健全农村土地流转法律规范体系，对土地流转进行全过程、全方位的监管来保护农民的合法权益。建立促进农业生态安全与保障农民经济利益并重的土地流转监管机制，既要关注土地流转中的土地"非农化"现象以及污染问题，同时又要优化农村土地资源与劳动力资源合理配置，以现代化的农村发展模式促进农民增收。更要通过建立土地流转利益协调制度与完善农村社会保障制度的方式，运用好农村土地流转制度对于发挥好乡村治理体系效能的促进作用（彭小霞，2022）。二是要利用乡村多种资源优势，发挥集聚效应。乡村经济薄弱是影响乡村优势要素流失，进而掣肘城乡融合的关键因素。通过构建城乡一体金融体系保障乡村振兴资金的有效使用，以土地承包使用权吸纳社会资本、成立农村经济合作组织、成立城乡融合发展资金等多种方式为城乡融合发展提供经济保障。在充足的资金、丰富的土地资源的基础上，建立健全人才回流机制与激励机制，吸引乡村急需的医生、教师、专业技术人才投身于乡村建设与乡村治理中，促使土地、资本、人才等要素在乡村这片沃土上集聚，形成高质量的合力效应，为城乡融合发展提供动力支持。三是打通城乡协作节点，推动县域经济高质量发展。县域上接城市，下连乡村，是城乡融合的关键节点，也是城乡融合的具体空间场域。县域经济的高质量发展要放在城乡融合发展原则和双循环格局中实现，通过强化县域资源整合与空间布局，不断调整产业结构，营造公平公正的从业环境，坚守推进农民致富的底线思维，平衡好资源供给与需求，使得县域成为城乡融合的推进器，成为农业农村现代化的先行者（杜志雄，2022）。

8.1.3　基础设施加强，均衡城乡服务

城乡服务配置均等化是指满足人民群众日常需求的公共服务（教育、医疗、养老、社会保障等）在城市和乡村均能有效、合理、科学的配置。公共服务的均衡配置也是检验地方政府治理成效的关键指标，实现城乡配置服务均等化能够有效提升乡村治理现代化的能力和水平。一是要重塑城乡价值理念，筑牢城乡利益共同体。乡村治理体系现代化注重城市价值与乡村价值的内在共融，这需要县级政府转变乡村治理的价值理念，健全县乡村三级机构的内在衔接与功能互补的格局，以补全农村公共服务短板，切实提升农民的生活质量为主要任务。社区与村委通过开展城乡精神文明建设活动，让群众获得更多的归属感；开展组织协商活动，加强城市与乡村的平等友好交流，平衡政策实施与民众参与之间的张力，形成由"民众认同"向"民众参与"的自觉转变，真正实现城乡共融（文军和陈雪婧，2023）。二是加强农村基础设施建设，有效提高乡村治理能力。合理配置城乡教育资源，增强乡村地区的师资力量，这是提高农民思想认知、提升乡村治理能力的内生动力。三是完善乡村社会保障制度，进一步完善和优化城乡居民基本养老保险的调整机制。以乡镇为中心，完善机构养老、居家养老以及互助养老多种模式的互嵌，构建新型农村基本养老服务网络。还要健全农村医疗保障制度，构建城镇、乡村、家庭三级卫生健康服务网络，推进城乡医疗服务一体化。

8.2　构建多元治理新格局

党的十九大把治理有效作为实施乡村振兴的五大目标之一，而完善"党委领导、政府负责、社会协同、公众参与"的多元主体协同治理机制，是实现治理有效的关键。多元协同共治是乡村治理中的多元主体发挥自己的独特优势以及通力合作来实现乡村善治的目标，理清多元主体之间的关系，明确

多元主体的角色定位显得尤为重要。基层党组织应总揽全局，协调各方，在乡村治理中发挥自身领导核心的作用；乡镇政府应创新服务理念，优化机构改革，从价值体系与行动体系两方面着手发挥自身在乡村治理现代化中的引导作用；村两委作为乡村治理的核心主体，是连接乡镇政府与村民的桥梁媒介，应当推进村两委治理能力的全面提升，促进村委会群众性自治组织的角色复位，理顺村两委的权责分工，更好地发挥自治与协助的作用以服务好村庄发展与村民生活；乡村社会组织是促进政府、社会、民众三方良好互动的调节器，是乡村治理的重要力量，是村民自治制度的有益补充，村庄农业新型经营主体、经济合作组织等不同类型的乡村社会组织应当在保持自身的独立性与规范性的同时，不断推进自身的公共服务能力建设与整合能力建设，致力于打造乡村社会良性治理格局；新乡贤作为乡村振兴中不可或缺的人才资源，在乡村治理中应当发挥新乡贤的才智与影响力，助推村民自治。在完善新乡贤参与治理的渠道与保障机制的同时，健全约束与监督机制，避免陷入"精英治村"的权威异化现象；广大村民是乡村治理的主体力量，乡村治理的成效归根到底还是惠及广大村民，通过强化村民自治的主动性、规范性以及行动力提升村民参与乡村治理的实效。多元主体协同共治的关键与难点在于协同合作，面对多元主体在乡村治理中权责交叉的困境，应当从协同共治的意愿、协同共治的能力、协同共治的保障三方面入手，完善多元主体协同治理机制。

8.2.1　产业治理愿景塑造：筑牢利益共同体

乡村社会是基于一定的血缘、姻缘、地缘关系而形成的共同联合体，同一片乡村空间场域孕育了共同的生活环境、特定的公序良俗，这催生了乡村成员共同的利益诉求，在乡村公共事务的共同利益需求的驱使下，多元主体协同共治成为可能，因此筑牢乡村利益共同体是推动乡村多元主体协同共治的根本动力（杜智民和康芳，2021）。一是强化情感认同，加强共同体观念教育。基层政府和村两委注重从村民生活实际出发，通过挖掘村民身边的好人好事案例、组织开展精神文化教育等丰富多样的活动，增强村民对村庄的归属感与认同感，利用传统媒介与新媒体技术相结合的方式进行广泛宣传教育，培育村民互帮互助的集体观念与大局意识，真正领会村庄治理共同体的真谛。同时，在宣传教育的基础上运用好社会舆论的作用，在村庄的熟人社会或半熟人社会里，村民的道德约束感强烈，在乡村治理实践中，利用舆论压力进行道德约束，对于促进乡村利益共同体的发展起导向作用。二是树立人民中心协商共治理念，弥合基层政府与群众的鸿沟。基层政府需要转变治理方式，通过定期举办"议事会"等方式唤醒村民情感意识，增加村民对政府工作的认可，用"情感"因素不断消解村民对政府的负面情绪。在"议事会"活动中村民能够畅所欲言地表达自己的利益诉求，并对村民的利益诉求进行记录整理并适时调整乡村治理具体实施方案，形成一套完整的协商议事制度。同时在乡村治理中培育公平、正义、民主、法治的普遍价值共识。多元主体必须树立为人民服务的治理理念，树立以人民为中心协商理念，以有效协商维护和发展广大村民的根本利益，并发掘多元主体的集体利益，寻求治理的"最大公约数"，筑牢多元利益共同体。

8.2.2 生态治理能力提升：强化多元主体治理能力

乡村生态治理现代化能力和水平的提高离不开各治理主体的相互配合与通力合作，强化多元主体治理能力成为协同治理的第一要义。同时，乡村的生态环境保护也须重视，乡村文明不仅是物质文明，更是精神文明、生态文明。多元治理一是树立村干部权威，构建"一核多元"的治理共同体。在乡村治理共同体建设的过程中，村干部始终扮演着组织引导者、资源整合者以及利益协调者的多重角色，这些角色扮演需要其自身强大的权威作为支撑。因此，在村干部的选举过程中应当提高选举过程的规范性与透明性，落实村民的选举权与监督权，积极动员新乡贤、返乡大学生等优秀人才参与村干部选举，以公平、公正、公开的选举树立村干部的合法性与权威性（高卫星和张慧远，2021）。在村干部权威提升的基础上，村干部需要不断提升个人能力，以乡村振兴战略为契机，推动自治方式的创新，逐步形成"权威引导——多元协力"的"一核多元"模式，把党的领导贯穿乡村治理的全过程，强化乡村治理各主体的参与意识与担当意识。二是培育村民公共精神，发挥村民主体作用。村民在乡村治理共同体的建设与运行的过程中，不应该只停留在投票选举环节，应该加强公共文化建设，推进精神文明进步，训练村民的参与意识与表达能力，坚持村民"在场"原则，参与决策、管理、评价、监督的全过程。同时发挥好村民小组的利益诉求作用，村民小组都是基于地缘或亲缘组成的村民集合体，加强村民小组之间的信息交流能够更好地达成集体治理共识，形成以集体利益为目标的治理行动合力。

8.2.3　公共服务治理保障：完善基层治理制度

乡村治理的制度构建为提升村民的制度意识以及乡村治理共同体的运行提供坚实的制度保障。乡村治理共同体制度构建又是一项综合不同农村地区经济、文化、社会差异的系统性工程，需要顶层制度设计与基层治理制度创新的有效结合，同时注重基层不同制度之间的耦合性与契合度，以各项制度的良性运行实现乡村善治。在当前乡村治理顶层制度设计相对健全的背景下，乡村治理共同体的制度构建更应该着眼于基层治理制度创新。一是要厘清多元主体之间的权责边界。围绕基层政府、村两委、公众之间的行政权、自治权、个体权利之间的边界不清的事实，尝试引进、试行政治改革领域的权力清单制度、负面清单制度、责任清单制度，创新"小微权力清单制"，合理、合法地规范基层政府与村两委的权力，并明确不同主体的责任清单事项，将权与责一一对应起来，为构建多元主体高度协同的乡村治理现代化体系提供制度保障。二是构建协商共治机制，培育村民制度意识。基层政府可以根据当地实际情况，制定"乡村治理共同体协商共治章程"，村委会可以制定"新时代村规民约"等基层治理制度，促使基层政府的权威力量与村委会的自治力量得到相互补充，让村规民约成为乡村风俗习惯、熟人治理的新方式，以此培育村民的制度意识与规则意识，达到乡村治理制度优势向治理效能转换的效果。同时完善乡村治理主体的权利结构，赋予各主体对村干部的考核权和罢免提议权，让治理主体对村干部的治理动机、治理方式与治理成效进行考核评价，能够最大程度上保障各治理主体的共同利益（尹兵和郭开宇，2023）。

8.3 优化乡村政治氛围

党的十九大提出要健全自治、法治、德治相结合的乡村治理体系，不断推进国家治理体系和治理能力现代化，优化乡村政治氛围。推进国家治理体系和治理能力现代化，是中国式现代化建设的重大战略。在新时代社会治理体系中，"三治融合"推进乡村治理体系现代化是经过广大基层群众创新实践探索的必然选择，是推进中国式农业农村现代化，实现乡村善治的必然要求。面对当前"三治融合"实践中的自治主体缺位、法治能力欠缺、制度融合困难等问题，需要在优化自治、法治、德治治理要素的基础上，寻找三者之间的切合点，保障三治相互配合运转，形成治理合力。同时，在地方"三治融合"实践中不断探索新的治理因素，创新发展新的治理机制。

8.3.1 优化自治、法治、德治治理要素

推动乡村治理现代化就是要在实践中不断探索，敢于创新发展治理体系，中国特色乡村治理现代化就是自治、法治、德治相结合的现代乡村治理体系。优化自治、法治、德治治理要素，一是创新村民自治体系，夯实乡村自治根基。一方面，要尊重村民主体地位，以村民自治为核心，完善村民自治运行体系，理顺基层政府与自治组织的关系，不断完善村民自治制度，真正做到权力下放，事务下移；另一方面，创新村民大会的有效运行模式，规范各项民主决策机制，加强村务监督委员会建设，以村民小组为单位提升自治主体的政治素养，确保村民代表大会的决策权、执行权与监督权的三者有

机统一（邱春林，2021）。同时要创新村民自治服务体系，培育乡村社会组织，推进农村经营主体的多元化，盘活乡村经济，带动协商议事的热情。二是创新乡村法治体系，优化法律规则体系。以法治为根本，把乡村治理纳入法治的制度框架与轨道，推进乡村法治建设。一方面，全面推进乡村治理法治化进程，基层政府建立公共法律服务体系，最大限度地普及法律知识和提供公益法律援助，保障村民合法利益；党支部与村干部带头遵法、守法，不断创新法治教育，结合当地实际情况，让村民参与制定村规民约，共同推进乡村法治建设。另一方面，增强村民法治意识，落实村民民主权利。借助普法教育活动、强化乡村法治工作，构建透明的权力运行机制，建立完善的监督制约体系，例如，在选举、决策、管理环节切实赋予村民知情权、参与权与表达权，通过民主协商、村务公开平衡村民利益分化。三是创新乡村德治体系，营造良好德治氛围。一方面，以德治为支撑，塑造乡村德治秩序，加强培育和践行社会主义核心价值观教育，弘扬中华民族优秀传统美德，增强道德教育活动的开展，例如，道德模范、身边好人的评选以及"红黑榜"的制定等活动，营造淳朴的乡风民俗。另一方面，注重发挥乡贤在乡村社会道德模范的示范作用，用他们的言行举止，辅之以道德教化，促进村民自觉参与树立乡村文明新风尚的活动，在移风易俗的过程中不断推进乡村治理现代化。

8.3.2　促进自治、法治、德治相互融合

在长期的乡村治理实践中，村民自治注重村民的主体地位，以保障广大村民的自身利益来调动村民参与乡村治理的积极性；乡村法治凭借着自身的强制力与规范性保障自治的稳定运行；乡村德治以道德的自律作用来提高村民素养，培育村集体价值共识，以文化软治理的方式弥补法治的刚性，提升自治的有效性。如何促进自治、德治、法治的相互融合才是乡村治理体系效能能否发挥的关键。一是要提升法治对自治的保障作用。法治为自治的顺利实施提供了公权力的保障，这需要健全和完善保障乡村治理的各项法律法

规，围绕乡村振兴战略，不断推进乡村振兴促进法、农村土地承包法的修订与完善，同时发挥乡村自治章程和村规民约的重要补充作用，不断提升乡村执法水平，积极开展乡村法律援助，为乡村自治营造良好环境。二是提升德治对自治的教化能力。在乡村治理的过程中，由于德治因素的加入，使得村民自治更加规范有序，德治的实施又必须以村民自治为基础。因此，应当在村民自治的过程中确立新时代乡村新道德观念，发挥好德治对于自治的教化与约束作用，通过健全乡贤引入机制，搭建新乡贤工作平台，以德治促自治。三是促进法治和德治刚柔并济。法治保障了德治的治理空间，守住了德治的治理底线。在乡村治理工作中，法治通过自身的强制性与规范性对自治系统运行具有刚性要求，德治通过道德教化对乡村自治具有柔性特点（陈潮辉，2022）。因此，在乡村治理具体实践中要促进德治与法治相互融合，建立健全乡村各类风险化解机制和矛盾纠纷调整机制，运用好新时代"枫桥经验"，将矛盾化解在基层，维护乡村稳定与和谐。

8.3.3　创新"五治融合"机制作为有效补充

伴随着地方乡村治理实践的不断深入，顺应大数据时代发展的新要求新特点，学界和地方提出"五治融合"的观点。"五治融合"是在"三治融合"的基础上引入"政治"和"智治"治理因素，强调构建"政治引领、法治保障、德治教化、自治强基、智治支撑"的"五位一体"治理新体系。在"三治融合"的基础上，一是强调发挥"政治"作用，强化对乡村"自治、法治、德治"的引领。农村基层党组织是新时代乡村治理工作的领导者与组织者，对于乡村社会事务具有统筹规划与整体部署的能力，加强党建对于"三治融合"的优化整合作用，以党组织领导巩固自治原则，以党建引领法治乡村建设，强化法治保障作用，以党建强化乡村德治建设，培育良好乡风民风（单琳琳，2021）。在乡村具体实践中，创新"党建＋村民议事"治理形式，以"主题党日＋村委代表＋群众代表"共同参加村民议事，在党员大会上集思广益，点对点、面对面地处理涉及群众集体利益的难题，提高村级议事的透明度和群众满意度，实现基层党建工作与乡村治理"双建双促"。二是发挥"智治"支撑作用，推动乡村治理精准高效。乡村信息化建设是大数据时代不可或缺的公共服务环节，强化乡村网格化管理建设，利用"互联网＋网格化"新型乡村治理方式，逐渐形成"村中有网、网中有格、格中有事、事中有人、人尽其责"网格化整治新机制。建立农村三级网格化管理机制，构建"村支部书记＋村两委成员＋乡贤能人"负责制的农村三级网格化管理机制，网格化管理成为政策宣传、收集民意、办理业务、解决纠纷新媒介，"一网多治"综合提升治理能力。

8.4　完善乡村数字化服务及基础设施建设

党的二十大报告强调建设"数字中国"，"数字中国"建设是全面建设社会主义现代化国家的重要内容，数字乡村建设是"数字中国"建设的有机组成部分，数字技术是推动数字乡村建设的重要生产要素。2019 年 5 月，中共中央办公厅、国务院办公厅印发《数字乡村发展战略纲要》，随后，相关部门发布《数字农业农村发展规划（2019—2025 年）》《数字乡村发展行动计划（2022—2025 年）》等一系列文件。这些政策文件在顶层设计层面对数字乡村建设的总体方向、重点任务以及推进路径作了详细部署，由此带动各地积极探索数字乡村建设的创新举措，由上到下逐步完善数字乡村的政策体系。目前乡村社会的"空心化"、老龄化逐渐严重，由此导致乡村治理效率低下以及主体性缺失的问题，迫切需要乡村治理转型以更好地适应数字时代的发展要求。此外，随着互联网技术的不断发展，乡村振兴背景下乡村治理有效的发展方向逐渐偏向数字化。以数字技术赋能乡村治理，有助于推动农业转型升级、农村持续进步、农民全面发展，乡村治理更加数字化、智能化。乡村治理数字化转型不仅有助于构建共建共治共享的乡村数字化治理格局，还可以有效提升乡村治理效能，增强乡村治理能力。

8.4.1 实现数字化服务与乡村社会的调适与融合

乡村是一个生产、生活、交往的共同体，无论外部的数字技术有何作用形式，乡村中的群体、场景和要素都有其自身独特的运行逻辑。乡村发展所形成的内生性动力即乡村性，始终是乡村最本质的要素（孙萍，2021）。因此，数字乡村建设在进行的过程中要充分结合乡村产业的诸多特性，始终坚持将乡村性作为数字技术嵌入的前提和基础。首先，要考虑到数字技术与乡村产业之间发展条件的适配性。开发乡村农业各类特色资源，要坚持以乡村发展基础和村民利益为准则，以农村电商为主要载体，打造农业从种植、生产到加工、销售的全产业链数字化生态图景，形成上下游良性互动，推动农业产业与数字经济融合发展。其次，考虑技术应用与乡村治理环境的耦合性。从增强数字治理技术创新、治理平台创新、治理架构创新等方面丰富乡村治理工作手段和提高治理效能，完善各类政务平台、App 的功能体系。将平安乡村、智慧党建、综合执法等数字治理平台的推广向基层走深落实。始终坚持需求导向、对象思维，把乡村治理的现实困境与农民的迫切需求放在首位，提高基层工作队伍的数字治理能力，引导村民、社会组织等主体通过移动平台参与乡村治理，将技术治理与传统的治理手段如村规民约相结合，将现代技术治理话语植入非正式制度的乡村土壤中以达到相互补充、相互支撑，形成现代化的乡村治理体系。最后，发挥数字技术在乡村社会交往中的"黏合剂"作用。村庄要适应数字时代的社会关系发展趋势，以传统的社会互动和社会关系为基础，通过建立线上村庄交流社区、微信群、虚拟兴趣小组、村务公众号，将村民在网络空间中联通起来，激活村落内部社会资本的生长，构建数字社会下的乡村情感联结共同体。加强数字技术在网络空间中的文化价值与传统文化的融合，网络空间要对实体公共空间优秀文化内容进行放大，实体公共空间要吸收网络空间的先进理念，两者充分融合，不断增强数字时代村庄发展的内生动力。

8.4.2　构筑乡村数字化基础设施建设的支持体系

数字基础设施是支撑数字乡村建设、赋能乡村发展的底层架构和技术基础。在数字技术嵌入乡村社会的过程中，必须推动数字基础设施可连接、可获得、可负担，使农民充分享受数字技术红利，为数字盛会、数字经济、数字治理、数字服务等乡村发展新业态构筑坚实的技术底座（尹瑶和刘京雨，2023）。一是对于数字基础设施建设加强政策干预。可从提高农村宽带通信网、移动互联网、智慧物流等基础设施的覆盖率入手，以求达到农民对数字技术的可及性，完善硬件和软件层面，构筑数字接入支持体系，最大限度地弥合不同区域间、城乡间、群体间的技术鸿沟。此外，还可通过税收补贴、项目招标、服务购买等形式建立乡村数字基础设施的服务供给体系，推动数字基础设施、资源、政策向中西部倾斜，补齐农村地区宽带网络发展短板。二是创新数字基础设施的融资渠道与模式。积极引导民间资本、互联网平台等市场主体广泛、深度参与农村数字基础设施建设。鼓励不同市场主体之间加强技术交流与互动，增强技术连通性，充分发挥数字基础设施的普惠效应。创新研发智慧政府服务平台，建立统一的数字信息共享平台，实现不同层级、不同系统之间数字信息的共通共享，解决数字信息"孤岛"问题。此外，可根据数字乡村建设实践情况，设定数字信息收集标准，不仅能够提高数字系统收集村民信息的效率，而且可以为数字平台的研发提供有效的数字信息，此外，可将数字信息平台收集的信息，向村民以及社会组织进行共享，如通过村务管理智能系统的村务公开板块，村民可具体了解村庄内的各类公共事务，提高村民参与公共事务的行动力。

8.4.3　促进乡村不同群体融入数字社会

现代信息技术的发展打破了传统乡村治理中时间与空间的壁垒，为乡村社会提供一个架构于时空分离的"脱域性治理"机制，使数字乡村治理中的社会网络联结为一个"脱域共同体"（谢小芹，2019）。数字乡村治理有效运转的关键仍在于乡村共同体成员的互通互信，因此在数字乡村建设的过程中，要将技术作为帮助人们获取信息、提升能力以改善生活和生计的工具，要以乡村中不同群体的特征与个性化需求为导向，提升农民综合数字素养水平，实现数字技术的主体赋能。首先，政府要加强数字乡村应用场景的宣传和示范，建立健全村民数字技能提升和数字素质培养体系，发挥政府自身优势，有效整合链接政策、资金等各类资源。其次，企业要增强农民数字技能提升的使命感，最大限度地发挥益农信息社的作用，真正做到深入农民群众，了解农民的使用习惯和技术，从实际出发改进自身技术，降低掌握基础性互联网应用的门槛，促进农民广泛使用互联网。最后，村干部等村庄精英要以数字培训和服务为导向，建立村庄数字培训中心，组织实施面向小农户、农村小生产者、留守妇女等群体的电子商务、直播带货、数字金融等一系列培训，引导其提高对数字产品和工具的认知、使用意愿和创造能力，进而提升数字意识和数字素养。

| 第 9 章 |

结论与展望

本章将对前文提出的主要观点和结论进行综述，讨论其研究意义，并将在分析本书研究不足的基础上展望未来研究。

9.1　主要研究结论及进一步讨论

新时代我国乡村社会发展迅速，治理有效成为乡村振兴的题中应有之义，推进乡村治理体系与治理能力的现代化是实现乡村善治的根本途径。本书研究的核心内容是在实践中提炼和总结新时代乡村治理体系现代化的影响因素和保障机制。研究团队深入乡村实践，围绕数字化服务与基础设施、村庄组织发展、多元治理、政治氛围以及文化氛围五个核心要素展开深度调研访谈，运用扎根理论研究方法归纳原始数据，构建结构方程模型并对假设和样本进行检验。本书的主要研究结论如下。

第一，数字化乡村公共服务和数字化基础设施对多元治理有显著的正向影响。本书通过对乡村治理模式"政社合一"到"乡政村治"再到"三治结合"的重大变迁的历史梳理，总结了新时代乡村治理处于新的历史阶段产生的数字化水平不高、基础设施不完善、部分村党组织带头人素质能力不适应乡村治理新要求、农村老龄化问题严重等新问题、新状况。通过对国内外乡村治理典型模式的比较研究，发现我国乡村治理现代化模式与西方发达国家还存在较为明显的差距。本书采用扎根理论，通过对江苏省和重庆市多个村庄村民和村干部等的深度访谈和跟踪调查，了解村民对乡村治理体系现代化的认识和看法，并从中提炼出新时代我国乡村治理的现实困境。实证研究结果表明，数字化乡村公共服务和数字化基础设施对多元治理有显著的正向影响。

根据本书实证分析的结果，数字化乡村公共服务有助于乡村各主体更高效率、高水平地投入乡村治理，促进新时代乡村治理体系的现代化建设，缩小城乡"数字鸿沟"，推动农村数字化发展的产业升级，提升乡村数字化治理水平。乡村兴则国家兴，我国要实现全面建成社会主义现代化强国的目标，就要重视乡村发展，全面实施乡村振兴战略，加快农业农村现代化。完善乡村公共服务及基础设施的建设和加强乡村多元治理，既是实施乡村振兴战略的重要任务，也是推动农业高质量发展的现实需求。

根据研究结果，数字化基础设施建设有助于促进农村产业融合发展，加快农村产业化发展。农村数字化基础设施建设与农村多元治理之间存在着明显关系，农村数字化基础设施建设对农村产业融合发展有很大的促进作用，随着农村人力、物力等水平的提高，农村劳动力应用数字技术和数字设施的能力越来越强，农村产业化发展的前景也越来越好。村民提升数字化素养可通过低成本、高效率地参与实践来促进数字乡村单一领域的广度和深度发展，通过加强农民数字素养有利于激活乡村数字基础设施与数字生态治理的协同发展，有利于不断优化乡村要素配置和系统结构，生成数字乡村内生动力，持续提高乡村发展质量。我国仍须树立构建高效、安全、公平发展的全方位发展理念，建立健全与之相适应的数据要素体系，强化科技与制度、经济与文化多维协同驱动的战略，完善人才、基础设施与公共服务一体化保障体系，提高我国基层政府的高质量治理水平。

第二，数字化服务及基础设施通过村庄组织的中介作用优化乡村多元治理。数字化乡村公共服务和数字化基础设施提升了乡村现代化服务水平，根据本书的研究结果，村庄组织在其中起到了中介作用。在某种程度上，数字化公共服务和基础设施建设越完善，乡村现代化水平越高，越有利于村庄组织的管理。数字化乡村公共服务与基础设施通过催生新的村庄组织，提高乡村治理水平，改变系统性乡村发展结构，增进农村公共治理，提高乡村多元治理水平。

根据实证研究，经济组织的发展是影响乡村建设的重要组成部分，一直以来，我国根据农村经济社会发展的新要求，把提高基层政府的为民服务能力，打造服务型政府作为深化农村改革的重要目标，努力构建规范化、数字化、制度化的基层政府体系，探索农村综合发展新机制。数字化建设通过提高村民乡村治理的参与度推动乡村组织的成立与发展，为打造村民文化共享平台、提升村民现代化建设意识等发力。乡村公共服务供给正向着高质量高水平的方向发展，实现效益最大化。

研究结果表明，乡村社会组织是推动新时代乡村治理体系现代化建设的重要力量。社会组织的发展能够为乡村内部视角探索提供不同思路，为实现乡村治理目标带来积极价值，为农业领域的研究提供可参照案例，通过营造文化氛围，提升农村教育水平、增强数字化服务等实现现代化乡村治理目标，对构建共治共享的乡村氛围具有重要的现实意义。通过集体合作社构建按劳分配机制保障村民劳有所得，使村民生活更具安全性、稳定性；通过村民与村庄组织相互协商实现良性互动，依托多方治理为农民的生活保驾护航，在环境质量等方面逐步提升的过程中实现乡村现代化的全面发展。

通过村庄组织的发展有效地完善村庄数字化公共服务和基础设施建设，取得资源提供者的信任进而获取资源，促进村庄的生态、产业、公共服务多元治理。

第三，乡村组织的发展在乡村治理体系现代化建设中处于关键环节，是推进乡村质量体系现代化发展的重要一环。村庄组织有效破解传统农业农村发展的数字化鸿沟、发展动力不足等问题，超越传统内容衔接，为农村相对贫困、经济落后的地区迈向乡村振兴、脱贫致富提供持续动力。这需要乡村基层政府积极推动职能转变，促进机制创新，强化激励政策，发挥村干部、村组织等各方主体协同共治，扎实推进农业农村现代化发展。村庄治理组织化是乡村治理的重要一环，在现代社会已具备尝试的基础条件，村庄治理的多元主体为构建村庄组织文化、加强技术引领与利用数字资源提供强劲推动力。

本书研究认为，新时代乡村治理体系现代化的保障机制完善是走出治理困境的实践保障。在乡村调研实践的基础上，通过构建城乡融合总体发展机制、完善多元主体协同机制、健全"三治结合"治理体系、优化数字技术嵌入治理机制，从总体机制、运行机制、组织机制多维度有效保障新时代乡村治理体系现代化机制建构的功能发挥，全面推进乡村治理体系与治理能力现代化，真正实现乡村振兴。

推进新时代乡村治理体系现代化是一个全新体系的构建与运行的过程，是一个理论性与实践性都很强的重大课题，也是一个具有长期性、复杂性、系统性的难题。如何在新时代乡村治理现代化的过程中进一步推进乡村数字化服务及基础设施建设，正确处理乡村振兴、乡村组织发展、农业农村现代化三者之间的关系；如何进一步优化和完善多元治理的乡村现代化体系，正确处理新的治理因素融入"三治结合"体系中；如何进一步优化乡村政治文化氛围，平衡好乡村多元主体的利益分化，形成治理合力，都没有完美的、系统的回答，都是值得进一步讨论的。

9.2　研究的不足之处与未来展望

9.2.1　研究不足

（1）调研空间受限。从研究团队自身来看，本书选取的调研地点受到空间限制，主要以江苏省的射阳县、江都区、句容市和重庆市四地各村庄为调研地点，在样本的选择上缺少西部乡村数据的支持。重庆和江苏本身为经济发展水平较高的城市，农村地区现代化建设启动也相对较早，村民受教育水平较高，对乡村数字化接受度、认可度较高，为本书提供了一个良好的研究背景，但是同时也造成了本书的样本具有地域局限性，可能影响到新时代乡村治理现实问题的总体归纳与分析以及乡村治理体系现代化保障机制的构建。

（2）纵向研究较少。受到时间和成本限制，本书关于数字化服务及基础设施、村庄组织发展与村庄多元治理之间关系的研究采用了截面数据。虽然这保证了本书研究能够在短时间内取得大量数据，同时研究较大样本，使样本更具代表性，降低研究工作的成本和时间，避免了纵向研究耗时较长，发生样本流失的情况。但是由于本书研究的乡村治理体系现代化发展是一个动态过程，数字化服务及基础设施水平和多元治理状况也会随着时间不断发生变化，因此，本书的研究还可以提升加之纵向研究，纵向研究可以观察本书所研究的现象随着时间发展变化的情况。

（3）"幸存者"偏差。本书的调研案例多为现代化水平较高的乡村，因此研究结论可能会产生"幸存者偏差"，即只能得到经过某种筛选而产生的结果，忽略了筛选过程中被筛选掉的关键信息。在乡村治理体系现代化影响因素的实证分析上，政治氛围在数字化服务及基础设施和多元治理关系中的调节效应不显著，可能受到调研村庄样本村庄"幸存者"的限制，受到村庄内部以及外部环境的影响，结论还须进一步在实践中检验。因此增加乡村治理现代化发展失败的案例作比较研究，可以从正反两方面来验证本书研究的结论。

9.2.2　未来研究展望

（1）提高样本的代表性。提高样本的代表性可以使调查结果更准确地反映整个样本的真实情况。虽然本书调查了以江苏和重庆部分地区为代表的部分村庄及其村民、村干部等，但是均局限于我国南部地区，受到地域局限的影响。样本代表性是抽样设计的核心内容之一，同时，因为在抽样实践中会遇到这样或那样的问题而变得具有相对性，需要根据实际情况灵活加以处理。也就是说，在一定的抽样设计下，如何根据实际情况获取一个尽量

"好"的样本也是抽样实践中需要重点关注的。

（2）横向研究与纵向研究相结合。横向研究可以在短时间内收集大量数据资料，比较节省时间和经费，易于实施，且横向研究的时效性比较强，可以较快获得研究结果，同时避免了被试流失的可能性；纵向研究能看到比较完整的发展过程和发展过程中的一些关键转折点，特别适用于研究发展的稳定性问题和早期影响的作用问题，也适用于个案研究。因此，若能将横向研究和纵向研究结合起来，将进一步提高研究的真实可靠性。

（3）持续性研究。随着乡村振兴的不断推进，现代化、多样化、体系化是未来乡村治理模式的典型特点。针对本书的不足之处，研究团队在未来还会继续深耕此研究领域，尊重地方乡村治理的创新模式，多次展开实践调研，挖掘地方村庄多样化多类型的乡村自治做法与经验，运用多种科学研究方法去强化对东中西部村庄乡村治理实践的比较研究，在实践中不断完善乡村治理体系现代化理论，为构建科学、系统、普适性的乡村治理现代化体系建言献策。

参 考 文 献

［1］包晓斌．生态宜居乡村建设的策略研究［J］．中南林业科技大学学报（社会科学版），2021，15（3）：1－7．

［2］蔡海龙．参与观察法的特征及其在新闻传媒研究中的运用［J］．新闻界，2009（5）：34－35．

［3］曹昶辉．当前边疆民族地区乡村振兴的阻滞因素及应对策略［J］．广西民族研究，2018（4）：115－123．

［4］曹现强，卓文昊．共享视角下乡村公共服务供给的作用机制［J］．广西大学学报（哲学社会科学版），2022，44（2）：123－129．

［5］曹志立，孙德超．乡村振兴战略下的乡村治理转型与完善［J］．商业研究，2018（12）：11－19．

［6］常青青，刘平辉．基于结构方程模型的农村劳动力就业影响因素研究——以临川区为例［J］．湖北农业科学，2018，57（5）：120－125．

［7］陈柏峰．行政嵌入自治：乡村治理的"苏南模式"［J］．上海师范大学学报（哲学社会科学版），2020，49（4）：5－20．

［8］陈彪，贺芒．农村公共事务治理中农民"漠视"现象解构及其破局——以 C 市 Y 村公共池塘资源治理为例［J］．农林经济管理学报，2021，20（5）：677－685．

［9］陈彬，陈小兵，于庆旭，等．喷杆喷雾机变量控制特性测试系统设计与试验［J］．中国农机化学报，2021，42（1）：85－92．

［10］陈潮辉. 推进乡村治理现代化："三治结合"及其宪法逻辑［J］. 湘潭大学学报（哲学社会科学版），2022，46（1）：92 - 97.

［11］陈成文，陈宇舟，陈静. 建设"一核多元"的新时代乡村治理组织体系［J］. 学海，2022（1）：127 - 138.

［12］陈翠. 农业和旅游产业融合对现代化农机设备设计的影响［J］. 农机化研究，2020，42（3）：219 - 222.

［13］陈浩，王皓月. 农村公共服务高质量发展的内涵阐释与策略演化［J］. 中国人口·资源与环境，2022，32（10）：183 - 196.

［14］陈弘，冯大洋. 数字赋能助推农村公共服务高质量发展：思路与进路［J］. 世界农业，2022（2）：55 - 65.

［15］陈健. 国家治理现代化视阈下乡村生态治理新体系构建［J］. 现代经济探讨，2020（6）：121 - 126.

［16］陈军亚，肖静. 从"乡政村治"到"乡村治理"：政权建设视角下的农村基层政治变迁——对"乡政村治"框架的再认识［J］. 理论月刊，2022（6）：21 - 28.

［17］陈凯华，冯卓，郭锐，等. 加强数据要素治理在国家治理现代化中的基础作用［J］. 中国科学院院刊，2022，37（12）：1716 - 1726.

［18］陈鹏. 农村财务共享服务建设及数字化转型［J］. 中国果树，2023（4）：151 - 152.

［19］陈晓霞. 乡村振兴战略下的乡村文化建设［J］. 理论学刊，2021（1）：141 - 149.

［20］崔凯. 数字城乡融合发展的逻辑基础、实践道路与推动策略［J］. 科技管理研究，2022，42（19）：192 - 198.

［21］戴志强，郭如良，李梦洁. 农村交通设施改善、数字乡村发展与农民工归乡创业［J］. 中国农业大学学报，2023，28（2）：265 - 278.

［22］邓斌，汪维清，张乐柱. 农村互联网金融体系整合与路径研究［J］. 技术经济与管理研究，2020（4）：107 - 111.

［23］邓大才. 走向善治之路：自治、法治与德治的选择与组合——以

乡村治理体系为研究对象 [J]. 社会科学研究, 2018 (4): 32 - 38.

[24] 邓桢柱. 乡村振兴背景下农民合作经济组织发展的困境与路径选择 [J]. 贵州社会科学, 2022 (4): 162 - 168.

[25] 董磊明, 欧阳杜菲. 从简约治理走向科层治理: 乡村治理形态的嬗变 [J]. 政治学研究, 2023 (1): 133 - 146, 160.

[26] 杜志雄. 坚持城乡融合, 推动县域经济高质量发展 [J]. 农业经济与管理, 2022, 76 (6): 1 - 4.

[27] 杜智民, 康芳. 乡村多元主体协同共治的路径构建 [J]. 西北农林科技大学学报 (社会科学版), 2021, 21 (4): 63 - 70.

[28] 范红丽, 杨嘉乐, 张晓慧. 社会文化组织对农村居民幸福感的影响——基于中国劳动力动态调查数据的分析 [J]. 中国农村观察, 2022 (4): 170 - 184.

[29] 方堃, 李帆, 金铭. 基于整体性治理的数字乡村公共服务体系研究 [J]. 电子政务, 2019 (11): 72 - 81.

[30] 方绮雯, 刘振球, 袁黄波, 等. 结构方程模型的构建及 AMOS 软件实现 [J]. 中国卫生统计, 2018, 35 (6): 958 - 960.

[31] 冯留建, 王宇凤. 健全自治、法治、德治相结合的乡村治理体系 [J]. 中国高校社会科学, 2021 (4): 64 - 72, 160.

[32] 冯献, 李瑾, 崔凯, 等. 基于信息生态视角的乡村居民公共数字文化服务采纳意愿影响因素分析 [J]. 图书馆建设, 2022 (4): 139 - 146.

[33] 冯献, 李瑾. 数字化促进乡村公共文化服务可及性的影响与作用机制分析——以北京市 650 份村民样本为例 [J]. 图书馆学研究, 2021 (5): 19 - 27.

[34] 冯兆蕙. 乡村振兴法治化的时代价值、基本框架与实现机制 [J]. 法律科学 (西北政法大学学报), 2022, 40 (6): 25 - 34.

[35] 傅才武, 李俊辰. 乡村文化空间营造: 中国乡村文化治理的空间转向 [J]. 深圳大学学报 (人文社会科学版), 2022, 39 (5): 5 - 15.

[36] 高虹. 大数据时代学术期刊高质量发展问题透视——与四位主编

的深度访谈 [J]. 中国科技期刊研究，2020，31（12）：1395 – 1401.

[37] 高敏. 新时期农村合作社融资困境与纾解 [J]. 农业经济，2019（11）：104 – 105.

[38] 高其才. 走向乡村善治——健全党组织领导的自治、法治、德治相结合的乡村治理体系研究 [J]. 山东大学学报（哲学社会科学版），2021，248（5）：113 – 121.

[39] 高卫星，张慧远. 乡村治理共同体构建的理论逻辑、现实困境及策略 [J]. 中州学刊，2021（2）：7 – 12.

[40] 高伟明，曹庆仁，许正权. 中国文化情境下的伦理型领导量表研究与开发 [J]. 技术经济与管理研究，2016（4）：14 – 18.

[41] 葛宣冲. 欠发达地区乡村生态资源价值化的发展路径探究 [J]. 现代经济探讨，2022（11）：116 – 122.

[42] 葛章明，王晓兵，于晓华，等. 选举参与、公共投资与农村生活用水体系 [J]. 农业技术经济，2022（6）：125 – 144.

[43] 顾金喜. 生态治理数字化转型的理论逻辑与现实路径 [J]. 治理研究，2020（3）：33 – 41.

[44] 关欣. 农村音乐发展与教育——评《新农村建设背景下农村音乐教育改革与实践》[J]. 中国农业气象，2021，42（6）：532.

[45] 桂华. 面对社会重组的乡村治理现代化 [J]. 政治学研究，2018，142（5）：2 – 5.

[46] 郭青青. 乡村振兴战略下乡村有声阅读发展探析 [J]. 科技与出版，2022（2）：51 – 56.

[47] 郭永奇. 国外新型农村社区建设的经验及借鉴——以德国、韩国、日本为例 [J]. 世界农业，2013（3）：42 – 45.

[48] 郭正林. 乡村治理及其制度绩效评估：学理性案例分析 [J]. 华中师范大学学报（人文社会科学版），2004（4）：24 – 31.

[49] 韩康宁. 领导权能和风险回应：村党组织环境健康治理的规范路径 [J]. 商丘师范学院学报，2023，39（1）：93 – 98.

［50］韩鹏云. 乡村治理现代化的实践检视与理论反思［J］. 西北农林科技大学学报（社会科学版），2020，20（1）：102 - 110.

［51］郝文武. 农村教育和乡村教育的界定及其数据意义［J］. 教育研究与实验，2019（3）：8 - 12.

［52］何得桂，赵倩林. 组织学习与集成治理：制度优势转化为集体经济发展效能的有效路径——以石泉县"三抓三联三保障"为例［J］. 社会主义研究，2023（1）：116 - 124.

［53］何木叶，刘电芝. 扎根理论的运用：误区与策略［J］. 心理科学，2022，45（5）：1273 - 1279.

［54］贺雪峰，董磊明. 中国乡村治理：结构与类型［J］. 经济社会体制比较，2005（3）：42 - 50，15.

［55］贺雪峰. 乡村治理研究的三大主题［J］. 社会科学战线，2005（1）：219 - 224.

［56］衡霞. 组织同构与治理嵌入：农村集体经济何以促进乡村治理高效能——以四川省彭州市 13 镇街为例［J］. 社会科学研究，2021（2）：137 - 144.

［57］洪名勇，何金福. 数字乡村建设过程中的新型农村合作社发展路径探索［J］. 农业经济，2022（6）：63 - 64.

［58］胡宝珍，欧渊华，刘静. 新时代"五治融合"乡村治理体系之建构——基于福建乡村治理实践的考察［J］. 东南学术，2022（2）：126 - 133.

［59］胡惠林. 乡村文化治理能力建设：从传统乡村走向现代中国乡村——三论乡村振兴中的治理文明变革［J］. 山东大学学报（哲学社会科学版），2023（1）：50 - 66.

［60］胡鹏. 引入政治文化情境：民主认知测量的新思路［J］. 社会科学战线，2021，318（12）：212 - 219.

［61］胡荣，范丽娜，龚灿林. 主观绩效、社会信任与农村居民对乡镇政府信任［J］. 社会科学研究，2018（6）：105 - 113.

［62］胡莹. 乡村振兴背景下城乡数字鸿沟审视［J］. 中国特色社会主

义研究, 2022（4）：60 - 69.

　　［63］胡志平. 公共服务：巩固脱贫攻坚成果同乡村振兴有效衔接新探索［J］. 学习与探索, 2022（3）：49 - 57.

　　［64］黄博琛. 乡村治理的困境及出路［J］. 农业经济, 2022（1）：83 - 85.

　　［65］黄博. "三治融合"视域下乡村治理能力提升的三维审视［J］. 求实, 2022（1）：81 - 92, 112.

　　［66］贾旭东, 衡量. 扎根理论的"丛林"、过往与进路［J］. 科研管理, 2020, 41（5）：151 - 163.

　　［67］江岚. 5G 网络时代下乡村振兴与农村就地现代化［J］. 中国农业资源与区划, 2022, 43（7）：281, 293.

　　［68］姜长云. 发展数字经济引领带动农业转型和农村产业融合［J］. 新华文摘, 2023（1）：55 - 59.

　　［69］蒋琳莉, 黄好钦, 张俊飚, 等. 稻农低碳生产行为的双路径干预策略研究——基于 50 余万字深度访谈资料的扎根分析［J］. 世界农业, 2022（1）：76 - 86.

　　［70］蒋云钟, 刘家宏, 梅超, 等. 智慧水利 DIS 体系构建研究与展望［J］. 中国水利水电科学研究院学报, 2022（6）.

　　［71］蒋召彬, 陈永侠, 王胜男, 等. 疫情常态化防控时期护士工作压力源量表的初步编制及信度和效度分析［J］. 职业卫生与应急救援, 2022, 40（3）：287 - 292.

　　［72］焦辛妮, 汪东伟, 王长义, 等. 结构方程模型 GLS 与 WLS 性能比较［J］. 中国公共卫生, 2015（9）：1225 - 1229.

　　［73］金丽馥, 王丹萍. 乡村治理体系和治理能力现代化的路径探讨——基于苏北农村的实证分析［J］. 法治现代化研究, 2022, 6（2）：100 - 109.

　　［74］金龙君, 翟翌. 以数字化促进乡村民主治理［J］. 理论探索, 2022（4）：79 - 86.

　　［75］孔祥利, 贺音. 乡村振兴战略实施中培育壮大返乡入乡创新创业

群体的路径选择与政策支持 [J]．西北大学学报（哲学社会科学版），2023，53（2）：66－79.

[76] 李栋．教育理论实践转化机制的结构维度与动力模型——基于教师群体的扎根理论分析 [J]．教育发展研究，2022，42（20）：8－20.

[77] 李渡，汪鑫．论村民委员会"依法行权"的现实困境与治理路径——析"村治"法治化与乡村振兴战略互动共维关系 [J]．山东社会科学，2019，287（7）：81－87.

[78] 李华胤．我国乡村治理的变迁与经验探析 [J]．毛泽东邓小平理论研究，2019（5）：58－66，107.

[79] 李建伟，王伟进．理解社会治理现代化：内涵、目标与路径 [J]．南京大学学报（哲学·人文科学·社会科学），2021，58（5）：35－44，158.

[80] 李俊．如何更好地解读社会？——论问卷设计的原则与程序 [J]．调研世界，2009（3）：46－48.

[81] 李玲玲，杨欢，赵晓峰．"三治融合"中乡村治理共同体生成机制研究——以陕西省留坝县为例 [J]．西南大学学报（社会科学版），2022，48（3）：100－109.

[82] 李宁．城乡生态共同体：新时代乡村生态治理的现代转型 [J]．云南行政学院学报，2021，23（3）：61－69.

[83] 李三辉．乡村治理现代化：基本内涵、发展困境与推进路径 [J]．中州学刊，2021，291（3）：75－81.

[84] 李煜华，王月明，胡瑶瑛．基于结构方程模型的战略性新兴产业技术创新影响因素分析 [J]．科研管理，2015（8）：10－17.

[85] 梁丽芝，赵智能．乡村治理中的农民主体性困境：样态、缘起与突破 [J]．中国行政管理，2022（6）：151－153.

[86] 林丽梅，刘振滨，黄森慰，等．农村生活垃圾集中处理的农户认知与行为响应：以治理情境为调节变量 [J]．生态与农村环境学报，2017，33（2）：127－134.

[87] 林龙飞，陈传波．跨越户籍界限的"绿卡"：居住证对农村流动

人口城市融入的影响 [J]. 人口与发展, 2022, 28 (4): 39 - 49.

[88] 林元城, 杨忍, 杨帆. 面向乡村振兴的淘宝村发展转型及其现代化治理框架探索 [J]. 湖南师范大学自然科学学报, 2022, 45 (2): 34 - 45.

[89] 刘凌. 政企关系对农村小微企业环境行为的影响机制研究 [J]. 社会学评论, 2021, 9 (5): 175 - 192.

[90] 刘天元, 田北海. 治理现代化视角下数字乡村建设的现实困境及优化路径 [J]. 江汉论坛, 2022 (3): 116 - 123.

[91] 龙花楼, 屠爽爽. 论乡村重构 [J]. 地理学报, 2017, 72 (4): 563 - 576.

[92] 吕德文. 乡村治理 70 年: 国家治理现代化的视角 [J]. 南京农业大学学报 (社会科学版), 2019, 19 (4): 11 - 19, 156.

[93] [美] 罗伯特·S. 林德, 海伦·梅里尔·林德. 米德尔敦: 当代美国文化研究 [M]. 盛学文, 等译. 北京: 商务印书馆, 1999.

[94] 罗栋梁. 治理现代化背景下乡村权威的塑造: 现实困境与基本路径 [J]. 华中科技大学学报 (社会科学版), 2022, 36 (3): 70 - 78.

[95] 马晨, 李瑾, 赵春江, 等. 我国乡村公共服务治理现代化战略研究 [J]. 中国工程科学, 2022, 24 (2): 160 - 169.

[96] 马德浩. 社区新型服务组织参与基层公共体育服务治理的作用、困境及对策 [J]. 体育文化导刊, 2022 (10): 43 - 49.

[97] 马静. 基于扎根理论的网络舆情治理政策扩散影响因素研究 [J]. 新闻爱好者, 2022 (9): 30 - 34.

[98] [德] 马克斯·韦伯. 中国的宗教: 儒教与道教 [M]. 康乐, 简惠美, 译. 桂林: 广西师范大学出版社, 2010: 169.

[99] 马丽, 张国磊. "互联网 +" 乡村治理的耦合、挑战与优化 [J]. 电子政务, 2020 (12): 31 - 39.

[100] 马威. 重归劳动: 乡村环境与社会治理的同步实践 [J]. 华中农业大学学报 (社会科学版), 2023 (2): 121 - 130.

[101] 南刚志. 中国乡村治理模式的创新: 从 "乡政村治" 到 "乡村

民主自治"〔J〕. 中国行政管理，2011，311（5）：70 – 73.

〔102〕倪大钊，徐志毅，钟超，等. "先锋"与"后盾"：个体资本、单位层级与第一书记贫困治理绩效——基于陕甘宁深度贫困地区 72 个贫困村的实证分析〔J〕. 公共管理学报，2020，17（4）：126 – 139，174.

〔103〕宁华宗. 新时代乡村治理结构现代化：方向与路径〔J〕. 贵州社会科学，2021，378（6）：148 – 154.

〔104〕宁泽逵，解舒惠，屈桥. 我国农村互联网金融发展问题探析〔J〕. 西安财经大学学报，2021，34（5）：62 – 71.

〔105〕彭小霞. 我国农村土地流转制度的功能检视及其改革路径〔J〕. 理论探索，2022，253（1）：120 – 128.

〔106〕彭影. 乡村振兴视角下农村产业融合的增收减贫效应——基于农村数字化与教育投资的调节作用分析〔J〕. 湖南农业大学学报（社会科学版），2022，23（3）：28 – 40.

〔107〕彭正波，王凡凡. 农村制度变迁、公共产品供给演变与农村社会组织发展〔J〕. 农业经济，2018（2）：12 – 14.

〔108〕彭正波，王凡凡. 制度变迁、公共产品供给效率对社会组织发展的影响——来自中国省级面板数据的经验证据〔J〕. 华东经济管理，2019，33（1）：32 – 41.

〔109〕钱玲燕，干靓，张立，等. 德国乡村的功能重构与内生型发展〔J〕. 国际城市规划，2020，35（5）：6 – 13.

〔110〕钱志远，张洁. "扎根生活"的思想政治教育学——论作为思想政治教育研究方法的参与观察〔J〕. 思想政治教育研究，2022，38（2）：53 – 57.

〔111〕乔杰，洪亮平，迈克·克朗，等. 乡村小流域空间治理：理论逻辑、实践基础和实现路径〔J〕. 城市规划，2021，45（10）：31 – 44，77.

〔112〕秦秋霞，郭红东，曾亿武. 乡村振兴中的数字赋能及实现途径〔J〕. 江苏大学学报（社会科学版），2021，23（5）：22 – 33.

〔113〕邱春林. 国外乡村振兴经验及其对中国乡村振兴战略实施的启示——以亚洲的韩国、日本为例〔J〕. 天津行政学院学报，2019，21（1）：

81 - 88.

[114] 邱春林. 新时代乡村治理体系现代化的路径选择 [J]. 中南民族大学学报（人文社会科学版），2023, 43 (1)：163 - 171, 188.

[115] 邱春林. 新时代中国特色乡村治理现代化的逻辑进路 [J]. 青海社会科学，2021 (5)：63 - 69.

[116] 邱春林. 中国特色乡村治理现代化及其基本经验 [J]. 湖南社会科学，2022, 210 (2)：73 - 80.

[117] 邱均平，韩小林. 基于扎根理论的"五计学"理论融合与发展脉络研究 [J]. 现代情报，2022, 42 (6)：132 - 137.

[118] 瞿新明，王之虹. 心理学视角下农村大学生思想政治教育的思考——评《思想政治教育教学与研究》[J]. 热带作物学报，2020 (6)：1300.

[119] 任艳妮. 多元化乡村治理主体的治理资源优化配置研究 [J]. 西北农林科技大学学报（社会科学版），2012, 12 (2)：106 - 111.

[120] 单琳琳. "五治"融合推进农村基层治理创新 [J]. 宏观经济管理，2021 (6)：34 - 40.

[121] 沈费伟，刘祖云. 发达国家乡村治理的典型模式与经验借鉴 [J]. 农业经济问题，2016, 37 (9)：93 - 102, 112.

[122] 沈费伟，诸靖文. 乡村"技术治理"的运行逻辑与绩效提升研究 [J]. 电子政务，2020 (5)：58 - 68.

[123] 沈婷婷. 主观感知对研究者科学数据共享意愿的影响——基于心理账户理论 [J]. 情报杂志，2021, 40 (12)：158 - 162.

[124] [英] 史蒂芬·奥斯本. 新公共治理？——公共治理理论和实践方面的新观点 [M]. 包国宪，译. 北京：科学出版社，2016：301 - 320.

[125] 苏海新，吴家庆. 论中国乡村治理模式的历史演进 [J]. 湖南师范大学社会科学学报，2014, 43 (6)：35 - 40.

[126] 苏岚岚，张航宇，彭艳玲. 农民数字素养驱动数字乡村发展的机理研究 [J]. 电子政务，2021 (10)：42 - 56.

[127] 孙久文，张翱．数字经济时代的数字乡村建设：意义、挑战与对策 [J]．西北师大学报（社会科学版），2023，60（1）：127 – 134．

[128] 孙萍．"乡村性"的概念重构——数字时代的淘宝村建构 [J]．社会发展研究，2021，8（1）：96 – 110，243．

[129] 谭明方．城乡融合发展促进实施乡村振兴战略的内在机理研究 [J]．学海，2020（4）：99 – 106．

[130] 汤资岚．数字化转型下农村公共服务整体性供给：思路与进路 [J]．农林经济管理学报，2022，21（1）：120 – 126．

[131] 唐煜金，唐重振．"权力—利益"视阈下的乡村产业治理逻辑——基于 L 村罗汉果产业开发的个案考察 [J]．公共管理与政策评论，2022，11（6）：96 – 110．

[132] 田先红．乡村振兴的数字化治理技术支撑 [J]．西北民族研究，2020（2）：62 – 63．

[133] 田雪垠，郑蝉金，郭少阳，等．基于多层验证性因素分析的各种信度系数方法 [J]．心理学探新，2019，39（5）：461 – 467．

[134] 佟林杰，张文雅．乡村数字治理能力及其提升策略 [J]．学术交流，2021（12）：118 – 125，187．

[135] 童成帅，周向军．提升农村基层干部治理能力的实现理路——基于乡村振兴战略的分析视角 [J]．西南民族大学学报（人文社会科学版），2021，42（9）：185 – 193．

[136] 汪义力，陈文胜．新时代乡村善治之路生成的四重维度 [J]．理论导刊，2023，460（3）：11 – 17．

[137] 王处辉，吕福龙．"治理"在中国传统社会存在的样态及其特征——基于双轨、实体以及帝国三种研究模式的分析 [J]．福建论坛（人文社会科学版），2018，309（2）：125 – 134．

[138] 王道勇．从内嵌到内生：乡村合作治理变革新趋向 [J]．江苏社会科学，2023（2）：1 – 10．

[139] 王定祥，冉希美．农村数字化、人力资本与农村产业融合发

展——基于中国省域面板数据的经验证据［J］. 重庆大学学报（社会科学版），2022，28（2）：1 - 14.

［140］王锋，张兆庭. 农村数字化公共卫生服务体系建设的推进路径［J］. 理论探索，2023（2）：87 - 94.

［141］王冠群，杜永康. 技术赋能下"三治融合"乡村治理体系构建——基于苏北 F 县的个案研究［J］. 社会科学研究，2021（5）：124 - 133.

［142］王海涛. 治理视域下社会组织的内部治理及其影响——以安徽 H 村乡村客栈联盟为例［J］. 党政研究，2022（6）：114 - 122，128.

［143］王惠林. 乡村振兴视域下政党组织社会的机制与运行空间——基于 S 省 J 镇党建创新实践的考察［J］. 南京农业大学学报（社会科学版），2022，22（1）：88 - 97.

［144］王久高. 新时期中国共产党村级组织建设研究［M］. 北京：人民出版社，2010：25.

［145］王兰，孙文尧，吴莹. 主观感知的城市环境对居民健康的影响研究——基于全国 60 个县市的大样本调查［J］. 人文地理，2020，35（2）：55 - 64.

［146］王雷，常海敏，王煜霞. 新时期农村医疗体系建设探索——评《构建中国农村医疗保障体系研究》［J］. 中国农业气象，2022，43（6）：512.

［147］王锰，钱婧，杨志刚，等. 感知价值对乡村公共数字文化服务满意度和忠诚度的差异化影响研究［J］. 图书馆学研究，2021（21）：18 - 31.

［148］王宁宁，程文广. 全民健身公共服务智慧化实践困境及行动路向［J］. 体育文化导刊，2022（10）：65 - 72.

［149］王世军. 健全自治、法治、德治相结合的乡村治理体系［J］. 中国农业资源与区划，2022，43（7）：215，242.

［150］王同昌. 新时代农村基层党组织功能创新及实现路径［J］. 中州学刊，2021（10）：5 - 10.

［151］王薇然，杜海峰. 基于多元治理主体的乡村韧性比较研究［J］. 公共行政评论，2021，14（4）：4 - 24，196.

［152］王亚华，高瑞，孟庆国．中国农村公共事务治理的危机与响应
［J］．清华大学学报（哲学社会科学版），2016，31（2）：23－29，195.

［153］王亚华，宦梅丽．农业社会化服务、农民集体行动与农村公共治
理［J］．广东社会科学，2023（2）：15－26.

［154］王滢涛．中国特色乡村治理体系现代化研究［D］．上海：华东
理工大学，2021：248.

［155］王宇．聚力铸造基层治理的"数字底座"［J］．学术前沿，2022
（8）：109－111.

［156］王苑丞，曾要．网络直播营销中的话语适用度研究——基于扎根理
论研究法［J］．湘潭大学学报（哲学社会科学版），2022，46（2）：188－193.

［157］文军，陈雪婧．城乡融合发展中的不确定性风险及其治理［J］．
中国农业大学学报（社会科学版），2023，40（3）：18－33.

［158］文军，卢素文．乡村治理中的农民组织化：何以可能，何以可
为？［J］．人文杂志，2022（11）：82－92.

［159］文雷，王欣乐．国家治理现代化视域下乡村智慧治理体系构建与实
现路径［J］．陕西师范大学学报（哲学社会科学版），2021，50（2）：72－81.

［160］吴才聪，吴思贤，文龙，等．拖拉机自动导航变曲度路径跟踪控
制［J］．农业工程学报，2022，38（21）：1－7.

［161］吴成林．乡村振兴与农村基层党组织组织力的提升［J］．长白学
刊，2019（1）：16－22.

［162］吴军．农业产业升级下的乡村治理［J］．人民论坛，2019（16）：
72－73.

［163］吴清．基于李克特量表的消费养老方式认知度调查［J］．技术与
市场，2013，20（8）：3.

［164］吴秋菊，林辉煌．改革乡村治理：有效性与合法性的平衡［J］．
江西财经大学学报，2017，113（5）：79－87.

［165］吴肃然，李名荟．扎根理论的历史与逻辑［J］．社会学研究，
2020，35（2）：75－98，243.

［166］夏杰长，孙晓．数字化赋能农业强国建设的作用机理与实施路径［J］．山西大学学报（哲学社会科学版），2023，46（1）：140 - 149．

［167］肖巧玲，王亚婷，李瑾，等．农村老年人社会支持与生活满意度的关系——中介及调节变量分析［J］．中国心理卫生杂志，2018，32（2）：136 - 141．

［168］肖艳艳，杨雪，肖树芹，等．老年持续评估记录和评价条目集的汉化及信效度检验［J］．中华护理杂志，2018，53（6）：762 - 768．

［169］谢玲红，吕开宇，何龙娟，等．中长期信贷支持农业农村基础设施建设的现实困境与政策建议［J］．武汉金融，2023（1）：35 - 42．

［170］谢小芹．"脱域性治理"：迈向经验解释的乡村治理新范式［J］．南京农业大学学报（社会科学版），2019，19（3）：63 - 73，157．

［171］辛璟怡，于水．主体多元、权力交织与乡村适应性治理［J］．求实，2020，454（2）：90 - 99，112．

［172］邢军．税费改革后乡村社会治理的新探索：谯城模式——亳州市谯城区为民服务全程代理制的调查［J］．江淮论坛，2009（1）：128 - 133．

［173］熊艳．新时代农村传统文化资源传承创新发展的人才支撑方略［J］．郑州大学学报（哲学社会科学版），2021，54（4）：36 - 40．

［174］徐朝卫．新时代乡村治理与乡村产业发展的逻辑关系研究［J］．理论学刊，2020（3）：85 - 92．

［175］徐晨光，王小萍．调适与发展：农村基层党组织组织力提升的政治逻辑［J］．湖湘论坛，2021，34（1）：25 - 35．

［176］徐皓铭，宋君毅，李国兴，等．青少年学生锻炼行为的心理适应：基于扎根理论的探索性研究［J］．广州体育学院学报，2022，42（3）：77 - 85．

［177］徐建华，路锦怡，汪汉清．2018 年图书馆学期刊问卷调查法文章分析［J］．图书馆学研究，2020（8）：2 - 9．

［178］徐敬宏，张如坤．未来已来：开放科学与定性研究——对30位中国传播学者的深度访谈［J］．现代传播（中国传媒大学学报），2022，44

（4）：11 - 18.

［179］徐勇．GOVERNANCE：治理的阐释［J］．政治学研究，1997（1）：63 - 67.

［180］徐勇，吕楠．热话题与冷思考——关于国家治理体系和治理能力现代化的对话［J］．当代世界与社会主义，2014（1）：4 - 10.

［181］徐勇．县政、乡派、村治：乡村治理的结构性转换［J］．江苏社会科学，2002（2）：27 - 30.

［182］徐勇，朱国云．农村社区治理主体及其权力关系分析［J］．2013（1）：172 - 175.

［183］徐政，赵子衡，郑霖豪．数字乡村平台化赋能共同富裕：演进逻辑与实践路径［J］．科学管理研究，2022，40（6）：59 - 67.

［184］许恒周，南方．村庄组织化程度、土地流转与农民创业——基于中国劳动力动态调查数据的实证研究［J］．中南大学学报（社会科学版），2022，28（6）：78 - 91.

［185］许小玲．韧性治理视域下农村贫困地区乡村振兴实践路径研究［J］．理论月刊，2021（7）：59 - 65.

［186］颜红艳，曹妍，叶青，等．基于扎根理论的建设项目群经理胜任力模型构建［J］．铁道科学与工程学报，2022，19（4）：1137 - 1145.

［187］燕连福，程诚．中国共产党百年乡村治理的历程、经验与未来着力点［J］．北京工业大学学报（社会科学版），2021，21（3）：95 - 103.

［188］阳富强，赵家乐．基于扎根理论的高校实验室风险因子分析［J］．实验技术与管理，2022，39（5）：217 - 222.

［189］杨春娟．村庄空心化背景下乡村治理困境及破解对策——以河北为分析个案［J］．河北学刊，2016，36（6）：204 - 208.

［190］杨多贵，牛文元，陈劭锋．现代化内涵、指标与目标的新探讨［J］．学术探索，2001（4）：19 - 21.

［191］杨天宏．近代中国的民调主旨与问卷设计分析［J］．2022（6）：54 - 66.

［192］杨秀勇，何晓云．数字技术赋能乡村治理的实践检视［J］．华南农业大学学报（社会科学版），2023，22（2）：110 – 120．

［193］杨艳华，陈建锋．农村居民公共文化云使用行为的研究［J］．科技管理研究，2022，42（19）：165 – 172．

［194］杨媛媛．农业气象灾害遥感监测探析［J］．农家科技，2021（6）：294．

［195］易新涛．村党组织书记"一肩挑"的生成逻辑、内涵解析和实施指向［J］．探索，2020（4）：111 – 120．

［196］尹兵，郭开宇．乡村治理共同体构建的现实困境与实践路径［J］．农业经济，2023，431（3）：44 – 46．

［197］尹瑶，刘京雨．数字技术如何改变乡村——基于 5 省 10 村调研的分析［J］．中国农业大学学报（社会科学版），2023，40（2）：101 – 117．

［198］俞可平．治理和善治引论［J］．马克思主义与现实，1999（5）：37 – 41．

［199］翟坤周．新发展格局下乡村"产业—生态"协同振兴进路——基于县域治理分析框架［J］．理论与改革，2021（3）：40 – 55．

［200］詹国辉，唐文浩，汪佑子．数字赋能乡村治理质量提升：演化历程、现实困境与策略选择［J］．宏观质量研究，2022，10（5）：93 – 102．

［201］［美］詹姆斯·N. 罗西瑙．没有政府的治理：世界政治中的秩序与变革［M］．张胜军，刘小林，等译．南昌：江西人民出版社，2001：5．

［202］张驰，张京祥，陈眉舞．荷兰乡村地区规划演变历程与启示［J］．国际城市规划，2016（1）：81 – 86．

［203］张季琴，刘刚，胡号，等．排肥单体独立控制的双变量施肥控制系统研制［J］．农业工程学报，2021，37（10）：38 – 45．

［204］张建国．乡村振兴视阈下乡村治理体系优化路径研究［J］．农业经济，2021（9）：31 – 33．

［205］张劲松．美丽乡村：乡村生态治理的现代文明重建［J］．华东师范大学学报（哲学社会科学版），2016，48（1）：9 – 10，169．

[206] 张磊. 城镇化影响下的村庄治理模式演进：基于广州典型村庄案例的比较分析 [J]. 城市发展研究，2019，26（6）：79 – 86.

[207] 张立华，顾莺，黄苗，等. 循证实践准备度评估量表的验证性因素分析 [J]. 解放军护理杂志，2019，36（2）：6 – 10，25.

[208] 张丽. 结构方程模型应用中样本和参数估计问题探析 [J]. 科教文汇，2017（1）：75 – 76.

[209] 张利痒，刘开邦，张泠然. 社会交换理论视角下"金字塔"型乡村治理体系研究——基于山东省 J 市 S 村的单案例分析 [J]. 中国人民大学学报，2022，36（3）：102 – 114.

[210] 张琦. 以全面推进乡村振兴支撑高质量发展 [J]. 华中农业大学学报（社会科学版），2023（1）：7 – 11.

[211] 张荣博，钟昌标. 数字乡村建设与县域生态环境质量——来自电子商务进农村综合示范政策的经验证据 [J]. 当代经济管理，2023，45（2）：54 – 65.

[212] 张廷. 论列宁农村建设思想及其对中国乡村振兴战略的启示 [J]. 贵州社会科学，2019（3）：21 – 26.

[213] 张网成，王鹏. 农村儿童的社区教育现状与问题：基于一个百强县的调查数据 [J]. 中国软科学，2019（201）：83 – 89.

[214] 张蕴萍，栾菁. 数字经济赋能乡村振兴：理论机制、制约因素与推进路径 [J]. 改革，2022（5）：79 – 89.

[215] 张志原，刘贤春，王亚华. 富人治村、制度约束与公共物品供给——以农田水利灌溉为例 [J]. 中国农村观察，2019（1）：66 – 80.

[216] 赵德余，代岭. 村庄主体差异对乡村振兴效用感知的影响 [J]. 华南农业大学学报（社会科学版），2022，21（5）：1 – 10.

[217] 赵继颖，李响. "未来乡村"治理促进共同富裕的现实困境与实现路径 [J]. 学术交流，2023（1）：96 – 107.

[218] 赵亮. 乡村振兴视域中数字农业高质量发展探析 [J]. 人民论坛，2023（2）：81 – 83.

[219] 赵意焕. 合作经济、集体经济、新型集体经济: 比较与优化 [J]. 经济纵横, 2021 (8): 20 – 28.

[220] 郑吉友, 李兆友. 基于结构方程模型的农村居家养老服务供给水平分析 [J]. 西北人口, 2017, 38 (5): 65 – 72.

[221] 郑永兰, 周其鑫. 乡村数字治理的三重面向: 理论之维、现实之困与未来之路 [J]. 农林经济管理学报, 2022, 21 (6): 635 – 643.

[222] 中国农业银行三农政策与业务创新部课题组, 李润平. 发达国家推动乡村发展的经验借鉴 [J]. 宏观经济管理, 2018 (9): 69 – 77.

[223] 钟涨宝, 狄金华. 社会转型与农村社会管理机制创新 [J]. 华中农业大学学报 (社会科学版), 2011 (2): 7 – 13.

[224] 钟卓良, 韦少雄. 高效能型乡村治理: 生成机理、现实困境与实现路径 [J]. 理论导刊, 2022 (10): 81 – 88.

[225] 周浩, 龙立荣. 共同方法偏差的统计检验与控制方法 [J]. 心理科学进展, 2004 (6): 942 – 950.

[226] 周黎, 宋红霞. 对图书馆学问卷调查法论文的统计分析 [J]. 图书馆论坛, 2019, 39 (2): 18 – 24.

[227] 周敏, 张锐昕. 电子村务: 超越 X 镇村务公开模式的探讨 [J]. 电子政务, 2017 (8): 75 – 83.

[228] 周云冉, 王广义. 中国共产党百年乡村治理模式的发展历程及构建经验 [J]. 学术探索, 2021, 265 (12): 51 – 58.

[229] 朱海嘉. 培育法治文化与推进乡村治理的三重维度 [J]. 中国司法, 2022 (11): 61 – 65.

[230] 朱慧劼, 姚兆余. 乡村振兴背景下农村社会治理的新路径 [J]. 中南民族大学学报 (人文社会科学版), 2022, 42 (10): 102 – 108, 185.

[231] 朱卫卿, 郑易平. 国家治理现代化视域下乡村生态治理长效机制构建研究 [J]. 学习论坛, 2021 (5): 80 – 87.

[232] Cao Lingling, Niu Huawei, Wang YiFeng. Utility Analysis of Digital Villages to Empower Balanced Urban-Rural Development Based on the Three-Stage

DEA-Malmquist Model [J]. PloS one, 2022, 17 (8).

[233] Eisenhardt K M. Building Theories from Case Study Research [J]. Academy of Management Review, 1989, 14 (4): 530 – 550.

[234] Fornell C, Larcker D F. Structural Equation Model With Unobservable Variablesand Measurement Error: Algebra and Statistics [J]. Journal of Marketing Research, 1981, 18 (3): 382 – 389.

[235] Friedman E, Pickowicz P G, Selden M. Chinese Village, Socialist State [M]. New Haven: Yale University Press, 1991.

[236] Jiang X, Lin G H, Huang J C, et al. Performance of Sustainable Development and Technological Innovation Based on Green Manufacturing Technology of Artificial Intelligence and Block Chain [J]. Mathematical Problems in Engineering, 2021.

[237] Lieberthal K. Governing China: From Revolution Through reform [M]. New York: W. W. Norton, 2014.

[238] Mcdonald R P, Ho M R. Principles and Practice in Reporting Structural Equation Analysis [J]. Psychological Methods, 2002, 7: 64 – 82.

[239] Panganiban G G F. E-Governance in Agriculture: Digital Tools Enabling Filipino Farmers [J]. Journal of Asian Public Policy, 2019, 12 (1): 51 – 70.

[240] Saich T. Citizens' Perceptions of Governance in Rural and Urban China [J]. Journal of Chinese Political Science, 2007 (12).

[241] Smith G. The Hollow State: Rural Governance in China [J]. The China Quarterly, 2010, 203: 601 – 618.

[242] Sorokin P A, Zimmerman C C. Principles of Rural-Urban Sociology [M]. New York: Henry Holt and Company, 1929.

附录 1　访谈记录

访谈记录（一）

访谈时间： 2022 年 12 月 1 日上午 10：00

访谈地点： 盐城市射阳县合德镇友爱村

访谈目的： 了解新时代乡村治理体系现代化的相关发展状况

访问对象： 友爱村村支部书记

记录人员： ××大学财经学院苏千

问： 书记您好，感谢您能在百忙之中抽出时间来接受我们的访问。

书记： 你们好，非常欢迎你们。

问： 我们这次来的目的主要是想了解你们村乡村治理体系现代化发展的相关情况，您能跟我们讲讲吗？

书记： 当然可以，我相信你们的研究对我们村的发展也是有益的，你们尽管提问，我知道的定会全力配合，回答你们。

问： 非常感谢书记，那书记先给我们介绍一下友爱村的基本情况吧。

书记： 我们合德镇友爱村位于美丽的射阳河畔，下辖 6 个村民小组，总面积 6.9 平方千米，全村总人口 2865 人，总户数 1030 户，226 省道贯村而过，是省级现代农业产业园所在地，也是全国美丽乡村。我们友爱村有三块金字招牌"省级优秀园区""省级四星级乡村旅游景点"和"国家级菜篮子基地"，连续六年获得镇绩效考核综合奖，先后被评为江苏省美丽乡村、江苏省文明村、江苏省和谐社区建设示范村、盐城市高效农业示范村、盐城市全面小康排头村、盐城市文明村、盐城市最美乡村、中国美丽乡村，近年来，友爱村在农业上的发展也取得了很大的进步，希望能向现代化农村看齐，让村民有更大的满足感和幸福感。

问： 听说友爱村建立了人居环境整治长效管理机制党员联系户制度，书记能跟我们具体讲讲吗？

书记： 老人儿子儿媳外出务工常年不在家，村里针对这些外出务工家庭多、外出人员多、外出家庭缺乏劳动力等现状，建立人居环境整治长效管理机制党员联系户制度，由村党支部组织党员干部进行任务分解和安排部署，以排房为单位，安排2名党员干部联系30余户农户，带领志愿者对这类人员家庭门口进行集中清理，近两年还逐步开始实行垃圾分类，普普通通的老百姓成了人居环境整治最大的受益者。

我们推动农村人居环境整治，关键在组织、关键在人。从坚持书记牵头抓的党委书记加党政班子、驻村干部、村干部、村小组长、党员"1+5"党建模式，到坚持党员带头干的"党小组长+无职党员+村民"人居环境整治达标责任制模式，再到每名干部联系五名党员，每个党员带动十家农户创新"联五带十"工作机制，东海县将全县所有农户细化进网格，实施网格化管理，做到横向到边，纵向到底，确保人居环境整治达到实效。以党建引领推动农村人居环境整治走深走实，既密切了党群关系，又凝聚了发展力量。党员带头干，群众比着干，广大村民纷纷自觉加入乡村绿化美颜的行动，村庄从"面子"美到了"里子"，村民的幸福感油然而生。人人参与、共管共享、内外兼修的整治氛围也让村庄环境的长效管护不再困难。

问： 请问友爱村的经济是如何实现多元治理的呢？

书记： 以下几点很重要。（1）加强党的领导。不断增强基层党组织的凝聚力，积极带领人民群众一同参与乡村经济各项工作，使得乡村振兴战略能够得到更好落实，实现人民群众的共同发展与共同富裕。在乡村经济多元化发展中，人在其中发挥着不可替代的作用，因此，要培养出具备较强责任心、热爱乡村并且热爱农民的"三农"工作队伍。做好"三农"工作队伍干部的培养工作、配置工作以及管理工作等，可以吸引更多高校毕业生、机关企业事业单位优秀党员干部，到乡村中任职。构建选派第一书记工作长效机制，向经济较为薄弱的乡村地区，派出第一书记。与此同时，要创建农村专业人才队伍，引进更加专业的教师团队，使得智力通道、技术通道以及管理通道能够畅通，培养更多专业的新型职业农民，扶持并培养文化能人、乡村工匠等，使得乡土人才能够得到强化，为乡村地区更好发展提供保障。（2）创建现代农业三大体系。在现代农业产业体系的构建中，要将市场需求作为核心与关键，对于农业供给侧结构性改革要给予更多重视与关注，能够从农业产业体系整体谋划出发，做好产业链建设工作与价值链建设工作，将各个地区的资源优势发挥出来，实现林业、水产业、园艺业的转型升级与融合发展。通过农业产业经济工作的展开，实现农产品深加工，构建成产业集群，创造更多农业全产业链效益。在现代农业生产体系的创建中，要将人的需求作为重点内容，发展农业生产工作，促使农产品在数量、品质上，能够符合消费者需求，可以跟上市场需求变化情况，这样才能实现农业生产的可持续发展。对于资源优势要有明确认识，做好大宗农产品主产区建设工作，例如粮食主产区建设工作，形成更具特色的品牌以及支柱产业，这样为消费者提供的产品供给，才能确保品种多样、品质优良。在这一过程中，要对现代化技术以及设备进行合理利用，实现农业的绿色生产，促使农业逐渐朝着信息化、标准化方向发展。在创建现代农业经营体系中，要将培育新型经营主体作为导向与重点，将不同方式农业适度规模经营的引领作用充分发挥出来，促使龙头企业、家庭农场壮大，使得分散生产能够逐渐朝着规模经营方向转变，走共同发展道路，确保新型经营主体，能够成为乡村现代农业经营体系的中坚力量与核心力量，为乡村经济多元化发展打下良好基础。（3）构建农业社会化服务体系。在乡村经济多元化发展中，为促使乡村振兴战略得到更好落实，要将构建农业社会化服务体系作为重点与关键，培育出更多的农业社会化服务组织，为农户提供不同的专业化服务，这样可以在一定程度上节约更多农业生产成本，促使农业在社会市场中的竞争力增强，实现传统农业逐渐转化为现代农业。在农业社会化服务发展中，要将政府组织公共服务机构作为主要依托，将合作经济组织作为基础保障，并将不同事业单位的公益性服务与企业法人的经营性服务相结合。农业社会化服务体系促使一般性普通需求可以等得到满足，但是与实际农业供给侧结构性调整要求之间，会存在一定差异。在农业社会化服务体系的构建中，要将合作经济组织、龙头企业以及公共服务机构作为重点与关键，并将其他社会力量发挥出来，对于全过程服务要给予更多重视与关注，促使农业社会化服务体系能够得到完善与优化。及时落实农业技术推广服务、粮食烘干服务、仓储物流服务等。为小农户提供个性化服务与精准化服务，促使小农户能够更好发展体验农业以及设施农业等。实现小农户与现代农业之间的有效衔接，不断增加农户收入。

　　问：请问友爱村的公共服务治理模式是什么呢？

　　书记：第一，我们坚持"质"和"量"作为乡村基本公共服务供给的核心，应该明确相应的指标体系建设，构建起一系列可感知、可测度、均等化的公共服务供给水平指标系统，整体规划，破解城乡二元困境；在数量和总量上，提升基本公共服务的覆盖率，实现公共服务延伸到户，便捷获取，注重丰富供给内容和供给模式，满足更大范围和更多元化的发展需求；注重质量的提升，利用新技术，创新乡村基本公共服务供给，探索"互联网 + 基本公共服务"，建立共享平台，分享城市基本公共服务质量，例如"互联网 + 医疗健康"，搭建重庆医疗服务平台，实现优质医疗资源下沉，上下互通，按照"平台上移，服务下延，中间扁平化"的思路，建立完善的乡村基本公共服务信息平台，完善智慧医疗体系建设，提升乡村基本公共服务供给质量。第二，"软""硬"兼顾，匹配需求。一方面，精准了解农民需求，调整重庆乡村基本公共服务供给重点。根据马斯洛需求层次理论，人类存在不同层次的需求，在不同的生产力条件和不同发展阶段，人们对各种需求的强烈程度是不同的，这就需要基本公共服务供给主体充分结合时代要求和主要矛盾变化，牢牢把握农民对美好生活需要的转换，按需配置，因需制宜，精准发力，实现供给和需求高效对接。另一方面，在精准匹配供给的基础上，注重基础设施的硬件和软件水平的提升，硬件基础设施的配备要结合人口密度、辐射范围、现代化水平等要求满足乡村发展需要，在完善传统基础设施的同时，增强信息基础设施建设，包括 Wi-Fi 覆盖率、宽带网络建设等；同时，创新软件基础设施的应用，注重探索新科技、新技术在提升乡村基本公共服务供给水平中的作用。中央"十四五"规划强调加快数字化发展,"加强数字社会、数字政府建设,提升公共服务、社会治理等数字化智能化水平",在数字乡村战略的推动下,乡村基本公共服务应加强与信息技术深度融合,创新服务供给模式,推动乡村基本公共服务朝着现代化、均等化、精细化、普惠化方向发展。第三,"内""外"发力,强化主体。构建政府主导,市场、社会、乡村多方参与的基本公共服务供给主体,强化供给主体结构,形成合力。传统乡村基本公共服务主要依赖政府作用,通过税收、社会保障、转移支付等方式保障基础的公共服务需要,这是政府基本职责的重要组成部分;党的十九届四中全会提出"重视发挥第三次分配作用,发展慈善等社会公益事业",支持企业、社会组织、个人等通过慈善模式向低收入人群提供帮助,而发展相对落后的乡村应该是第三次分配的重点支持对象,有助于提升乡村基本公共服务供给质量,丰富供给内容和形式;同时,融入市场参与竞争机制,政府把专业性的服务外包给市场,有利于促进新技术的使用,既降低供给成本,提高供给效率,又丰富供给内容,保障供给效能;另外,特别要调动农民乡村参与公共服务供给,增强自立能力,不能只被动地接受政府和社会的服务和帮助,应该结合乡村自身发展能力和个体化要求,增强自身造血功能,因时制宜、因地制宜、因需制宜,尽力而为、量力而行,提升农民获得感和幸福感。

问:书记,咱们村的农业发展得这么好,想必村里给农户也提供了不少优惠吧?

书记:是啊,我们坚持以农为本,积极响应中央农业支持保护政策,实施耕地地力保护补贴政策、农机购置补贴政策、稳定生猪生产政策、农业保险支持政策等,建设高标准农田。当然了,我们村的法律法规制度还需完善,对于村民的土地纠纷问题、土地管理问题、收入分配问题等都还有待确认。

问:这些年咱们村发展这么快有什么秘诀吗?

书记:那自然是乘了时代的东风啊。现代社会科技发展得这么快,农业领域也不例外,我们村在发展农机智能作业与调度监控、智能分等分级决策系统、生产专用设备投入情况良好,基本实现机械化。同时,村里还在扎实推进农机安全生产专项整治，全面实施农机安全网格化监管，农机安全监管体系已延伸到镇村两级，打通农机安全监管"最后一公里"。

问：听说咱们村的农产品已经投入线上销售运营了？

书记：是的，全村快递使用统一收件地址，集中在村内完成所有快递的收发，现在物联网发展得十分迅速，村里的通信、物流等发展得都不错。加上我们村的农产品价格实惠，一分价钱一分货，因此也广受消费者的喜爱。同时，我们村也很重视对物联的监管，毕竟信誉是我们巨大的无形财富，加之提高服务质量正是农产品销售重要环节，通过智能化远程操作终端，对农业物联的自动化、智能化、系统化、可视化的监管，实现高效、高产、集约、优质、生态、安全的农业生产。

问：很感谢书记的回答，我们从中也学到了很多知识，我们相信友爱村今后的发展也会越来越好。

访谈记录（二）

访谈时间：2022 年 12 月 5 日上午 10：00

访谈地点：盐城市射阳县合德镇友爱村

访谈目的：了解新时代乡村治理体系现代化的相关发展状况

访问对象：友爱村村民张阿姨

记录人员：××大学财经学院苏千

问：张阿姨您好，我们是××大学财经学院的学生，目前正在进行一次有关新时代乡村治理体系现代化相关发展的实践，所以想向您了解一些基本情况。

张阿姨：好的，你们问吧，我知道的话一定都告诉你们。

问：非常感谢您！请问您今年多大了？

张阿姨：59 岁。

问：家里一共几口人？

张阿姨：家里一共 5 口人，我老伴，儿子，儿媳，还有一个孙子，儿子已分家出去单过了，平时我就跟老伴一起过。

问：您闲暇时在家经常干些什么呢？

张阿姨：我平常就在家种种菜，然后在村子里会碰到一些来旅游的人，会和他们唠唠嗑。

问：那平时来旅游的人多吗？

张阿姨：平时都还好，节假日的时候人会多一点。

问：阿姨，您觉得您的生活、养老什么的有保障吗？

张阿姨：我呢，一直就在家里做做农活，我家有自己的一点地，平时我们也基本不用买米和蔬菜，我们自己地里都有；我老伴退休之后有一笔退休金，我儿子也会定期给我们打钱，加上村里的养老保险我们也每年都交，我们老两口相互扶持，其实我觉得已经很好了，所以也不是特别担心这个问题。

问：您对本村和乡镇这些年的变化感觉如何？

张阿姨：我觉得挺不错的，这两年我们村子发展越来越好，周围环境不断变好，特别是周围旅游景点多，来旅游的人越来越多，不少家都开起了民宿，我们的生活是越来越好呀！像我们年轻那会儿停电停水都是常有的事，现在哪还会这样啊，就算偶尔要修路什么的，也会提前准备，提供备用电啊之类的。再说了，我们江南水乡嘛，不像西北干旱地区那样缺水，平时供水还是有保障的，水质也比较干净。

问：是啊，咱们村环境这么好，污水处理功不可没啊！

张阿姨：是的，我们村有专门的一体化污水处理设备，村干部还是比较重视环境卫生的，不然这旅游业也发展不起来嘛。

问：张阿姨，那您知道，国家正不断推进乡村治理体系和治理能力现代化建设吗？

张阿姨：我在电视上新闻上看到过，之前书记开会呀啥的也听到过。

问：那您有没有去了解过咱们友爱村采取了哪些措施呢？

张阿姨：我就是一个普普通通的村民，没有专门去了解过，但是书记要搞这个，要带全村一起脱贫致富的话我还是很愿意支持的，只是我现在年纪也慢慢大了，也做不了什么了。

问：阿姨，那您有考虑过办一个民宿或者种植一些水果供旅客进行采摘从而增加收入吗？

张阿姨：想过是想过，但是年纪大了，有些活就干不动了，并且有些内在的门道还是搞不清楚，没有人手也没有精力，所以想想还是算了。现在自己和老伴两个人在家种种菜，这样也挺好的。

问：村里没有组织培训教大家吗？

张阿姨：有是有，那些大学生啊专门来村里开了培训会，但是我们年纪大了，接受得慢，也不想着赚那个钱了，也没有那个精力去经营，所以还是算了。但是我儿子就是我们盐城工学院毕业的，学的就是农机方面的专业，虽然算不上什么名校毕业吧，但也能够在村里开开机器，研究研究设备，帮村里的联合社采购什么的，也算是有用武之地了。

问：那您觉得这些年咱们村做得最值得称赞的是哪些方面呢？

张阿姨：我觉得是生态治理方面。如今咱们村的面貌真是有了很大的改变，之前呀，路也不好，路上垃圾也多，而相比现在，路宽了，空气也清新了，真是大变样啊！

问：张阿姨如果让您去宣传咱们村，您会怎么宣传呀？

张阿姨：宣传咱们村呀？咱们村可是有好山好水好风景，不仅环境优美旅游景点多，当地的人们呀也特别热情，民宿的环境好，好多人都开直播拍视频，宣传咱们村好呢。

问：哈哈哈，阿姨啊，您说得真好，说不定书记还会请您去当宣传大使呢。对了，那阿姨您知道什么是数字化乡村建设吗？

张阿姨：数字化？是指和网络相联系吗？

问：对的，有这个意思。通俗来说，就是把互联网信息化数字化运用到农村经济发展中来。比如手机银行、网上政务、直播带货，等等。那这样的话，您认为我们村在数字化方面做得怎么样？您能否接受这样的方式？

张阿姨：我觉得发展现代化的新农村挺好的。在生活中我也经常能看到他们进行直播带货，这样无论多远都可以将我们村的产品送到顾客手中，让他们也了解到我们友爱村。还有啊，我之前只会用老年机打电话，现在我已经学会用微信跟我孙子打视频啦，我们村好多老人也是这样跟他们外出务工的子女保持联系的。这样多方便啊，我十分支持。

问：那村里现在对于开民宿和进行生态采摘啊这一块的态度和做法怎么样啊？您了解吗？

张阿姨：关于这方面呀，书记和村干部都非常地支持，不仅特地开培训会教导如何进行经营和管理，平时也会经常询问他们有没有遇到什么难题，并且在旅游旺季增加人手帮忙，十分照顾呢。

问：那就好呀，现在新时代乡村治理发展得越来越好，很快啊，百姓的生活会更加舒坦。

张阿姨：是啊，现在的发展模式越来越多，我啊，跟不上时代啦，哈哈哈哈。

　　问：张阿姨，跟您谈得很愉快，时间也不早啦，这次就到这里吧，再次感谢您对我们课题组帮助！张阿姨再见！

　　张阿姨：不客气，再见！

附录 2 《新时代乡村治理体系现代化的影响因素与保障机制研究》调查问卷

您好：

本次调查以不记名的方式进行，您的宝贵意见将有助于我们深入了解新时代乡村治理体系现代化的现状，敬请畅所欲言，非常感谢您的大力支持！

新时代乡村治理体系现代化的影响因素与保障机制研究课题组

2022 年 8 月

请将所选答案的序号填在（　　　）里，或将答案填写到相应的横线上（或空格）。

第一部分　基本信息　您所在的村（社区）的名称是（　　　　　　　）

1. 您的性别（　　）

A. 男　B. 女

2. 您的年龄（　　）

A. 20 岁以下　B. 21～30 岁　C. 31～40 岁　D. 41～50 岁　E. 51～60 岁 F. 60 岁以上

3. 您的文化程度（含目前在读）（　　　）

A. 小学及以下　B. 初中　C. 高中　D. 大专　E. 本科　F. 硕士研究生及以上

4. 您当前的职业是（　　　）

A. 农业劳动者　B. 医务人员　C. 科研或教育工作者　D. 个体商人 E. 自由职业者　F. 离退休人员　G. 其他：＿＿＿＿＿＿＿

5. 您目前居住于（　　　）

A. 东部乡村　　B. 西部乡村　　C. 南部乡村　　D. 北部乡村　　E. 中部乡村

6. 您是（　　　）

A. 普通村民　　B. "村两委"干部　　C. 新乡贤　　D. 乡村社会组织成员

E. 其他：＿＿＿＿＿

7. 您所在村庄是否存在家庭农场、企业或者农民专业合作社等经济组织

（　　　）

A. 是　　B. 否

8. 您所在村庄是否存在娱乐艺术团体、体育锻炼团体、技能函授团体、知识学习团体、志愿者团体、宗族组织、宗教组织等诸如此类的社会组织（　　　）

A. 是　　B. 否

9. 您所在村庄最后一轮选举中村支部主任的候选人数为＿＿＿＿人。

10. 您所在村庄上年度召开村民大会的次数为＿＿＿＿次。

11. 您所在村庄村委会成员人数为＿＿＿＿人。

12. 您所在村庄村务公开频率为（　　　）。

A. 很少公布或几乎不公布（赋值为1）　　B. 一年一次（2）

C. 一季度一次（3）　　D. 一月一次（4）　　E. 一月两次及以上（5）

13. 您所在村庄行政总面积＿＿＿＿平方千米。

14. 您所在村庄是否为中城市郊区（　　　）。

A. 是　　B. 否

15. 您所在村庄中村民小组个数为＿＿＿＿组。

16. 您所在村庄中村民姓氏数量为＿＿＿＿个。

17. 您所在村庄村支部书记文化程度（　　　）。

A. 小学以下（赋值为1）　　B. 小学（2）　　C. 初中（3）

D. 高中/中专/技校（4）　　E. 大专（5）　　F. 本科及以上（6）

第二部分　调查内容

（一）多项选择

请您对以下问题依据个人判断作出选择。

1. 您认为当前村民自治存在的主要问题（　　　）

A. 未发挥村民大会和村民代表会议的作用

B. 村干部的工作作风、腐败以及工作能力

C. 黑恶势力干扰村民自治

D. 村务公开不真实

E. 村务监督没有到位

F. 村民参与治理积极性不高

2. 您认为以下哪些内容是当前乡村亟须改善的地方（　　　）

A. 自然环境　　B. 基础设施建设　　C. 邻里乡亲关系

D. 网络建设　　E. 法治建设　　F. 其他：＿＿＿＿＿＿

3. 您认为以下哪些内容是当前乡村得到改善的地方（　　　）

A. 自然环境　　B. 基础设施建设　　C. 邻里乡亲关系

D. 网络建设　　E. 法治建设　　　　F. 其他：＿＿＿＿＿＿

4. 您认为下列哪些在乡村治理中起到更为重要的作用（　　　）

A. 政策引导　　B. 经济支持　　C. 文化教育　　D. 管理机制　　E. 个人素养

（二）单项选择

请您对以下问题依据个人判断作出选择。

5. 您村庄在选举、协商、决策等过程中受到政府影响了吗？（　　　）

A. 几乎没影响　　B. 影响一般　　C. 影响较大　　D. 影响非常大

6. 您认为乡镇政府提供的服务对本村发展有影响吗？（　　　）

A. 几乎没影响　　B. 影响一般　　C. 影响较大　　D. 影响非常大

7. 您认为乡镇政府对村庄治理工作部署对本村自治有影响吗？（　　　）

A. 几乎没影响　　B. 影响一般　　C. 影响较大　　D. 影响非常大

8. 您认为党支部在管理、服务、教育、监督等提供的服务对村庄发展有影响吗？（　　　）

A. 几乎没影响　　B. 影响一般　　C. 影响较大　　D. 影响非常大

9. 村党支部的日常宣传教育对思想认知会产生影响吗？（　　　）

A. 几乎没影响　　B. 影响一般　　C. 影响较大　　D. 影响非常大

10. 基层党组织的引导会提升您对参与村庄事务的积极性吗？（　　　）

A. 几乎没影响　　B. 影响一般　　C. 影响较大　　D. 影响非常大

11. 村委会的领导对您参与村庄事务的协商、决策和管理有影响吗？（　　　）

A. 几乎没影响　　B. 影响一般　　C. 影响较大　　D. 影响非常大

12. 村委员会的组织会提升您参与村庄事务的积极性吗？（　　　）

A. 几乎没影响　　B. 影响一般　　C. 影响较大　　D. 影响非常大

13. 您认为村委会提供的服务对于您村的治理有影响吗？（　　　）

A. 几乎没影响　　B. 影响一般　　C. 影响较大　　D. 影响非常大

14. 村里以合作组织的方式参与村庄治理会影响您参与意愿吗？（　　　）

A. 几乎没影响　　B. 影响一般　　C. 影响较大　　D. 影响非常大

15. 您认为以组织的形式参与对村庄自治的影响力大吗？（　　　）

A. 几乎没影响　　B. 影响一般　　C. 影响较大　　D. 影响非常大

16. 村委会提供的服务对村民自治有影响吗？（　　　）

A. 几乎没影响　　B. 影响一般　　C. 影响较大　　D. 影响非常大

17. 您家庭成员的意见对于您参与村庄治理有影响吗？（　　　）

A. 几乎没影响　　B. 影响一般　　C. 影响较大　　D. 影响非常大

18. 您参与村庄选举时会受到家庭成员的影响吗？（　　　）

A. 几乎没影响　　B. 影响一般　　C. 影响较大　　D. 影响非常大

19. 您认为自己所在的村庄中家庭参与频率对村庄公共事务决策有影响吗？（　　　）

A. 几乎没影响　　B. 影响一般　　C. 影响较大　　D. 影响非常大

20. 村庄知识分子和德高望重人员参与村庄自治对村庄影响大吗？（　　　）

A. 几乎没影响　　B. 影响一般　　C. 影响较大　　D. 影响非常大

21. 您认为村庄知识分子和德高望重人员参与能提高决策的科学性吗？（　　　）

A. 几乎没影响　　B. 影响一般　　C. 影响较大　　D. 影响非常大

22. 您认为本村德高望重的人对村里重大决策有影响吗？（　　　）

A. 几乎没影响　　B. 影响一般　　C. 影响较大　　D. 影响非常大

23. 您认为本村村民对传统文化的认可程度高吗？（   ）

A. 几乎不认可 B. 一般会认可 C. 大部分村民认可 D. 绝大多数都认可

24. 您会遵守乡规民约吗？（   ）

A. 几乎不会 B. 一般情况下会 C. 大多数情况下会 D. 绝大多数情况会

25. 您认为传统习俗的潜移默化影响会对本村庄自治产生影响吗？（   ）

A. 几乎没影响 B. 影响一般 C. 影响较大 D. 影响非常大

26. 您认为提高乡镇政府对政策法规的执行力度对村庄治理产生影响吗？（   ）

A. 几乎没影响 B. 影响一般 C. 影响较大 D. 影响非常大

27. 您认为本村村民在日常生活中会自觉履行政策法规吗？（   ）

A. 几乎不会 B. 一般情况会 C. 大部分村民会 D. 绝大多数都会

28. 您认为国家政策法规对化解本村的矛盾纠纷有影响吗？（   ）

A. 几乎没影响 B. 影响一般 C. 影响较大 D. 影响非常大

29. 请您在下列表格中打分（在相应数字上√）。

项目	非常同意	比较同意	一般	不太同意	非常不同意
（1）村党组织在居民心中有很高的威望	5	4	3	2	1
（2）我觉得党员发挥了模范带头作用	5	4	3	2	1
（3）村里事务由政府决定	5	4	3	2	1
（4）村里事务应放权给居民群众管理	5	4	3	2	1
（5）村居委会经常联系群众，带领群众发挥自治作用	5	4	3	2	1
（6）我认为村事务应由村里各治理主体间共同协商治理	5	4	3	2	1
（7）我村小作坊等小微企业发展得越来越好	5	4	3	2	1
（8）我村的农民合作社等专业合作社越来越多	5	4	3	2	1

续表

项目	非常同意	比较同意	一般	不太同意	非常不同意
（9）我村农民合作社等专业合作社对我村产业发展的带动作用明显	5	4	3	2	1
（10）部分主体之间存在相互推诿、扯皮现象	5	4	3	2	1
（11）我了解村里社会组织的功能和作用	5	4	3	2	1
（12）我认为村里组织的各类活动丰富多彩	5	4	3	2	1
（13）我经常参与村里组织举办的活动（如村里志愿活动、文体活动等）	5	4	3	2	1
（14）如果我有需求或困难，村里社会组织会提供帮助	5	4	3	2	1
（15）我对村里社会组织的发展有信心	5	4	3	2	1
（16）目前，村里社会组织的发展缺乏足够的支持	5	4	3	2	1
（17）村民使用"互联网＋"医疗、教育、就业等服务	5	4	3	2	1
（18）村民使用普惠金融相关服务	5	4	3	2	1
（19）村民使用微信等交流乡村公共服务信息	5	4	3	2	1
（20）我村镇农业生产使用遥感监测、物联网等数字化基础设施	5	4	3	2	1
（21）我村镇使用 4G 或 5G 网络等数字化载体，发展智慧水利	5	4	3	2	1
（22）村内外交通很便利	5	4	3	2	1
（23）我喜欢我居住的社区文化	5	4	3	2	1

项目	非常同意	比较同意	一般	不太同意	非常不同意
（24）村里大部分人愿意相互帮助	5	4	3	2	1
（25）村经常开展体育、娱乐等文化活动	5	4	3	2	1
（26）村在传统节日期间举办节庆活动	5	4	3	2	1
（27）村作出重大决策时一般会广泛征求大家意见	5	4	3	2	1
（28）村公共事务参与有明确的规章制度和指引	5	4	3	2	1
（29）村公共事务信息是公开透明的	5	4	3	2	1
（30）我积极参与选举，经常参加村的居民议事会、听证会、座谈会等	5	4	3	2	1
（31）我村镇有较为明确的产业治理规划	5	4	3	2	1
（32）我村镇在本县产业链分工较为明晰	5	4	3	2	1
（33）我村镇产业空间治理较为合理	5	4	3	2	1
（34）我村镇水、大气、土壤治理较好	5	4	3	2	1
（35）我村镇垃圾、厕所治理较好	5	4	3	2	1
（36）我村镇绿化效果较佳	5	4	3	2	1
（37）我村镇医疗、文化、养老等农村基本公共服务水平较高	5	4	3	2	1
（38）我村镇基础设施建设水平较高	5	4	3	2	1
（39）我村镇金融服务水平较高	5	4	3	2	1
（40）与乡镇政府关系和谐融洽	5	4	3	2	1

附录 3　阶段性研究成果

第一篇　乡村治理现代化视域下农村互助养老的路径探要[*]

第七次全国人口普查结果显示，我国 60 岁及以上人口占总人口的 18.70%，其中 65 岁及以上人口占总人口的 13.50%，与 2010 年相比上升了 5.44%，而乡村 60 岁及以上人口占比为 23.81%，比城镇高出 7.99 个百分点。可见，我国人口老龄化呈现加速趋势，伴随着我国工业化和城镇化的快速发展，农村青壮年劳动力对就业、教育、医疗等资源更加重视，他们为了追求幸福美好生活不断涌入城市，村庄"空心化"现象日益加重，部分村只剩下"空巢"老人驻守。因此，农村的人口老龄化程度往往高于城镇，农村面临着更加严峻的养老形势，中国城乡家庭结构及其功能也出现了新的变化。我国计划生育政策实施几十年来，家庭结构逐渐小型化，亲缘关系逐渐疏远化，独生子女的"三口之家"随着孩子成家立业逐渐形成典型的"4 + 2 + 1"家庭。这种家庭成员结构给独生子女所带来的生活压力将对传统的家庭养老模式造成巨大冲击，虽然机构养老模式对缓解我国农村养老压力起到一定作用，但是大部分农村老年人受到传统"家"观念影响以及乡镇养老院条件有限等现实原因，机构养老难以成为未来养老的主要模式。农村互助养老是在实现乡村治理现代化与摆脱农村养老现实困境的双重目标导向下产生发展的，是一种基于村庄传统熟人网络、具有中国特色、以经济互助为主，以文化互助、服务互助为辅的新型社会养老模式，是对家庭养老与机构养老

---

[*] 本文原发表于《扬州大学学报（人文社会科学版）》2023 年第 12 期，作者：金丽馥。本文是国家社科基金项目"乡村治理现代化的影响因素与保障机制研究"（20BJL079）和江苏省社科基金重点项目"江苏农村基层社会治理机制创新研究"（21ZZA002）的研究成果。

模式的有益补充。围绕着我国农村互助养老模式的探索，目前学界已经进行了一些研究。从纵向时间维度来看，李俏和刘亚琪（2018）梳理了我国互助养老的动态演进过程，认为互助养老根植于传统的儒家奉献、互助思想，并对唐宋时期的互助思想、清朝的社会救助事业以及新中国成立后的福利养老组织进行了归纳分析；从横向空间维度来看，贺雪峰（2020）通过对家庭养老、机构养老、互助养老三种养老形式的比较与分析，指出家庭养老与机构养老的弊端，认为互助养老是中国农村养老的根本出路；从理论层面上看，刘晓梅和刘冰冰（2021）运用社会交换理论，从农村互助养老的内外社会规则、相对的物质与精神资源、最小兴趣表征的相对地位三个方面对农村互助养老内在行为逻辑进行探讨；从实践层面上看，杨康和李放（2021）通过运用自主治理理论对美国"村庄"互助养老模式运作机制进行考察与分析，借鉴美国互助养老的运作模式来深化中国农村互助养老自主治理。综上所述，目前学界对农村互助养老从纵向、横向、理论、实践等多个视角进行研究，对今后的农村互助养老研究提供了宝贵经验，但仍有一定的研究空间。鲜有学者将乡村治理与互助养老结合起来，从而深刻把握乡村治理现代化与农村互助养老之间相辅相成的内在联系。本研究立足于乡村治理现代化视角，通过分析农村互助养老对于推进乡村治理现代化的重大意义，结合国内外农村互助养老实践中的典型现实问题，提出我国农村互助养老的建设性方案，尝试为缓解我国人口老龄化压力，提升老年人幸福感提供理论与实践支撑。

一、农村互助养老对于推进乡村治理现代化的价值意蕴

从民生视角来看，中国农村养老问题仅仅是包括住房、教育、医疗等在内的一个局部问题。然而，当把中国农村养老问题纳入乡村振兴战略中，从乡村治理现代化视角来审视，这又是一个极其重要的社会问题。中国农村养老问题的解决与否关乎着乡村社会治理水平的高低，更关系到乡村振兴总要求"治理有效"的成败。为了促进我国农村养老服务的高质量发展，推动养老保障事业的稳步前进，提高乡村治理现代化的能力和水平，需要我们整体、系统地看待和理解我国农村养老问题的症结所在，把农村养老这个局部问题置于乡村振兴的宏观背景中，以乡村治理体系和治理能力现代化为目标，以"三治融合"为抓手实现乡村善治，以村庄互助文化环境建设为重点，互助养老才能获得更好的发展效能。与此同时，通过互助养老纾解农村养老难题，推进农村养老服务社会化进程，又可提升乡村治理体系与治理能力现代化的水平。

（一）农村互助养老破解传统养老现实问题

受到"养儿防老""多子多福"等传统保守养老观念的影响，我国的农村养老还是以家庭养老为主，机构养老为辅。我国农村老年人更倾向于居家养老，即使明知家庭养老靠不住，也会通过土地、劳动等方式实现自我养老。但家庭养老更适合身体康健且具有劳动能力的低龄老年人，对于失能半失能的老人来说，家庭养老则难以满足老年人基本的生活需要。而机构养老在多数老年人看来等同于养老院，住进养老院意味着子女孝道缺失，自己在村庄熟人中将会颜面尽失，甚至成为邻里的笑话。对于文化程度稍高的老年人来说，即使他们能够放下思想包袱，也不愿意以高额费用与相对自由来换取养老院单一、机械的照料服务。基于此背景，以家庭养老为基础的乡村互助养老应运而生。农村互助养老是以村庄守望相助的伦理文化为依托，以村民宅基地住房与村集体共建幸福院为养老阵地，以村庄熟人社会的认同感、价值感与归属感为情感媒介的一种自发式集中养老方式。这种互助养老不仅满足了农村老年人对村庄熟人环境与社会交往网络的依赖，克服了机构养老所带来的情感上与经济上的弊端，也发挥了邻里互助的传统美德，解决了家庭养老中失能半失能老年群体的养老难题。可见，乡村互助养老这种自下而上的自我管理、自我服务的创新养老模式，将会成为破解我国乡村养老现实难题的重要途径，也为乡村治理体系和治理能力体制变革提供有益思考。

（二）农村互助养老推动乡村养老良性治理

党的十九届四中全会提出了"推进国家治理体系和治理能力现代化"，这对乡村治理体系和治理能力的现代化提出了更高的要求。现代化乡村治理体系包括组织、内容、运行、保障在内的"四位一体"内容，其主张以坚持党的全面领导，强化顶层设计来推动乡村治理组织体系现代化；以构建自治为基础、法治为保障、德治为补充的有机整体来推动乡村治理内容体系现代化；以转变政府职能、创新多元协同共治的运行机制、完善乡村治理监督机制来推动乡村治理运行体系现代化；以完善组织保障、法治保障、制度保障来推动乡村治理保障体系现代化（赵秀玲，2021）。我国养老体系的现代化伴随着乡村治理体系现代化的进程稳步前进，特别是农村养老社会化进程也由原先的政府主导向政府与多元主体协同合作转变，其内在运行机制也是根据乡村治理运行体系现代化的发展思路演变而来。目前，地方政府在由"管理"向"治理"的转变中不断优化其服务职能，在农村养老服务领域不断进行探索，乡村互助养老这一新模式的产生正是乡村治理现代化的必然结果。这一制度安排与乡村治理现代化有着内在的耦合性，其在制度层面对多元社会主体合作治理机制提出了新要求。这必然会带动政府与多元主体之间协同合作，激发市场与社会主体活力，以新型就地化养老方式构建政府支持、法治保障、社会参与、村民互助的良性治理格局，从而快速提升乡村治理体系和治理能力现代化水平（邱春林，2023）。

（三）农村互助养老助力农村老年贫困纾解

乡村互助养老作为一种经济互助型养老模式，利用村庄内闲散人力资源，发挥当地组织的动员能力，整合来自政府、市场、社会团体等的多方资金，以合理成本满足农村老年人生活照顾与精神慰藉，这也符合乡村治理现代化进程中我国乡村的实际发展状况。同时，互助养老开创了社区化养老的新模式，通过经济、文化以及服务互助的形式弥补了政府与市场在农村养老问题上的不足，是对政府制度化、体系化养老的重要补充。更重要的是，互助型养老所特有的经济外溢效应将对农村老年人贫困治理起到积极作用。农村互助养老以传统庭院经济为基础，依托乡村振兴战略，将乡村互助文化与传统孝道融入乡风建设中，构建村庄内生型"康养结合"养老基地，这给农村低龄老年人增加了有效的脱贫途径。通过加入互助组织，发挥自己的专长与作用，既能获得一定的经济收益，也是个人价值的再实现，充盈了精神世界。同时，也有助于吸引外出就业的农村贫困老年人子女返乡置业，从而助力农村老年人贫困纾解，也为有序推进乡村治理和早日实现乡村全面振兴筑牢根基。

二、农村互助养老的典型实践案例分析

农村互助养老这一实践模式对于破解传统养老困境，提升乡村治理现代化水平具有必要性与可行性。近年来国内多地都对农村互助养老模式进一步探索，涌现出实践样态丰富的农村互助养老实践案例。

（一）干部领导型：以河北省邯郸市肥乡区为代表的"互助幸福院"

干部领导型是指村干部在地方农村互助养老中扮演着领导、管理和决策的重要角色，村干部通过对村庄公共权力资源的把控，动员多元社会主体参与，主导着乡村互助养老的运行进程，并掌控着乡村互助养老的发展方向（杜鹏和安瑞霞，2019），如河北肥乡的互助幸福院就是干部领导型互助养老的典型范例。2008年河北肥乡政府重视基础设施的建设，以"村级主办、互助服务、群众参与、政府支持"为原则，通过对前屯村闲置小学校舍进行改造，创建了全国首家农村互助幸福院。互助幸福院通过老年人或者子女申请，与村委会签订协议免费入住，由老人子女提供生活必需品及医疗费用，由村集体经济提供水电、取暖等公共服务，从而实现老年人自我管理、互助服务的运行模式。"肥乡模式"一经推广，得到多地村庄效仿并进行本土化实践运用。但无论是在互助幸福院的筹建阶段，还是在其发展推广阶段，都离不开政府和村委会的支持。政府通过财政补贴、整合农村资金、动员社会捐赠等方式解决了互助幸福院在筹建阶段的资金与场所难题，在后续运转推广阶段，政府通过财政拨款方式解决房屋修缮、生活硬件设施配备等问题。村两委是互助幸福院的建设者与管理者，村干部成为互助幸福院的运营管理的第一责任人，确保其正常运行。总体而言，干部领导型互助养老在挖掘社会资本、动员社会参与、满足老年需求、规范运行管理等方面具有一定优势。但其运行模式过度依赖政府，部分忽略了农村老年人的主体地位，互助幸福院自助互助的理念内涵难以深刻体现。行政手段的过多干预，造成政府的工作量加大，一旦政府的资金、管理或者监督任意一环缺失，将对互助幸福院的可持续运行产生重要影响。

（二）机构帮扶型：以福建省福州市为代表的"慈善安居楼"

机构帮扶型是指社会组织、慈善机构等社会公益团体充当互助养老实践

的开创者、投资者与管理者，以福建"慈善安居楼"为典型代表。2011 年，福建省福州市为了提高农村五保老人的救助水平，完善农村五保老人救助体系，在福州市慈善总会的动员下，团结引领下辖各县慈善机构以及福利保障部门，以慈善捐助、多方助力的方式，将全县各个村的孤寡老人集中康养，建立了"安居楼"。"安居楼"以村集体的旧房为基础，由慈善总会、县乡政府、村集体等相关部门共同出资建造，以过硬的楼房质量、友好的居住环境、齐全的生活设施吸引孤寡老人入住。"安居楼"不仅为老人们提供了基本的物质帮扶，满足了基本的生活需求，还在精神层面与生活照料服务上提供帮助。慈善总会在"安居楼"社会救助项目的开展与运营中发挥着至关重要的作用。在选址筹建阶段，慈善总会参与项目的摸排选址、方案制订、工程进度与质量检验的全过程。在运营管理阶段，慈善总会作为总负责人，对各地"安居楼"建设发展进行业务指导与监督整改，支撑其良性运转（王潇彬等，2014）。这种机构帮扶型的互助养老主要依托具有一定影响力并能正常运转的社会组织或机构，其在项目规划与建设、资源整合与管理、救助内容与形式、老人认可与信任等方面有着较大优势，但由于社会组织或机构在互助养老的运行中同时承担着管理者与监督者的双重角色，缺乏第三方监督，影响其公信力的发挥。同时，在当今重助学轻助老的社会环境下，社会养老机构在资金筹措和运营管理上仍然比较困难，从而导致这种类型的互助养老只能小规模试点推行，并不能满足广大农村地区尤其是偏远落后农村地区的养老需求。

（三）精英带动型：以山东省莱西市为代表的"老年协会"

精英带动型是指依靠少数在村庄公共生活中具有广泛影响力的精英、乡贤将农村老年人团结起来，以其在村庄公共权力中的影响力以及较强的社会治理能力号召老人互帮互助，满足老年人养老需求。北宋时期范仲淹设立的义庄就是精英带动型互助养老的雏形，在当代，则以山东莱西东庄头村老年协会为代表。1992 年，莱西东庄头村面临严峻的养老现实，以于绍一为代表的退休老干部自发组织成立莱西东庄头村老年协会。该协会以"为老年人谋利益，给老年人伸张正义，让老年人欢度晚年"为宗旨，在会长于绍一的带领下，不断吸引有知识、有能力、有精力、有热情的低龄老年人以协会理事会员的身份加入协会，由最初的 7 名会员发展成为 500 多人的大家庭，成为东庄头村老年人最信任、最可靠的养老组织。不仅如此，莱西东庄头村老年协会立足现状，积极创办经济实体，依托当地优越的自然地理条件，创建蔬菜批发市场，先后发展了 19 个经济实体，为农村养老奠定了坚实的物质基础。莱西东庄头村老年协会以发展庭院经济的形式为村庄老年人提供再就业的机会，加强村庄基础设施的建设，改善村容村貌，创办老年学校，定期开展文娱活动，东庄头村的老人们靠"老有所为"真正实现了"老有所养、老有所医、老有所学、老有所乐"（于钦东等，2012）。精英带动型互助养老在实践中往往以老年协会等组织为阵地，吸引更多有思想、有能力的低龄老年人参与社会养老服务，对于老年精英自身来说，他们十分乐意组织各种老年公益娱乐活动，因为这会提升他们自身的荣誉感、成就感以及社会威望。这种由老年协会中的精英组织起来的互助养老能够促进老年人力资源的开发与再利用，同时便于各种活动的顺利开展。然而随着初代精英的年龄增长、市场竞争的扩大化、服务内容与形式的多样化，依靠精英带动的老年协会是否依然能够胜任互助养老的管理与运行，这是值得商榷的。

（四）储蓄互助型：以上海市为代表的"时间银行"模式

储蓄互助型是指以社区居家互助养老为出发点，以"我为人人，人人为我"的奉献精神为理念，吸引低龄老年人、年轻志愿者等社会力量自发参与到高龄老年人的养老志愿服务中去，同时服务者的服务时长将被记录储存下来，在未来自己年老时可以换取他人等价时长的无偿养老志愿服务，以代际内或代际间服务形式来实现互助养老的可持续发展，"时间银行"就是储蓄互助养老的一种模式。20 世纪 80 年代，美国立足于老年人之间的互帮互助，以提高社区贫困老年人的医疗和服务保障为目的，实行了以老年志愿者服务银行和长老计划为代表的"时间银行"项目，其侧重于为独居高龄老年人提供日常生活照料性服务，同时吸引年轻人及社会组织参与提供多样化的社区服务来提升老年人的幸福感。我国最早引进"时间银行"养老模式的是上海市虹口区，经过几十年的本土化实践与优化，"时间银行"养老模式在我国不少地区实践探索，已经成为创新社会基层治理，完善农村养老服务体系的重要辅助手段。如南京"时间银行"注重从市级层面构建管理体系，建立统一的信息管理平台，确保养老服务能够在良好的信任基础上进行；广州南沙"时间银行"通过"互联网＋党员"形式构建互助养老平台，党员带头行动助力"时间银行"运行，各地的创新实践不断赋予"时间银行"新的社会内涵（王玥和毛佳欣，2022）。储蓄互助型养老模式满足了农村老年人多层次的养老需求，开发老年人力资源，节约社会养老成本，基于双方互助互惠提高了互助养老的可持续性。但是由于"时间银行"的代际延迟支付难以在中小城市特别是农村地区取得信任并推广，"时间货币"的计量、认证、兑换、转让都缺乏规范化和制度化管理，服务人员的专业性不强以及服务队伍的流动性大等主客观原因，"时间银行"模式在全国养老实践中仍处于探索阶段。

三、乡村治理现代化视域下农村互助养老的现实困境

伴随着养老压力的与日俱增，全国各地都在积极探索农村互助养老的新实践、新制度、新路径，但各具特色的地方实践都面临着一些共性的问题。

（一）集体价值认同与信任合作基础双重缺位

以集体价值认同为基础的信任合作是农村互助养老取得成效的必要条件。当下，我国农村集体价值体系正呈现碎片化的趋势，社区凝聚力正在减弱，农村老年人对互助养老的运行模式及其保障制度时常表现出不信任。究其根源，一是城镇化推进带来了农村基本经济制度的变化，对农村原有的价值伦理、风俗习惯、情感基础造成巨大冲击，引起农村由"熟人社会"向"半熟人社会"的转变。费孝通用"差序格局"来形容中国的农村社会，在这个"差序格局"里人们基于信任合作的关系集体劳动，共同分配，这种熟人关系下形成的道德准则激发农村老年人的内生动力，以互帮互助的形式解决农村养老问题。但是随着城市化的推进，城乡二元壁垒正在逐渐被打破，"差序格局"向"团体格局"转变，村庄原有的乡约、村约等集体价值体系和道德规范的约束力在这种转化的过程中逐渐消无，如村民主体价值弱化、集体认同缺失、村民信任基础减弱，由此出现的"半熟人社会"将对村民的养老观念的变化以及养老方式的选择产生重要影响，集体认同感的缺失成为乡村互助养老价值理念推进的重要阻碍因素。二是西方市场经济价值观对我国优秀传统文化的冲击。优秀传统文化对于农村社区内部凝聚力提升、村民之间共同情感的维系与协调发挥着重要的纽带作用。但随着经济社会和信息技术的发展，金钱至上、利己主义、功利主义等不良价值观催化了村民权利意识的觉醒与自我意识的膨胀，在一定程度上导致现有的乡村价值体系无法有效引领村庄的集体行为。在村庄养老问题上则表现为：村民的人际关系由情感化走向功利化，认为"时间货币"比不上金钱货币等物质奖励，村民与村集体的关系由利益共同体走向游离型个体，村民对村集体的认同与依赖减弱（齐鹏，2022），村集体难以在村庄互助养老实践中发挥引领作用。

（二）多元主体协同参与能力受限

当前我国农村互助养老的运行机制还是以政府为主导，各级政府在农村互助养老中扮演着政策的制定者、村委会工作的指导者、设施建设与管理的监管者等多重角色，在互助养老的授权、设计、考核等多个环节都处于核心位置，而农村老年人、村两委、社会慈善组织等多元主体被去中心化、边缘化（何晖和刘欣科，2022）。在政策制定阶段，各级政府往往难以把农村老年代表、村两委、社会组织等多方主体纳入考察范围，听取多方意见，这种自上而下的政策制定与推行缺乏对农村老年人实际养老需求的精准把握，势必为互助养老的供需失衡埋下隐患；在政策实施阶段，村两委虽然作为互助养老管理运行的第一负责人，但是在过度强化的纵向整合机制下，行政事务的繁重与资金投入的不足，使得村委会难以突破政府规制，往往把基层政府的量化指标要求作为互助养老建设的重要任务，难以发挥其自主性与创新性作用；在考核评估阶段，村委会往往以省、市、县（区）和乡镇（街道）的考核指标作为互助养老建设的标准，重视基础设施的投入，如棋牌室、健身广场、阅览室以及电脑房等，但并没有从农村老年人的生活实际出发，导致出现棋牌室供不应求，电脑房无人问津的尴尬局面，更重要的是忽视了养老实践中的互助服务，老年人的主观意愿难以反馈。这种行政化的农村互助养老压缩了多元主体协同参与的空间，削弱了多元主体参与互助养老的积极性，束缚了多元主体在乡村治理中的内生动力与创新能力。此外，相关法律法规的不完善也影响着多元主体参与互助养老实践。例如，互助养老土地、房屋物权归属模糊带来的邻里纠纷造成老人信任缺失，主体权益不明引起的矛盾纠纷导致多元主体心生畏惧，互助养老激励、考核制度的缺位影响社会资源主体参与的积极性。

（三）互助服务内容供需适配失衡

当前农村互助养老服务内容供给与农村老年人实际养老需求之间的不平衡不充分矛盾，已然成为掣肘我国农村养老保障事业发展的重要因素。受益于我国总体经济实力的提高与乡村振兴战略的实施，农村地区的经济水平有了显著提升，农村老年人已经不满足于日常的生活照料与健康服务，自我劳动、社会交往、社区服务等同样是农村老年人迫切需要的。但是我国农村互助养老有限的发展规模与养老服务难以满足全国各地老年人日益增长的养老需求，这种供需失衡主要体现在两个方面：一是农村低龄老年人与高龄老年人之间的养老需求矛盾。受限于农村互助养老的场地、资金、管理与服务等因素，农村互助养老一般以高龄老人、无自理能力老人等特殊老人为服务对象，开展具有针对性的日常生活照料服务。而对于低龄老年人而言，他们大多数是被排除在现有养老福利政策与服务资源之外，养老服务资源在高龄和低龄老年人之间的分配不均是低龄老年人不愿意参与互助实践服务的重要原因。二是服务供给水平与全体老年人需求之间的矛盾。农村互助养老存在着互助服务资源不足、服务项目稀少、专业人士匮乏、接纳能力有限等实际问题，如互助幸福院床位不足限制老年人入住人数，康复、护理专业人才难以留住，这些现实问题影响着农村老年人参与互助养老的幸福体验，互助服务内容的单一性难以满足老年人多层次的养老需求，导致互助服务质量不佳，严重影响着农村老年人参与互助养老的热情。

（四）数字信息智慧科学养老滞后

随着互联网信息技术与智慧服务设备的迅速发展，数字信息技术赋能农村互助养老在我国浙江、天津等地已经展开初步探索，形成了以浙江绍兴为代表的智慧居家养老模式、以天津"四维模型"为典型的智慧城市养老服务模式等（张雷和韩永东，2017）。但我国农村互助养老实践的信息化水平不高，智慧养老仍处于起步阶段，存在诸多阻碍因素亟待解决。从农村老年人自身层面来看，"不想用、不会用、不敢用"是农村老年人对待养老智能产品的心理写照。农村老年人普遍受教育程度较低，对新兴事物存在一定抵触心理，不想因使用智慧养老产品改变原有的生活习惯。老年人因为学习能力受限，无法熟练学习并操作智慧养老产品，更重要的是智慧养老产品过高的设备安装及维护费用超过了农村老年人的消费能力。从智慧养老设备终端来看，我国智慧养老服务平台的搭建还不完善，特别是在农村互助养老实践中，在农村老年人数据信息的采集、存储、整合和处理过程中缺乏信息化技术手段的运用，多数依然采用人工登记备案的方式。尤其在数据共享上，由于医疗、卫生、人社等部门在智慧养老数据上的信息共享机制尚未形成，智慧养老服务平台无法共享农村老年人的养老需求数据信息，从而不能满足包括精神需求在内的多层次、个性化的养老需求。从智慧养老管理与运行模式来看，统一标准的规范化体系尚未形成。在政策文件上表现为以指导性为主，实际操作性不强；在数据信息管理上表现为个人信息管理不规范导致信息泄露严重，老年人遭受诈骗现象屡见不鲜；在产业发展上表现为权威监督机构的缺失带来的智慧养老行业恶性竞争。

四、乡村治理现代化视域下农村互助养老的实践路径

农村互助养老模式以村庄为场域，以政府主导、村委负责、社会协同、老人参与为运行机制，其运行逻辑与乡村治理现代化的内在要求息息相关。在乡村治理视域下解决农村互助养老实践过程中的种种困境，需要从党建引领、多元参与、供需平衡、数字赋能这四个方面入手，不断为农村互助养老健康持续发展注入生机与活力。

（一）价值旨归：坚持党建引领，培育村庄文化

虽然城市化的推进、农村基本经济制度的变化、西方市场经济价值观的渗透等社会因素削弱了村庄内部守望相助的传统美德，但乡土社会中因地缘、血缘、姻亲等社会交往纽带形成的村庄传统文化，依然潜移默化地影响着村民的社会交往行为与方式，这也是当前发展乡村互助养老不可忽视的文

化力量。基层党组织应该积极发挥思想引领作用，通过线上线下多种形式开展乡村先进个人事迹的宣传，将守望相助、奉献精神等优秀传统文化纳入乡村文化振兴的高度，培育村庄内部尊老、敬老、爱老、养老的文化氛围，促使互助养老的价值理念深入人心。在村庄良好互助养老文化氛围形成的基础上，基层党组织更应该发挥组织引领作用，将自上而下的政府引导与自下而上的老年协会团体组织、村民个人紧密联合在一起，依托村庄精英、能人的影响力与号召力，让他们成为政府互助养老政策的"宣传大使"。同时，村庄精英可以利用自己在"熟人社会"中的关系网构建村庄互助养老合作组织，促使村民了解互助养老的政策及其显著优势，破除农村老年人对互助养老的诸多顾虑，助力其摒弃传统养老观念，提高互助养老参与意愿，自觉配合村社互助养老推广，主动参与志愿服务活动，以促进农村互助养老模式的良性发展。

（二）多元参与：强化法治保障，完善协同机制

促进多元主体协同参与既是乡村治理体系现代化的必然要求，也是农村互助养老可持续运行的重要途径。针对我国目前农村互助养老多元主体协同空间有限和能力不足的问题，一是要建设服务型政府，由传统的"管制型全能政府"走向"服务型有限政府"（朱浩，2017），给多元主体参与互助养老释放空间。一方面，政府要认识到村民自治是农村互助养老的内生动力，同时也是我国农村社会治理的重要手段，要明确自己的权责范围，处理好政府引领与村民自治的关系，通过放权赋能来引导其他社会资源主体广泛参与农村互助养老。另一方面，政府要扮演好农村互助养老引导者与监督者的角色，做好农村互助养老的顶层设计，完善农村互助养老在服务、管理、监督上的法治保障，建立科学合理的村干部考核机制和互助养老工作量化评估指标，完善对社会资源主体的扶持与激励制度。二是完善多元主体协同参与机制，提高多元主体参与农村互助养老的能力。构建"政府引领、村委主办、社会协同、老人参与"的高效互通机制。在这个多元主体协同参与机制中，农村老年人作为最重要的参与主体与服务对象，在互助实践中难免会产生如互助积极性不高、时间货币难以衡量等问题需要及时反馈。村委会作为农村互助养老的场地资源的管理者、机构管理的主导者、互助理念的传播者，能

够很好地发挥上传下达的作用，把老年人迫切的需求与意见及时反馈到基层政府。政府获取有效信息后，作出相应的政策调整和制度优化，并引领社会组织协同参与互助养老，发挥其提高互助服务质量、连接相关资源、参与日常运营工作的作用。这种多元社会主体广泛参与、高效互通的协同互助养老机制，将政府的管理服务与乡村社会的现实需求紧密联合，以养老信息动态反馈的形式保证农村互助养老运行模式可持续健康发展。

（三）适配均衡：调整供需结构，构建供给体系

当前我国农村适老产品、服务供给与农村老年人真实养老需求之间面临着相互脱节、适配失衡的困境，服务供给明显滞后于日益增长的多样化养老需求。因此，调整农村互助养老资源的供给内容与方式，实现互助资源与养老需求趋于平衡的有效供给迫在眉睫。这需要调整互助资源的供给思维模式，以促进老年人的幸福感、获得感与满足感作为互助养老资源供给的出发点与最终归宿，实现传统"现有资源—供给内容"思维方式向"现实需要—资源整合—供给内容"思维方式的嬗变（郭思佳，2022），充分体现老年人的主体地位以带动老年人参与互助养老的积极性。此外，还需要实现服务供给内容与老年人现实需求之间的动态平衡。一是全面掌握农村老年人对于养老服务的现实需要。按照不同类型对各村庄的老年人进行实地调研，充分了解不同类别老年人所需的服务类型，让低龄老年人也能享受到养老服务资源，提升其在互助养老过程中的参与感与获得感。同时，依托老年协会、社区养老服务平台等及时反馈动态实际需求，从而更好地更新服务供给内容与供给方式。二是提供多元化的服务供给。整合家庭、社区、机构等供给主体，推进居家、社区和机构养老服务模式的融合创新发展。根据老年人的动态需求进行相应产品和服务供给结构的调整，培育专业的人才团队提供生活照料、健康服务、社会娱乐、志愿服务、教学活动等多层次、高质量的服务供给，实现农村互助养老服务在精神层面以及自我实现层面的有效供给。

（四）数字赋能：规范信息平台，深化智慧养老

随着大数据、云计算等互联网信息技术在基层治理中的运用，乡村治理正朝着数字化、精细化、网格化方向发展，互联网信息化技术在养老服务领

域的运用颠覆了传统的养老认知与养老方式，坚持农村互助养老与社区智慧养老相互融合，是破解当前农村养老信息化水平不高这一难题的重要途径。一是加强社区智慧养老网络化建设。将农村社区网络化建设纳入村庄建设总体规划，尤其是重视 5G 信号基站、智慧养老服务平台等基础设施的统筹推进工作，实现农村互助养老点与养老机构、理疗机构互联互通。在此基础上，通过整合人工智能、云计算等新兴技术，形成能够满足农村老人健康服务、精神慰藉、学习娱乐等多样化养老需求的智慧养老服务系统，从而实现村庄就地化智能互助养老新模式。二是加强信息技能学习能力。智慧适老产品的研发、使用与推广是智慧养老的显著特征，需要"村两委"及互助养老工作人员提高自身的信息化水平与能力，可以通过线上与线下相结合的方式，向农村老年人普及智能穿戴、智能监护等智能设备操作方法，实现智能养老设备真正融入农村老年人的生产生活，为农村互助养老插上科技的翅膀。三是优化并规范信息数据共享平台（吴雪，2021）。尝试建立包含农村社区综合信息、互助居家养老信息、医疗服务信息等互联互通的高级化养老信息服务平台，促使农村互助养老在实践的过程中可以借助智能化数据信息平台，精准地对老年人各项健康数据、服务需求、意见反馈进行全方位掌握，从而更好地为老年人提供多样化、高质量的养老服务。同时，平台需要制定合理的规章制度，完善监督机制，协调好智慧养老、互助养老中涉及的各利益群体之间的关系，做好老年人信息数据的安全保障工作，消除老年人对个人数据泄露的担忧。尤其是对志愿者服务信息、志愿时长及时登记与储存，确保"时间银行"代际储蓄互助养老真正发挥实效。

综上所述，伴随着中国农村基本经济社会制度的变迁与农村城市化的发展，农村互助养老模式成为解决农村的老龄化问题、提升乡村治理体系与治理能力现代化水平、促进乡村振兴战略实施的重要驱动力。尽管互助养老为农村养老提供了一种新的思路与方法，但目前仍处于探索阶段，在全国各地农村实践过程中也面临着新矛盾和新挑战。因此在乡村治理现代化的背景下，农村互助养老实践的良性发展需要坚持党建引领村庄文化共识，完善多元主体协同参与机制，实现养老服务供给与需求的动态平衡，强化数字技术赋能智慧养老的能力。更重要的是，需要学界在乡村治理与互助养老之间的关系与路径问题上继续开展研究。

参考文献

［1］李俏，刘亚琪．农村互助养老的历史演进、实践模式与发展走向［J］．西北农林科技大学学报（社会科学版），2018（5）：72－78．

［2］贺雪峰．互助养老：中国农村养老的出路［J］．南京农业大学学报（社会科学版），2020（5）：1－8．

［3］刘晓梅，刘冰冰．社会交换理论下农村互助养老内在行为逻辑与实践路径研究［J］．农业经济问题，2021（9）：80－89．

［4］杨康，李放．自主治理：农村互助养老发展的模式选择［J］．华南农业大学学报（社会科学版），2021（6）：56－64．

［5］赵秀玲．中国农村养老保障与乡村治理现代化［J］．求是学刊，2021（3）：34－42．

［6］邱春林．新时代乡村治理体系现代化的路径选择［J］．中南民族大学学报（人文社会科学版），2023（1）：163－171，188．

［7］杜鹏，安瑞霞．政府治理与村民自治下的中国农村互助养老［J］．中国农业大学学报（社会科学版），2019（3）：50－57．

［8］王潇彬，吴宏洛，柯毅萍．农村五保老人社会救助的新探索——以福建省"慈善助老安居楼"为例［J］．福建行政学院学报，2014（5）：46－52，67．

［9］于钦东，黄忠伟，葛宁．老年协会：破解农村养老难题的现实选择——以青岛市莱西东庄头村老年协会为例［J］．全国商情（理论研究），2012（17）：52－55．

［10］王玥，毛佳欣．"时间银行"互助养老模式实现路径——以"五社联动"社区创新治理为背景［J］．北京航空航天大学学报（社会科学版），2022（2）：75－83．

［11］费孝通．乡土中国［M］．北京：北京大学出版社，2012：51．

［12］齐鹏．农村幸福院互助养老困境与转型［J］．南京农业大学学报（社会科学版），2022（3）：105－116．

［13］何晖，刘欣科．基层治理现代化视域下农村互助养老发展的困境与对策［J］．决策与信息，2022（8）：44－51．

［14］张雷，韩永乐．当前我国智慧养老的主要模式、存在问题与对策［J］．社会保障研究，2017（2）：30 – 37．

［15］朱浩．社会治理创新视域下的社区养老服务有效供给机制研究［J］．桂海论丛，2017（3）：96 – 102．

［16］郭思佳．农村互助养老内在行为逻辑与实践路径研究［J］．北京科技大学学报（社会科学版），2022（2）：193 – 200．

［17］吴雪．智慧养老产业发展态势、现实困境与优化路径［J］．华东经济管理，2021（7）：1 – 9．

第二篇 乡村治理体系和治理能力现代化的路径探讨
——基于苏北农村的实证分析*

一、问题的提出

当前，我国取得了脱贫攻坚的决定性胜利和全面建成小康社会的历史性成就，如期实现了第一个百年奋斗目标，正向全面建成社会主义现代化强国的第二个百年奋斗目标阔步迈进。党的十九届六中全会全面总结了党领导人民进行伟大奋斗积累的宝贵历史经验，深刻指出了党的百年奋斗从根本上改变了中国人民的前途命运，中国人民对美好生活的向往不断变为现实。党的十八大以来，以习近平同志为核心的党中央始终高度重视"三农"工作，坚持把解决好"三农"问题作为全党工作的重中之重，提出了走中国特色社会主义乡村振兴道路、全面推进乡村振兴、加快农业农村现代化的重大战略部署。与此同时，适时将乡村治理纳入国家治理体系和治理能力现代化范畴，创造性地提出了"加强农村基层基础工作，健全自治、法治、德治相结合的乡村治理体系"。乡村治理体系和治理能力的现代化需要因地制宜，多措并举，努力构建共建共治共享的社会治理格局。从结构—功能的视角审视，乡村治理体系和治理能力的现代化应着眼于整体性、常规化、系统化，唯此，才能以关联性的方式有效回应"十四五"乃至未来更长一段时期乡村治理面临的新问题和新任务。

针对上述新问题和新任务，学界开展了大量以问题为取向的研究。例如，有学者基于乡村振兴中存在的公共服务、基础设施、组织建设、体制机制四大短板，提出乡村振兴背后贯穿的是治理体系和治理能力现代化以及法治政府和服务型政府建设这一主题。党的十九大提出自治、法治、德治相结合的乡村治理架构之后，关于乡村"三治结合"的研究持续走热，学界对

* 本文原发表于《法治现代化研究》2022 年第 2 期，作者：金丽馥、王丹萍。本文是国家社科基金项目"乡村治理现代化的影响因素与保障机制研究"（20BJL079）和江苏省社科基金重点项目"江苏农村基层社会治理机制创新研究"（21ZZA002）的研究成果。

"三治结合"的概念、理论基础和实践路径等问题展开了深入探讨。例如，有学者在以空间、产业为标准对中国农村进行类型化的基础上，探讨中国不同地区农村的"三治"样态。在建党百年之际，新时期党领导全面建设社会主义现代化国家的一项重要工作就是乡村治理体系现代化，没有党的领导就没有中国的发展与复兴，党建引领乡村治理的研究格外被重视。例如，有学者从组织网络、制度形塑和能力提升的视角来开展党建引领乡村治理的机制研究，探索将党建优势转化为治理效能的可行方案。党的十八大以来，乡村治理被提上中国特色社会主义国家治理的实践议程，全方位推进乡村治理现代化成为国家治理现代化的题中之义。从上述新时代语境来看，乡村治理现代化本质上是国家治理现代化逻辑在农村基层领域的下移和嵌入，不仅承载着顶层设计的上行维度，更体现着培塑农村基层自治能力的下行维度。其核心在于把夯实基层基础作为固本之策，建立健全乡村社会治理体制，在党的领导下实施"三治融合"，力求实现共治共享的社会新面貌，确保农村社会长期稳定和发展。正如有论者指出的那样，乡村治理现代化的实质也就是乡村社会中的各种组织，通过一系列制度安排，共同处理乡村公共事务的一种动态过程，主要体现的是国家和社会公共力量共同作用于乡村公共事务。具体而言，乡村治理能力现代化侧重于农村社会治理机制和范式的不断优化、重构和迭代，具有动态化和调适性特征。而乡村治理体系现代化则更多地突出农村社会治理的保障性和制度化内涵，具有长期性和定型化特征。近年来的理论研究和地方实践表明，中央提出的"三治融合"理念打开了新时代乡村治理的新思路，开辟了乡村治理现代化的新格局，为我们进一步深化和细化乡村治理现代化的相关研究提供了新的根本遵循。从学界现有研究成果看，宏观层面的理论勾勒仍是主导性的研究模式，而结合地方实践探索的实证研究还比较欠缺。本文基于笔者对苏北地区的调研和研究经历，选取全国首批乡村治理体系建设试点县之一、经济社会发展水平居全国均值地带从而样本度较高的邳州市作为分析对象，力图提供中国乡村治理现代化探索的一个地方和微观视角，以此助力新时代乡村治理体系和治理能力现代化的理论和实践研究。

二、苏北农村治理能力现代化的实践成效

近年来，江苏省乡村治理成效不断提升，乡村振兴战略不仅为苏北农村的治理现代化提供了重要的政策机遇和目标导向，而且赋予了乡村治理体系新的丰富内涵。反过来，乡村治理能力的持续优化和递升也在不断助推乡村振兴战略走实走深。2019 年，邳州市成为全国首批 115 个乡村治理体系建设试点县之一，当年年底开始进行了为期三年的试点实践。本轮试点的目的在于顺应近年来农村社会结构变革以及农民需求多样化等趋势对加强和完善乡村治理提出的迫切要求，为中国特色社会主义乡村治理现代化探索新路子、开创新模式。邳州市按照上级部署，积极探索治理新理念，大胆创新治理新渠道，以"党建 +"为统领，实施村干部"211 雁阵"工程，推进党的组织全面覆盖，深入开展乡村公共空间治理，探索乡村治理与经济社会协调发展的实现机制，积极探索乡村治理新路径，为苏北地区开启乡村治理体系建设新征程起到了积极的引领和示范作用。

（一）干部领导治理，提升治理成效

2019 年以来，邳州市各村强化组织引领，突出党的领导重要性，夯实基层堡垒，实行村支部书记专职化管理，同时强化村干部培训，坚决防止基层党组织弱化、虚化、边缘化。在基层换届中，村"两委"任期三年改五年，成员可以连选连任，这使得五年治理周期同五年规划对应起来，从治理的有效性角度来看，任期改革充分释放了基层组织作为国家治理"触角"和"毛细血管"的功能，对克服农村治理中一度存在的因任期与五年规划不匹配而导致的"短期行为"作用明显。在"村两委"班子成员中，村党支部书记和村委会主任"一肩挑"比例占九成。全市共有 1.2 万名党员深度参与网格化服务，在党务、村务、集体经济发展和社会建设等各方面，党组织和党员干部引领作用显著，"一个网格管全部"的格局基本形成。此外，邳州市积极构建"三委四会"村务民主决策机制。所有涉及村级经济社会发展以及农民合法权益的重大事项、重要工作，必须在村党组织领导下，经村"两委"充分协商、村务监督委员会全面参与，严格按照组织程序民主决策，确保村务工作公开透明、合法合规。发挥村支部书记"头雁"作用，以公共空

间治理为抓手，优化产业结构，把原来的贫困落后村带上发展的快车道。邳州市积极探索乡村治理新路径的实践取得明显成效，乡村公共空间治理的"邳州探索"被写入2020年江苏省委1号、3号文件，并在全省推广。

（二）村民参与自治，推动治理转型

乡村治理现代化的核心是治理主体的现代化。乡村治理关键在人，如何筑牢乡村治理的人才支撑体系是苏北农村面临的新问题。近年来，随着乡村振兴战略的实施，邳州市农村社会经济水平普遍提高，村民对美好生活的需求也逐渐由单一走向多样化。新时代农村社会主要矛盾的转化既为苏北农村提出了新的治理课题、注入了新的治理资源，同时也为吸引苏北农村各类人才"返乡治理"提供了时代契机。由此一来，培育乡村治理新主体并拓宽、重构和整合既有治理渠道，成为苏北农村治理现代化建设的一项新任务。邳州市最大限度地用好农村治理主体存量，千方百计地扩展农村治理主体增量，提升单位人才的治理绩效，把过去被忽视的一些治理主体激活，探索出新的治理结构。例如，在邳州市官湖镇双沟村，村民可以通过三种渠道参与家乡治理：一是"无职党员志愿活动"，将村中的先进无职党员组织到一起，为乡村治理建言献策，凝心聚力促发展；二是"青壮年搭把手服务"，将有学识、有能力的青壮年组织到一起，形成帮扶小组，扶弱济困，缩小村内贫富差距；三是"妇女公益照护行动"，将村中有公益意识和奉献精神的中青年妇女组织起来，对村中的失独、空巢老人开展日常化的护养救济，以团队加结对的方式解决农村长期存在的"夕阳困境"。通过以上三种渠道，双沟村目前已形成了党员带头、村民参与的多主体治理机制。

（三）投入智慧治理，提高治理水平

邳州市以大数据赋能提升社会治理现代化水平，推动基层治理智慧化，以技术创新促进法治与德治的协同，为苏北乡村治理的现代化探索新路。充分运用智慧化手段，系统搭建治理平台，全面提升治理能力，准确把握乡村治理的新形势新要求，建设协同共治"强中枢"，逐步实现从"治理"走向"智理"，提升基层治理的精准性和可预见性，也提高村民参与治理的责任感和自觉性。邳州市大数据管理平台纵向同步组建市、镇、村三级网格化中心，将基层社会治理问题分类立项，自运行以来，网格员已上报事件近 260 万条，包括矛盾纠纷、公共卫生、食品安全等影响基层人民幸福感的急难愁盼之事。在邳州市官湖镇，乡镇级网格中心与村级网格中心全部被纳入综合执法局综合调度范围，统一管理 127 名网格员，通过网格化管理体系，打造"人在格中走，事在网上办"的治理新格局，提供"一村一药方，一格一良策"的精准服务。这一智慧化治理模式大大提升了邳州市乡村治理的质量和效率。

（四）培育法律意识，强化治理保障

简言之，法律意识就是公民尊重法律、学习法律、遵守法律、依法办事的意识。培养村民的法律意识是建设乡村治理体系现代化的基本保障。为此，邳州市司法局聚焦"三在"普法服务助力乡村振兴，以市、镇、村三级公共法律体系为依托，开展一系列普法活动，强化基层法治建设，让普法责任在乡村落实，让法治文化在乡村落地，让德法文化在乡村扎根。邳州市目前已建成了 25 个镇级法治广场，推进了 497 个村级法治宣传栏、法治讲堂，52 家法治庭院等特色乡村普法阵地，将法治元素融入乡村的方方面面，乡村法治文化蓬勃生长，普法成效显著。邳州市法院针对不同乡村的治理特征，紧紧围绕村民最关心的问题，进行专题法治宣讲，实地解答村民提出的法律问题，提高村民知法守法用法意识，打通法治宣传到基层的"最后一公里"，为推进基层农村综合治理、社会和谐有序发展营造了良好的法治氛围，有效提升了农村法治化治理水平。

三、苏北农村治理现代化的制约因素

邳州市积极推进农村基层治理现代化，提升为民服务水平，通过对村民需求的"靶向化"了解，实施菜单式运行、项目化管理，践行全心全意为人民服务的初心和宗旨。目前来看，邳州市的现代化乡村治理体系建设已具雏形。但在调研中笔者也发现，苏北农村的乡村治理体系和治理能力现代化仍然存在一些亟待突破和化解的制约性因素。

（一）治理主体权责模糊，治理政策缺乏弹性

由于历史、环境和政策等多方面原因，苏北地区经济发展水平相较于苏

南地区还有较大差距，而乡村治理的质量和成效同经济社会发展水平直接相关。在分税制改革和国家取消农业税的背景下，农村基层政府财权和事权的分离在促进农村经济发展和社会进步的同时，也在很大程度上造成政府与村民的治理关系趋向微妙，其中表现比较突出的一个问题就是，农村基层政府财权失去独立性后，政权事务却有增无减，这就导致基层政府面临很多治理问题时因缺少财力支持而无法有效解决，"没钱办事"加深了乡村治理困境。同时，在国家治理现代化的基本架构中，乡村治理的职责日益倾向于上传下达，乡村治理的自主权受到一定程度的限制，基层干部被大量行政工作束缚而没有时间精力去组织引导村民开展自治工作。此外，国家提出精准治理目标，村级严格执行政策，看似是保障国家政策顺利落地，却忽视了中国乡土的差异性，做不到具体问题具体分析，就很难真正解决现实中的矛盾。长此以往，随着治理下沉，基层政府成为各种治理责任的现实主体，需迎接各种类型的考核评比，而这些与基层政府为民服务的内容事实上会有偏差，尤其是当村庄基础设施供给不足时，基层政府需要层层审批才能进行基础设施建设，但又恰恰是这项内容，是村民评价乡村基层政府行政绩效和干群关系的最重要的参数之一。这一治理"堵点"若长期得不到解决，村民与乡村基层政府之间就会产生隔阂，村干部就会被村民视为"官老爷"，而非"主心骨"。作为国家权力体系中距离村民最近的一级权力主体，基层政府若要在乡村治理现代化中有更大的作为，关键一点就在于要进一步实现财权和事权匹配、权利与责任清晰，在此基础上，创新治理资源投入的方式，从根本上化解治理政策的"僵硬症"。

（二）治理过程墨守成规，乡土道德文化销蚀

如前文所述，乡村大量散杂的行政工作消耗了基层干部的大部分精力，乡村治理也逐渐在常规性工作中被冲淡，缺乏创新。而与此同时，经过改革开放四十多年的发展，乡村治理环境已发生翻天覆地的变化，现在的农村发展已经不仅仅是要实现经济的长足发展，而且是要绘就一幅产业兴旺、生态宜居、乡风文明、治理有效、生活富裕的振兴图景。因此，乡村治理的内容和对象越发多样化，各方面的矛盾都可能发生。其中一个特别值得关注的问

题是，乡土文化受到了城市文化的冲击，城乡二元文化结构逐渐被淡化，农民不再从事农业，农村建筑逐渐被城市建筑同化，田野里时常会出现几栋小楼，农村文化逐渐无人问津，乡土文化活动规模和空间日渐缩小，从传统向现代转型期的农村文化未能有效实现创造性转化和创新性发展，反而尴尬地处于一种"旧的失去、新的没来"的"空挡"和失序状态，各种传统的"仪式活动丧失了精神价值意义，徒具形式，变成农民进行社会性竞争的手段"，这是造成农村奢靡攀比、仪式异化和风俗恶化等不良风气的重要原因。不过，很多村庄仍然储存着一些可资利用的乡土文化要素，例如"文明户""党员示范家庭"之类的道德模范评比中对传统道德资源的调用，但是由于村民受流量信息的负面影响，很容易被一些短视频平台的物质主义导向带偏，认为荣誉上的获得感不如物质上的获得感重要，对于帮扶政策、爱心资助以及企业帮扶的态度冷漠，认为这是政府应该做的，甚至觉得有些地方做得不够好，传统的社会人情关系逐渐被物化的雇佣关系取代，农村人际关系逐渐被淡化，村民道德素养偏低时，道德责任也相应弱化，在这种情况下，中华民族传统的道德伦理观念逐渐销蚀乃至陷入危机。因此，在社会主义现代化新农村建设和乡村振兴中如何赓续传统乡土道德资源、防止农民情感物化和精神世界"坍塌"，是当前乡村"三治融合"中亟待需要认真研究和解决的现实问题。

（三）治理保障供给匮乏，基层法治意识淡薄

法治作为乡村治理的基本保障，体现着治理现代化的规则和秩序要求。目前苏北的乡村治理仍然表现出较强的人治色彩，一定程度的法治缺位是治理效果提升中的重大瓶颈之一。苏北地区虽然经历了四十多年的改革开放，但不少农村地区的思想观念仍较为落后和保守，"官老爷""地头蛇"等封建陈旧思想的遗存，使得一些干部和治理主体在乡村矛盾的处置方式和手段上仍具有较强的粗暴、官僚和特权等特征。"强制执行""以权谋私"等治理乱象频发，导致村民对法治的信任度较低。同时，由于乡村法律制度不完善，村民自治仅表现在民主选举环节，选举后的民主决策、民主管理、民主监督等常常陷入缺位状态。农民法治意识的淡薄和法律知识的匮乏，导致村

民遇到问题时不是首先考虑和运用法律渠道，而是仍习惯于"托关系""上访""拉帮结派"等非制度化和非法治化的方式维权，在不少农民看来，打官司不如找关系，靠法律不如靠领导，这种思维和行动习惯大大削弱了法律在农村的权威，农村基层干部和群众对"关系治理"的路径依赖也严重阻碍了乡村治理的法治进程。为此，新时代的乡村治理实践要进一步加强法律权威，严格执法，增强基层干部和村民的法治意识。但这里应注意，法治不能只靠宣讲，宣讲可以在一定程度上培养农村干部和群众的法律意识，但是普法的深度和广度决定了农民如何运用法律保护自己，所以，法律服务资源的充足、有效供给是农民能否习惯运用法律手段的关键。今后的乡村法治实践，应该让乡村法律服务体系真正为民服务，提升乡村法治保障水平，逐步改善乡村法治环境。

（四）治理人才外向流失，自治组织成长缓慢

乡村治理现代化的基础是村民自治，也是实现乡村振兴的关键。近年来，虽然我国农村的面貌已经发生了翻天覆地的变化，但是治理基础仍较为脆弱。例如乡村自治内生力不足，人才流失严重就是一个比较棘手的问题，而且这一点在西部地区体现得更加明显。年轻人在大学毕业后往往优先选择留在大城市，几年奋斗之后，能够在大城市立足的大概率不会回农村，而没能留在大城市的年轻人，回来后虽然人在农村，但所从事的工作或职业往往与农村和农民生活联系不大，成为"悬浮"于农村社会关系边缘的"半农村人"，很少有机会或有意愿参与乡村治理实践。缺乏年轻人的有效参与，基层干部后备人才选拔面渐窄，优秀治理人才供给严重不足，乡村治理的质量也就难以持续提升。农村基层治理组织中的成员的文化程度偏低。乡村中的自治组织具有公益性，在促进农村社会和谐、实现组织成员价值、增强村社成员归属感等方面都发挥了很大作用。然而，由于现代城市市场文化对农村的强烈冲击，农民所奉行的利益至上价值观很容易腐蚀这些自治组织的凝聚力。此外，自治组织的数量少、规模小，社会地位不高，发展空间局促，发展速度缓慢，很难得到农村精英的青睐，导致乡村治理缺乏现代化的自治组织依托和保障，村民缺乏有效参与的组织载体。因此，如何构建、维持和

完善乡村自治组织，进而为农村提供自治的组织渠道、提升农村自治程度和水平，也是需要认真研究的课题。

四、乡村治理现代化的路径选择：一个期待性描述

邛州市乡村治理试点的内容主要集中在探索共建共治共享治理体制、乡村治理与经济社会协调发展机制、完善乡村治理组织体系、完善基层治理方式、完善村级权力监管机制、创新村民议事协商形式、创新现代乡村治理手段、持续推进平安乡村建设等方面。在试点的实施过程中，邛州市致力于探索构建"四位一体"乡村治理新路径，形成多方联动协同发力。根据邛州市上述试点内容的具体进展，笔者认为，应积极推动乡村治理方式变革，探索具有时代特色、符合县域实际的乡村治理体系新模式，尤其应注意处理好"三治"之间的协同关系，遵循治理主体多元化、治理方式复合性、治理价值人民性的基本原则，促进三种治理手段互相补充，推动乡村治理体系不断优化升级。结合对邛州市乡村治理试点实践得失的调研、观察和分析，笔者尝试对我国未来乡村治理的路径选择提出以下期待性描述，供学界同仁进一步探讨。

（一）党建引领乡村治理

党的十九届六中全会深入研究党为中国人民谋幸福、为中华民族谋复兴的百年历程，全面总结党的百年奋斗重大成就和历史经验。中国共产党是我国社会主义事业的领导核心，农村基层党组织是党在农村全部工作和战斗力的基础，是农民当家作主的重要依托。坚持党在农村基层组织的领导地位是乡村治理绩效的根本保证。早期的基层治理在认知上淡化党的领导同基层民主的关系，导致实践中片面强调基层民主，而不同程度地忽视了党的领导这一根本原则。在新时代乡村振兴背景下的乡村治理实践中，我们只能进一步加强党组织对乡村治理的领导和引领作用。首先要创新党领导的治理体系。积极发挥党组织引领作用，化解农村基层党组织与村民之间的信任危机，丰富基层党建工作内容，重点在基层发力，建立健全党支部议事决策机制和运行机制。新时代的党员干部，空喊责任不行，把爱民挂在嘴上也不可取，要切实把责任意识化作行动符号，实现党领导下的基层协商民主，突出群众的主体地位，结合各乡村的实际情况，确保党领导制定的一切决议和政策都源于群众最真实的声音。其次要提高党员干部的政策执行力。马克思主义认为："全部社会生活在本质上是实践的。"加强党组织的自身建设，必须在群众工作中化解矛盾，在治理过程中提升效能，让党员干部真正在实践中获得真知，在实践中提升素质、增长才干、坚定理想信念。完善干部绩效考评制度，不能仅仅停留在行政工作上，更要深入挖掘农村农民生产生活中的实际诉求，将上传下达转变为与农民商量办事，突出真实性和针对性需要，改变工作方法，切实为村民办实事、办好事、办大事、办长远之事，带领村民走向共同富裕。最后要明确"村两委"的职能关系。基层党组织是乡村建设的引领者，是村民利益的协调者，是乡村自治的引路人，更是乡村社会的稳定器。明晰"两委"的权责范围，不能简单地将"两委"视为上传下达的"传声筒"，将其牢牢束缚在文件和程序之中，更要依据法律法规和政策赋予其必要的决策和行动自主权，通过增强其"办事能力"提升"两委"的号召力、凝聚力和治理威信。同时，要建立与之相适应和配套的履职考核制度，借助制度来管人管事，将对干部的激励担当和批评监督统一起来，以此来提升乡村治理能力，不断完善乡村治理体系。

（二）德治发挥先导作用

乡村治理体系和治理能力现代化是我国广大农村实现善治的必由之路，而乡村德治在其中起到重要作用，它是把社会主义核心价值观要求与人民日常生活需要联结起来的桥梁。纵观中华五千年，德治不仅是中华文明的体现，更是中华民族凝聚力的支撑。新时代，我们要进一步提升村民对乡村优秀传统文化的认知与认同，充分发挥乡村优秀传统礼俗和道德在乡村治理现代化中的积极作用。首先要以规立德，村庄里约定俗成的规范都是在村庄族群的生产生活实践中渐成体系的，包括一些礼节、习俗、村规和道德伦理规范等，它们在传统的乡土社会治理中曾起到非常大的作用，但是随着社会主义制度的建立以及农村社会从传统向现代的转型，传统的德治方式和资源有很大一部分不再适合社会主义新农村的治理需要，必须清除其中的封建遗毒、破除其中的陈规陋习、剔除其中的保守因素，将其仍有生命力的优秀传统道德规范与社会主义核心价值观融为一体，在社会主义新农村建设的鲜活实践中对其进行创造性转化和创新性发展，树立一批能够体现新乡土人情的道德模范典型，发挥其榜样示范引领作用，在新的乡村社会条件下结合优秀传统道德规范制定新的村规民约，积极构建尊重乡土传统的社会主义现代化德治秩序。其次要利用传统德治形式大力培塑村民的现代公共意识，优秀乡村传统文化在农村新型乡风文明和道德体系的形成中具有积极作用，但这种作用需要借助多样化的平台或载体才能更好地发挥出来，将中华优秀传统文化创造性转化、创新性发展，以此提升村民的现代公共意识。可利用新媒体、文化广场、戏剧场馆等载体开展德润乡村活动，举办德法文化讲座以弘扬公序良俗，用老百姓喜闻乐见的方式传播文明新风，在潜移默化中影响村民的文化心理和生命情感，让道德秩序内化于心、外化于行，塑造淳朴乡风，以此提高村民的情感认同，增强村民的公共服务责任感。最后要创造性调用优秀传统道德遗产，积极构建乡村自治的志愿服务体系。利用乡村的熟人社会特点，建立多样化的志愿服务组织，针对不同类型的问题开展针对性介入和"问诊式"调解，将一些矛盾通过志愿者规劝和人民调解的方式加以解决，利用非正式协商机制解决正式协商所难以解决的问题，以此节约乡村社会的法治成本。

（三）法治提供治理保障

2021年《中华人民共和国乡村振兴促进法》颁布实行，使得乡村治理有法可依、乡村振兴以法护航，从而开启了乡村振兴的法治化时代。但是在现实的乡村治理实践中，除了上述宏观的法治保障之外，还需要《中华人民共和国村民委员会组织法》等微观层面的法律依据。当然，法律是冷冰冰的条文，而乡村则是一个充满人情味的社会，这就需要针对乡村治理中的实际情况，动态修订法律条文，将法律知识、村规民约转化为能让村民内化于心、外化于行的"地方性知识"，以此强化乡村干部和群众的法治意识和法治精神。对农民的法治宣传要注重方式方法，形式尽量生动形象，贴近生活、贴近实际；法治教育要因材施教，普法不能流于形式，应针对不同的对象选用不同的方法，对知识水平不高的村民要注意使用通俗易懂的语言，将专业性的法律法规解释成村民能明白的意思，激发村民的学法热情，提高村民的懂法能力，增强村民的守法意识，培养村民依法办事的习惯。法律的权威需要人民来维护，而基层干部应起到引领示范作用，所以基层干部应定期接受法律培训，了解最新的法律法规，在学法用法中逐步提升法治思维，增强依法办事、依法治理的能力，在日常工作中做到以身作则，成为村民身边学法、用法、守法、护法的榜样，以实际行动带动群众建立对法治的信仰。最后要积极打造能让法律透明规范运转的乡村环境和乡土化运行机制，健全乡村法律服务体系，引导村民正确规范运用法律手段和法治武器维护自身利益、表达相关诉求。总之，乡村治理的法治化是一项长期复杂的系统战略工程，需要久久为功、持续发力，用制度管好治理权，以法治化的方式推进乡村治理的现代化。

（四）自治夯实治理基础

村民作为乡村治理的对象，也是乡村治理的主体，但是更多情况下村民会将自己划到被治理的范围，缺乏参与治理的积极性和主动性。民主观念是乡村自治的基础，村民需要努力从传统的观念中走出来，迈入民主共治的新时代。同时，基层党组织和政府要创设各种条件和载体，为村民搭建参与治理的制度化途径，推动乡村治理重心向基层下移，建设共建共治共享的乡村治理体系，把村民团结到村组织中，让村民以不同方式、从不同渠道参与乡村治理。首先是增强村民参与治理的意识，提升村民的综合素质。基于以往的宗亲氏族关系网络，村民对本村的乡土人情最为熟悉，在"自己人"的属地上事实上处于一种主人翁地位，对于一些看起来很难处理的本土性治理问题，交由本村人来调解会更有效果。但是，前文已述，当前大多数村民的文化程度还不高，所以需要进一步强调教育的重要性，全面加强九年制义务教育的落实和监督。同时，给村民更多的实践机会，在实践中培养村民对民主价值的认知和认同，开设有关乡村治理的各类培训，以丰富村民的治理知识储备，提高其参与乡村治理的能力。其次是充分挖掘治理人才，优化乡村治理资源。以各种办法鼓励在村中受人尊敬、具有较高声望和社会号召力与影响力的村民积极参与乡村治理，这些人既可以是村里传统的乡贤，也可以是退休人员等有闲有能之人。制定各类政策，积极打造"精农业、爱农村、懂农民"的乡村治理人才队伍。在政策、资金、环境等方面提供各种便利，让他们有机会下沉到村民自治组织中,在党的路线、方针、政策指引下,将自身经验与乡村实际相结合,开创乡村"三治"新局面。最后是提升乡村经济发展能力和水平,为乡村治理提供坚实的物质基础和保障。一些大学生之所以选择留在城市创业或工作,大多是因为城市里拥有农村所没有的诸多资源,相对于农村而言,城市地区经济发展更快,基础设施更健全,医疗、教育等资源更优质,社会更有活力,创业和就业机会更多,观念更为开放。如果乡村也能够在上述方面提供相似或相近的便利和条件,那么从农村走出去的人才回归乡村发展的意愿就会更高。为此,农村应积极构建现代化的智慧治理平台,包括村民自建的自媒体平台等,提高本土村民的智能产品操作能力,借助互联网促进城乡融合发展。在返乡人才与本土乡贤之间搭建合作互助的渠道,积极促成两类人才在乡村治理中的互动协同,以人才合作推动优秀传统治理观与现代治理方式的结合,同时赋予乡村自治组织更宽松的参与空间,进而加快乡村治理体系和治理能力的现代化。

五、结语

本文基于苏北农村的案例分析,力图探究乡村治理体系的下一步核心议题,以促进"自治有效""法治有效""德治有效"三效融合。在乡村振兴的背景下,构建现代化乡村治理体系是新时代乡村治理的大势所趋,但在实践过程中会不断遇到新问题、新矛盾。苏北地区的乡村治理的现实表明,以"三治融合"推动乡村治理现代化的实践,必须坚持在党的领导下,探索与区域乡土人情相结合、适应"半熟人社会"特征、以地方性共识为基础的治理道路,因为从历史经验看,所有与现代化有关的成功实践都是在守护和捍卫传统中实现的。

参考文献

[1] 费孝通. 江村经济 [M]. 北京:北京大学出版社,2012.

[2] 郝炜. 组织网络、制度型塑与能力提升:党建引领乡村治理的三重路径——以山西省"三基建设"为例 [J]. 治理研究,2021(2).

[3] 何阳,汤志伟. 迈向技术型自治:数字乡村中村民自治的"三化"变革 [J]. 宁夏社会科学,2021 (6).

[4] 贺雪峰. 乡村治理现代化:村庄与体制 [J]. 求索,2017 (10).

[5] 贺雪峰. 新乡土中国 [M]. 北京:北京大学出版社,2013.

[6] 黄永林,吴祖云. 乡村文化建设中农民主体意识建构与作用发挥 [J]. 理论月刊,2021 (3).

[7] 江苏省邳州市农业农村局. 乡村公共空间治理的"邳州探索" [J]. 江苏农村经济,2020 (12).

[8] 金丽馥. 免除农业税后的乡村组织管理职能:困境与对策 [J]. 理论探索,2007 (5).

[9] 林星,吴春梅,黄祖辉. 新时代"三治结合"乡村治理体系的目标、原则与路径 [J]. 南京农业大学学报(社会科学版),2021 (2).

[10] 林永兴,苏晖阳,余淼杰. 乡村振兴:四大短板与改革路径 [J]. 产经评论,2020 (4).

[11] 彭明唱. 乡村振兴视角下农村基层治理的机制创新研究——以徐州市为例 [J]. 老区建设,2019 (24).

[12] 于水. 乡村治理与农村公共产品供给——以江苏为例 [M]. 北京:社会科学文献出版社,2008.

[13] 赵欢春,丁忠甫. "乡村振兴战略"架构下基层党组织领导乡村治理的能力体系研究 [J]. 江苏社会科学,2021 (1).

[14] 中共中央编译局. 马克思恩格斯选集(第一卷) [M]. 北京:人民出版社,2012.

第三篇　乡村治理背景下乡村文化振兴路径研究*

习近平总书记在党的二十大报告中提出"全面推进乡村振兴"，强调要"建设宜居宜业和美乡村"，农村是我国传统文明的发源地，乡土文化的根不能断，农村不能成为荒芜的农村、留守的农村、记忆中的故园。2023 年中央一号文件中也指出，要加强农村精神文明建设，深化农村群众性精神文明创建，并支持开展乡村自办群众性文化活动。将乡村文化建设写入顶层设计，说明对乡村文化振兴的认识不断提高，对乡风文明的要求也在持续地递进。新时代，乡村文化振兴推进过程中面对文化价值观、开发模式等冲击出现新的问题，不仅关系乡村文化的发展，也影响着乡村治理的有序开展。因此，可从乡村治理的契机中寻找创新路径，以推动乡村文化繁荣发展，实现社会主义文明乡村的蓝图。

一、乡村治理与乡村文化振兴的理论认识

随着社会对治理理念关注度的不断提高，乡村治理问题被提升到一个重要位置，乡村治理范畴出现泛化，与乡村社会有关的问题都可以概括为乡村治理问题。而乡村文化振兴在遵循乡村文化发展规律、保持乡村文化特色的基础上，根据时代要求激活乡村文化活力，发挥乡村文化的内在价值，是实现乡村治理的关键一招。

乡村治理与乡村文化振兴的价值目的存在同质性。《关于加强和改进乡村治理的指导意见》中明确了加强和改进乡村治理、全面推进乡村振兴的总体目标。总体目标遵循"产业兴旺、生态宜居、乡风文明、治理有效、生活富裕"的总要求。其中，乡风文明是乡村振兴的保障，也是乡村治理和乡村文化振兴的追求目标。乡村治理以实现乡村现实幸福为价值目的，该价值目的的一个重要体现就是丰富乡村文化生活、保障和实现村民文化权益、提高

＊ 本文原发表于《农业科技管理》2024 年第 2 期，作者：金丽馥、孙沙沙。本文是国家社科基金项目"乡村治理现代化的影响因素与保障机制研究"（20BJL079）和江苏省社科基金重点项目"江苏农村基层社会治理机制创新研究"（21ZZA002）的研究成果。

乡村社会文明程度。而乡村文化振兴作为乡村振兴战略的一个重要组成部分，致力于为乡村文化建设提供引领目标及机遇，以实际有效的方式促进乡村文化繁荣，开展丰富的乡村文化生活，焕发乡风文明新气象。两者存在同质性，在具体实践中应相互呼应，成为奔赴同一目标的互推力。

乡村治理为乡村文化振兴提供重要保障。党的十九大提出乡村振兴战略的同时，也明确了乡村有效治理是乡村振兴的重要保障，同样也是推动乡村文化振兴的切实保障和基本前提。新时代乡村治理活动中，政府组织、农村群众自治组织、社会组织等多元实践主体形成的乡村治理共同体，是建设乡村治理现代化中的重要角色，是乡村公共文化活动的参与者、文化空间的建设者。治理共同体在基层政府应牢牢把握住这些乡村建设实践主体的力量，号召其参与乡村治理，通过加强组织领导和政策保障挖掘乡村公共文化活动服务人才、专业文化治理人才，多元主体相辅相成，为乡村文化振兴凝聚最大力量。另外，在构建和谐有序的乡村社会过程中，德治、法治、自治的"三治"融合是使乡村治理发挥最佳作用的运行机制之一。文化作为连接乡村治理主体与客体的载体，其本身具备伦理教化的功能。因此，"三治"同样作用于推动乡村文化发展，为其培育德治意识、融入社会主义核心价值观、建立村规民约等提供支撑。

二、乡村文化振兴进程中存在的新问题及其根源

为建设文明程度高、精神面貌好的文明乡村，各级政府汇聚多方力量大力推进乡村文化振兴进程，在多方面取得了显著成果。但在推进过程中也暴露出新的问题，分析现存问题及其产生机理是寻找文化振兴创新路径的基础。

1. 现存问题

一是传统民俗活动逐渐消失。乡村文化拥有大量的特色文化资源，传承了乡村文化，融合了乡土生活，承载了乡村的历史印记。随着现代文化的注入，城市文化和网络文化逐渐成为乡村文化的主流，给予传统特色民俗活动的关注逐渐减少，各乡村传统民俗活动也逐渐消失，取而代之的是浮于表面、无特色的"文俗"活动。正如中国传统村落国际高峰论坛上，冯骥才先生总结的"旅游为纲、开店招商、公园化、民宿、伪民间故事、红灯笼"等活动。二是乡村文艺演出活动落地难。乡村文艺演出作为乡村文化重要的输出途径，秉持着传承并积极宣传乡村特色文化的宗旨。由于城乡发展的不均衡，乡村的文化基础设施薄弱，乡村文艺演出当前面临着开展工作较为困难的现实问题。乡村文化演艺活动时间不固定、酬劳不固定，文艺工作者难以平衡收支。另外，由于政府对乡村文艺演出团体监管的不足，导致某些资质不全、能力不足的文艺团体进入文艺演出行业，造成文艺演出市场的混乱。一些不具备演员资格的文艺演员参加文艺演出，严重降低文艺演出品质，这在一定程度上也限制了演艺产业在乡村的落地。三是地标建筑趋于"统一"。自古以来，乡村中的农民大多都是根据所居住地区的自然地理环境来修建住宅，全面推进乡村振兴战略实施进程中，城乡融合发展给乡村带来了经济效益的提升，城市化的建筑理念也被运用到乡村。目前，以城镇化建设标榜的农村大多是千篇一律的建筑设施，存在重复、照搬的现象，这种"建设性的破坏"使乡村失去了中国传统特色的村落建筑，也难以引起农民的心理共鸣和集体意识，倡导天人合一理念的乡村文化被标准规模化的地标建筑掩盖。

2. 成因分析

针对当前乡村文化振兴进程中出现的新问题，从乡村治理的治理主体、治理理念、治理体制等角度找寻其成因所在，发现乡村文化发展中文化价值观、文化供给、道德约束、文化治理人才等方面出现"失序"状况。一是文化价值观出现偏差。自古以来，在乡村特有的农业生产实践影响下，纯朴、重信用、节俭等成为乡村文化价值观的重要组成部分。随着乡村"空心化"状态的持续，乡村主体的文化价值观发生改变。目前，乡村整体形成了以幼年、老年群体为主的状态，而幼年儿童群体对乡村文化的了解浅薄，乡村文化的继承断层；老年群体则将生活重心放在了务农与养老上，不可避免地忽视了乡村文化的继承。在这种生活状态下，外出务工人员回乡时携带的"城市文化"，对青少年有着极大的吸引力，产生了乡村文化与城市文化的碰撞。再如现代文明冲击中的消费主义文化，其强调消费不计后果。在消费主义文化的入侵下，乡村社会中的人情往来支出开始增加，乡村社会成员为了追求心理上的消费而不顾经济实力，导致人情往来成为攀比。这在一定程度上导致乡村文化价值体系逐渐瓦解，传统文化的教化作用也有所弱化。二是文化内容供给与开发模式单一。为实现乡风文明，各级政府联合企业等主体加大对乡村文化资源的开发力度。提供的文化活动多为组织下乡文艺表演、修建图书馆、播放电影等与城市文化服务同质化的内容，并未与所处之地的乡村文化资源相结合，乡村特色文化、文化遗产等未得到充分的挖掘利用，与乡村社会成员的文化需求矛盾加剧。在乡村生活水平提高和网络技术快速发展的双重影响下，乡村社会成员的文化需求呈现出多样化的特点，而目前乡村文化内容供给与文化需求产生不平衡现象。中老年观赏表演节目居多，青少年实践参与活动少，乡村文化振兴面临严峻的现实挑战。三是村规民约作用逐渐弱化。在全面实施乡村振兴战略进程中，乡村制度化建设逐渐加强，具有浓厚的乡土文化特征的村规民约的作用却逐渐衰弱。乡村作为一个熟人社会，人情是维系乡村成员群体之间往来的重要纽带。在出现纠纷时，村规民约往往因人情及部分人"特权"的影响，很难保证公平、公正，使村规民约的权威性受到质疑。随着这种情况的加剧，乡村社会成员对村规民约的认同感逐渐降低，并且随之对村规民约中所蕴含的乡风民俗、文明风尚的重视程度降低。另外，具有一定历史继承性的村规民约也存在一部分不符合乡风文明的陈旧封建观念，所以被摒弃。四是专业人才缺失。在生产、生活水平的影响下，乡村人才要素多为单向流动到城市，在一定程度上引发了乡村"空心化"现象。目前，乡村专业文化人才缺乏，并且对专业文化人才的管理仍存在不完善之处。首先，对专业文化人才的重视程度不够。部分地区仅注重当地本土乡村文化人才的培养，忽略了外来专业文化人才的引进。在招聘时，定岗定招，未切实考虑到当地乡村文化发展的长远需求。其次，乡村专业文化人才能力开发程度不够。乡村专业文化人才资源开发工作中所选拔的具有文化知识、能力的人员，存在对当地乡村文化了解不足、研究方向与当地乡村文化发展方向不符等现象。

三、乡村治理背景下乡村文化振兴创新路径探索

1. 构建乡村治理共同体，深化乡村文化价值认同

乡村文化虽然在社会转型期间和治理现代化进程中逐渐被边缘化，但乡

村文化是乡村社会秩序的基础、传统文化的根基这一点认知不应该被动摇。在面临乡村主体文化价值观出现偏差的情况时，就要深化乡村主体的文化价值认同，营造良好的乡村文化生存环境，将延续繁荣乡村文化提升到更加重要的位置。（1）深化文化价值认同。文化价值认同能在最大程度上使乡村主体对所属乡村产生浓厚归属感，有利于乡村主体自觉加入乡村治理，在振兴乡村文化上形成共识与合力。深化乡村文化价值认同，需要按照中国特色社会主义文化发展要求，坚定社会主义核心价值观的引领，保持文化自觉，明确其传承乡村中优秀传统文化的功能，树立文化自信。置于乡村文化和城市文化的碰撞中，也应坚持社会主义核心价值观，辨别不同文化的优与劣，扶正乡村文化发展方向，明确乡村文化自身价值，树立乡村文化自信。对乡村文化主体缺失，青少年和老年人居多的现状，应在学校教育、日常宣传中加强乡村文化知识宣传教育，使乡村治理主体具备振兴乡村文化的知识储备。（2）优化生存环境。乡村文化想要避免传承断层和边缘化现象加重，就必须在树立正确乡村文化价值观的前提下，优化适应现代化背景的乡村文化生存环境。乡村文化是乡村产业振兴的动力源泉，而乡村产业振兴也是推进乡村文化传承的经济基础。经济基础牢固了，农民的实际收入和生活水平也就随之提高，能够吸引农民工返乡发展。农民工返乡后将有精力投入乡村文化建设，填补乡村文化继承断层的缺口。除此之外，经济环境还需与政治、社会、生态等环境相配合，如完善公共文化服务体系、建设乡村文化空间、构建良性的乡村治理格局等，以此来改善乡村文化生存的全方位环境。

2. 打造乡村治理名片，实现乡村文化形式精准有效供给

作为最能直观反映乡村文化现状、发展内在规律的因素，乡村文化内容供给应要结合乡村地理环境和乡村社会成员主体的生活习惯、文化需求，选择恰当的乡村文化名片，凸显乡村文化的特质，以推动乡村文化振兴切实落地开展并获取长期效益。

一是因地制宜地打造乡村文化名片。地理环境是人类生活方式和文化特征的关键决定因素，在文化塑形中也发挥着重要作用。对于山区和偏远地区

而言，结合山区少数民族居多、乡村文化特色突出、存在大量古迹的特点，当地政府部门应凝练出当地文化特色，增强本土乡村文化的异质性。尽快将乡村中尚存的古桥、古屋等文化遗产登记在册，进行保护修缮，留住特有的建筑风貌和传统文化记忆，开展民族特色旅游活动。与山区相比，近年来平原地区和沿海地区的乡村文化活动更为活跃，但存在同根同源的现象。针对此类状况，最重要的是对已有的乡村文化活动进行创新。找到当地乡村不同形态的特色文化符号，从传统手工技艺等文化遗产入手，建立特色文化产业；加快相邻村镇的文化、景观等有效结合，打造出一个个特色村和特色文化品牌，持续推进乡村文旅活动。

二是按需丰富乡村文化供给类型。随着乡村社会成员经济水平的提高、农民受教育程度的分层、价值观念的多元化，农民的文化需求逐渐从同质化转向异质化。不同主体之间也存在不同文化需求，乡村文化内容供给应以需求为导向，构建精准的文化需求追踪机制，丰富形式，强化"文化联谊"。各地政府可以主动联系社会机构等多方主体合作组建一支专业化队伍，深入当地农村基层开展实际调研。全面分析调查实践调研结果，形成客观的调研报告，了解民众的不同文化需求，对这些需求进行整合梳理和分类，从而制定出合理的乡村文化供给策略。

三是完善村规民约，加强道德约束作用。作为中华优秀传统文化的有机组成部分、底蕴深厚的乡村内部治理资源，传统村规民约为维护乡村社会秩序、促进乡风文明建设作出了历史贡献。时至今日，为更好地发挥村规民约的约束作用，应结合各村特色及时代发展要求，有目的地完善村规民约。

加强权威性与执行的有效性。村规民约制定者应该保证村规民约内容制定的合法性，使得村规民约制定的整个过程都在法律允许的范围内进行，剔除乡村原先落后的内容，破旧立新。在执行中还应做到赏罚分明，避免"熟人社会"中的不作为现象。利用乡村德治规范引导机制对违规的村民进行引导和改造，规范村民行为举止。同时，也要避免惩罚过重，应通过科学、合理的方式让违规者及时改正错误，让村规民约成为村民内心认可和接受的制度。

　　强化价值观引导作用。在村规民约中还应融入社会主义核心价值观和中华优秀传统文化，强化乡村社会成员对村规民约的文化认同。汲取传统村规民约发展的历史经验，在融入社会主义核心价值观时，可以将抽象的价值观具体化为患难相恤、礼尚往来等广大村民便于理解的理念。另外，村规民约制定中还要充分考虑广大村民在资源分配、社会保障等方面的诉求。将村规民约作为社会主流价值观的载体，逐步内化为乡民的价值取向，有效约束规范乡民的行为。除此之外，村规民约制定中应强化对中国传统文化的借鉴和继承，对村民进行道德层面的教化和感染。

　　四是培养乡村专业文化人才，提高乡村文化治理能力。拥有科学有效的人才开发资源机制是促进乡村文化振兴高质量推进的重要保障，进而发展成实现乡村文化治理的重要手段。

　　构建乡村文化人才培养专项机制。乡村专业文化人才建设是一项系统工程，要想有成效，就必须采取多项措施统筹合力推进。一方面，要建立专项用人制度，面向社会招贤纳才，培养文化骨干；要把有专业特长和文化素养、思想政治觉悟高的年轻人选拔到文化岗位上来，激发乡村专业文化人才的活力。另一方面，要创新乡村专业文化人才评价机制。以知识、能力、成果和奉献为主要指标，在职称评定方面对其进行适当的倾斜，打通优秀乡村文化干部晋升渠道；提高工作待遇，建立一支能够且愿意扎根基层、融入群众的乡村文化队伍。

　　加大专业文化人才培育力度。吸纳了高质量乡村专业文化人才后，还需加大对其培育力度。充分利用乡村的自然资源进行实地教学，提高乡村专业文化人才对所属村落的了解程度，针对该村落特色文化活动对其进行专业培训，提高其文化治理能力，真正实现带领农民通过文化产业及活动传承乡村文化。另外，还要加大对乡村本土文化传承者的培养力度，发挥乡贤引领作用。应对其实行基层文化从业人员职业资格制度，保持人才队伍相对稳定，积极支持民间艺术团体等文化队伍的发展，为其拓宽文化服务渠道，提高他们的文化水平和知识技能，并加强思想政治教育和素质教育。

四、结语

习近平总书记在党的二十大报告中强调："全面建设社会主义现代化国家，最艰巨最繁重的任务仍然在农村"，并明确提出要全面推进乡村振兴，扎实推动乡村产业、人才、文化、生态、组织振兴。乡村文化振兴是乡村振兴的"根""魂"所在，是推动乡村治理现代化的重要动力。针对当前出现的新问题，为进一步铺稳乡村文化振兴前进的道路，须通过深化文化价值认同，营造良好的文化生存环境；找准乡村文化名片，实现文化内容的精准有效供给；完善村规民约，加强道德约束作用；培养乡村专业文化人才，提高乡村文化治理能力等路径逐步实现。

参考文献

[1] 习近平. 高举中国特色社会主义伟大旗帜 为全面建设社会主义现代化国家而团结奋斗——在中国共产党第二十次全国代表大会上的报告 [M]. 北京：人民出版社，2022.

[2] 吴家驹. 2023 年中央一号文件公布！这些点值得关注 [EB/OL]. 人民网，http：//yn. people. com. cn/n2/2023/0214/c372455 - 40300203. html，2023 - 02 - 14.

[3] 辛璟怡，于水. 乡村有效治理的困境与超越：治理资源配置的视角 [J]. 农村经济，2022（9）：67 - 75.

[4] 中共中央办公厅，国务院办公厅. 中共中央办公厅国务院办公厅印发《关于加强和改进乡村治理的指导意见》[EB/OL]. 新华社，http：//www. gov. cn/zhengce/2019 - 06/23/content_5402625. htm，2019 - 06 - 23.

[5] 孙绍勇，周伟. 新时代推进乡村文化治理的实然审视与应然图景 [J]. 南昌大学学报（人文社会科学版），2023，54（5）：104 - 113.

[6] 王留鑫，赵一夫. 文化振兴与乡村治理：作用机制和实现路径 [J]. 宁夏社会科学，2022（4）：100 - 105.

[7] 刘志刚. 城乡融合发展视域下乡村振兴的文化困境与现实路径 [J]. 江苏行政学院学报，2022（6）：76 - 82.

[8] 肖昕，涂紫妹，冯菁. 艺术乡建助力乡村文化振兴探析 [J]. 民族艺术研究，

2023，36（2）：154 - 160.

[9] 刘赛特，陈子云.乡村振兴背景下农民工返乡创业环境优化问题研究 [J].经济纵横，2023（6）：99 - 107.

[10] 张凤莲，赵迎芳.文化精准扶贫成果与乡村文化振兴有效衔接的逻辑机理与路径选择 [J].山东社会科学，2023（3）：5 - 13.

[11] 陈洪连，孙百才."三治融合"视域下乡规民约的实践困境与破解之道 [J].行政管理改革，2022（3）：80 - 88.

[12] 任静，谢沛涵，夏小华.乡村文化人才的资源困境与破解路径 [J].吉林农业科技学院学报，2023，32（2）：69 - 73.

[13] 张力文.中华优秀传统文化助力乡村振兴的内在逻辑与实践路径 [J].北方民族大学学报，2023（3）：48 - 56.

[14] 屈云东，王雅鹏，毛寒.文化自觉与乡村本土文化提升的三条路径 [J].湖南科技大学学报（社会科学版），2023，26（4）：171 - 177.

[15] 吕宾.文化自信视角下乡村文化振兴：实践困境与应对策略 [J].湖湘论坛，2021，34（4）：71 - 84.

[16] 张波，丁晓洋.文化产业何以助推乡村振兴：一个分析框架 [J].求实，2023（3）：82 - 94，112.

[17] 张若星.乡村振兴视角下乡村文化空间重构研究进展与展望 [J].人文地理，2023，38（2）：35 - 43.

[18] 胡惠林.乡村文化治理能力建设：从传统乡村走向现代中国乡村——三论乡村振兴中的治理文明变革 [J].山东大学学报（哲学社会科学版），2023（1）：50 - 66.

[19] 王晶晶，黄生成.乡村全面振兴视域下乡村文化振兴路径探究 [J].现代农机，2023（1）：44 - 49.

[20] 刘红.乡村振兴背景下农村公共文化服务体系建设研究 [J].社会科学战线，2022（3）：255 - 259.

[21] 党晓虹，刘新民.传承与超越：传统乡规民约融入乡村治理现代化探究 [J].农业考古，2022（4）：125 - 133.

[22] 冯麒颖.乡村治理现代化中的正式制度与乡规民约：一种制度分析 [J].中州学刊，2023（3）：74 - 81.

[23] 徐燃.乡村振兴视阈下乡规民约在乡村治理中的价值研究——以四川省 M 市 J

乡为例 [J]. 农村实用技术, 2022 (12): 76 - 77, 80.

[24] 陈勇军, 郭彩琴. 乡村文化治理的国家嵌入: 逻辑、路径及其限度 [J]. 学术探索, 2023 (2): 111 - 118.

[25] 高万芹. 社会动员与政治动员: 新乡贤参与乡村振兴的动力机制与内在逻辑 [J]. 南京农业大学学报 (社会科学版), 2022, 22 (4): 91 - 102.

第四篇　以农业科技现代化促进农业现代化的实践路径探略*

　　农业现代化是"四化同步"中的关键一环，也是国家现代化的基础与支撑。进入新时代以来，中国农业技术在科技进步贡献率、农作物种源自给率、耕种收机械化率等方面都取得了历史性的突破，但农业现代化与快速发展的工业化、城镇化和信息化相比，仍然是国家现代化中的薄弱环节。当前，新一轮科技革命方兴未艾，以大数据为核心的互联网技术和以基因组学为核心的生物育种技术等新兴科技接踵而至，这对中国农业实现由传统农业向现代农业的关键转型作用不言而喻。习近平总书记指出："农业出路在现代化，农业现代化关键在科技进步。"① 这科学地阐释了农业科技现代化与农业现代化之间的内在逻辑：农业科技现代化是农业现代化的核心要义，农业科技现代化的进程与水平直接影响着农业现代化的发展，农业科技现代化的基本实现将补齐农业科技领域的技术短板与薄弱环节；农业现代化的发展也为中国走新时代中国特色农业科技现代化之路提供科学指南与目标方向。基于此，在新时代现阶段必须以农业科技现代化促进农业现代化的稳步发展。

　　然而目前，学界对农业科技现代化的理论认识还比较模糊，大多数学者以问题为导向，更多地关注农业科技装备与应用，比如，施辉城（2021）探讨了自动控制技术、新能源技术、GPS 导航技术等智能化技术在现代农业中的应用情况，并对未来智慧农业的发展提出合理设想，却忽视了对农业科技现代化内涵的理论阐释，没有认识到农业科技现代化与农业现代化之间的内在逻辑。关于农业现代化进程中农业科技现代化存在的现实问题与推进路径，学者们多数从单一视角进行详细阐述，忽视推进农业科技现代化过程的

　　* 本文原发表于《排灌机械工程学报》2022 年第 10 期，作者：金丽馥、吴震东。本文是国家社科基金项目"乡村治理现代化的影响因素与保障机制研究"（20BJL079）和江苏省社科基金重点项目"江苏农村基层社会治理机制创新研究"（21ZZA002）的研究成果。

　　① 以科技创新引领现代农业发展［EB/OL］. 新华网，https://www. xinhuanet. com/politics/2017 – 03/20/c_1120657770. htm，2017 – 03 – 20.

整体性、系统性、连贯性，比如，董文翰（2021）针对农业科技现代化进程中的农业科技推广环节，通过分析现阶段农业科技推广问题，从农业科技推广主客体、地域优势、人才队伍等方面提出可行性方案。基于以上问题，本文从理论出发，通过详尽阐述农业科技现代化的内涵意蕴，结合全国农业科技现代化先行县共建中存在的现实问题，系统地提出建设性方案，力图为早日实现农业现代化提供理论与实践参考。

一、农业现代化与农业科技现代化的理论认识

1. 农业现代化内涵的认识

"现代化"这个概念本身就具有复杂性，从时间的维度上，它既有历史性又具有时代感；而从空间维度上，它既有突破地域限制的外在界限，也有渗透意识形态的内在界限。总之，随着社会的不断进步与发展，"现代化"在不同时期不同阶段都被赋予不同的内涵，也会出现新的指标来表示它。而国家现代化的进程很大程度上就要通过农业现代化来表征。就农业本身而言，农业现代化就是农业在生产手段、生产技术、组织管理以及基础设施上的现代化。中国对于农业现代化的认识也经历了讨论、发展、完善、创新与界定的多个环节，因此也就形成了不同时期的农业现代化的内涵。

早在 1954 年召开的第一届全国人民代表大会上就明确提出了要实现"四个现代化"的任务，其中就包含农业现代化；党的十一届三中全会以来，随着农村改革的不断进行，农业科技要素如机械、化肥等现代农业要素在生产过程中的大量投入，使人们一致认为农业机械化就是农业现代化；党的十四大明确指出，我国经济体制改革的目标是建立社会主义市场经济体制，使商品经济充分活跃起来，农业科技的发展也解放了农村青壮年劳动力，农村剩余劳动力迅速涌入城市，从事第二产业或者第三产业。基于此，理论界对农业现代化的理解为商品化、技术化与产业化的集合体，更加注重农业的组织管理方式；进入 21 世纪以后，经济全球化加剧，中国农产品市场更易受到国外农产品低价的冲击，这一时期的农业现代化在破除城乡二元壁垒、统筹城乡协调发展的基础上，更加注重农业发展的科学化、经营方式的组织化与市场化；进入新时代以来，党的十八大提出了"四化同步"发展战略，农业现代化这个"短板"越早补齐越好，不然就会拖整个现代化的后腿；党的十九大在进一步认识新时期城乡发展不平衡和农村发展不充分的基础上，提出乡村振兴战略，加快推进农业农村现代化；特别是在党的十九届五中全会上提出建设智慧农业的重大部署，将智慧农业、数字乡村建设作为"十四五"时期推进农业农村现代化的重要举措，这是对农业现代化内涵的最新诠释。

随着科技的进步与时代的发展，对于农业现代化的认识也在不断完善与发展，这主要体现在两个方面：一是动态性认识，侧重于"化"，指的就是农业由精耕细作的传统农业向高度商业化的现代农业的转变过程，在此过程中劳动者运用现代农业科学技术与组织管理方式日益提升农业现代化水平，是对先进的世界农业水平的一种持续追赶；二是全面性认识，认为农业现代化是一个规模宏大、结构庞杂的系统工程，是社会系统与生态系统共生作用的表征，是兼具生态效益、经济效益与社会效益的集合体。中国当前的农业现代化应既包括农业生产管理的现代化，也要有农产品市场流通与消费的现代化。要将农业现代化置于"三农"问题中综合考虑，同时促进农村现代化和农民现代化，也要促进"四化"协同发展，从而在总体上加快农业现代化的进程，保障国家经济社会平稳运行。

2. 农业科技现代化的认识

农业科技现代化是农业现代化的重要组成部分，农业科技创新发展是现代科技在农业发展中实践应用的具体表现。农业科技现代化，一般来说就是指运用先进的现代科学技术去指导农业的实践与发展，让农业充分享受现代科技的红利，从而提高农产品的质量与产量，运用现代工艺去对农产品进行初步加工与精加工，不断增加农产品的附加值，延长农产品的产业加工链，从而降低农户的生产成本。在保障农产品质量与安全的基础上实现农民利益的最大化，提升农民生产的积极性。实现农业科技现代化的过程，实质上就是现代科技对增产贡献率的过程。

不仅如此，农业科技现代化不仅是运用现代科技实现农业现代化的一个过程，它更是一个庞大复杂的社会系统工程，包含农业生产工具现代化、农业信息数字化、生产技术智能化、农业生态环境现代化、农业科技人才现代化等。历史经验表明：任何时代的农业生产工艺以及科技的发展都与当时的社会生产力与生产关系紧密相关。农业科技其实也是时代和历史的产物，由一定的社会历史条件产生并受其制约。尤其是新时期的农业现代科学技术已经日益融入农村社会发展的各个领域，使中国农业和农村经济发展的各个领域都焕发出强大的生机和活力。

先进的农业生产工具进入农业生产的产前、产中和产后的各个环节，这些先进的生产工具取代了小规模的人工劳动，这种规模化的生产不仅大大解放了农村的剩余劳动力，使得他们加快城镇化的步伐，另外，机械化作业也大大提升了劳动生产率，对于保障国家粮食安全起到重要作用；农业信息数字化是指整合土地数据、土壤环境、农业企业等多源农业数据，建设农业农村专题数据资源库，形成数字农业建设合力。建立生产者、消费者、管理者多元视角的系统融合应用标准，开发各类数字化应用场景建设，擘画"农业农村一张图"，打造"农业农村一个库"，构建"农业农村一张网"，运用数字技术为农业发展赋能，提升政府数字决策、管理能力，促进农业高质量发展；生产技术智能化是指智能化终端设备应用到农业机械上，发展智能化农业机械技术，为农业智能化持续赋能。运用自动控制技术、新型能源技术、电子智能技术、机器视觉技术等智能化技术，促进智能农机设备、智慧农业应用场景、云农场平台等一体化建设，从根本上改变农业生产、生活和产业组织形式，赋予农产品更高的科技含量，使得农产品的品质和国际竞争力进一步加强，为推动新一轮农业科技革命提供技术支撑；农业生态环境现代化是指在实现农业现代化建设的过程中，要始终牢记习近平总书记的"两山论"，始终在发展现代化农业的同时，也要运用先进的科技手段加强对自然环境的保护，合理利用中国的地理区位条件，因地制宜地选择农业发展方式。对于西部独特的地理环境，适当地在发展梯田农业的基础上融入更多的观光旅游农业，让农民在取得丰厚收入的同时，也能因为美好的宜居环境而喜笑颜开；农业科技人才现代化主要是指农业劳动者以及农业技术推广人员知识体系的现代化。广大劳动者由于受到受教育水平的限制，小农观念根深蒂固，缺乏现代化的经营思维与合作意识，即使参与系统化的农业生产经营培训，也只能学到基础的农业操作技能，对于现代化的信息技术以及对市场的灵敏度终有欠缺。因此，劳动者的综合素质是他们掌握新兴技术和现代管理方法的基础，普及农业政策与法律常识，提高劳动者技能是适应现代农业的必要举措。由此看来，在一定的历史、社会条件下，农业科技现代化也应包括农业科技意识现代化、农业科技工具现代化、农业科技人才现代化、农业科技投入和农业科技效益现代化等方面的内容。

二、农业科技现代化推动农业现代化的必要性

1. 农业科技现代化是推动农业高质量发展的必然要求

推动农业高质量发展是中国农业发展进入新阶段、贯彻新发展理念的现实需要，也是农业现代化的必由之路。农业高质量发展就是要做到绿色发展、品质安全、效益优良、竞争有利。绿色发展就是在尊重自然与保护自然的基础上，实现对资源的循环利用以达到可持续发展，这是农业高质量发展的先决条件。但是当前中国农业发展依然存在资源循环利用率低下，生态效益与经济效益兼顾不完善，土地产能贡献率不足，质量与品质安全不高的问题，这都迫切需要以数字与信息技术为基础的农业科技现代化来解决。通过运用"互联网＋"数字信息技术推动农业产业链的升级与改造，在农业生产种植领域运用自动化与智能化的生产系统实现由人工走向智能。在经营服务领域运用物联网、云计算等先进科技，利用主流电商平台拓宽农产品的销售渠道，实现个性化的营销方式与定制化的私人服务，这对构建完整的农业产业体系、促进现代农业的发展具有不可或缺的作用。

2. 农业科技现代化是实现城乡统筹发展的重要保障

城乡二元结构是中国经济社会发展中无法逾越的鸿沟，是中国特殊的国情与特定社会历史条件下的产物，在一定时间内长期存在。城乡二元结构虽然在中国现代工业基础体系的建设方面发挥了积极作用，但客观上造成了农村公共资源匮乏，阻碍了生产要素的自由流动，形成农村人口流失，造成了农村"空心化"的现象，形成了城乡、工农割据的局面等一系列深层次问题。当前中国已经进入了以工促农、以城带乡的新阶段，在着力破除城乡二元壁垒，统筹城乡协调发展方面持续发力。党的十七届三中全会明确指出，"农业发展的根本出路在科技进步"。科技创新作为国家社会发展的动力支撑，对于推进城乡统筹发展也具有重要意义。农业科技创新可以有效吸引资金、人才、技术等生产要素迅速向农村流动、集聚，带动农业科技人才的返乡置业与农村土地的高效利用，通过引进现代农业生产技术与工艺，优化科技资源要素的合理配置，实现城乡生产要素的自由流动，将规模较小、结构单一的传统农业改造为高度集约化、商品化的现代农业，推动新型城乡融合和农业高质量发展，从而实现城乡统筹协调发展。

3. 农业科技现代化是发展智慧农业的关键措施

智慧农业在中国起步较晚，"十三五"期间，提出以建设智慧农业为目标，全面提高农业农村信息化水平；"十四五"时期提出从智慧种业、智慧农田、智慧种植、智慧畜牧、智慧渔业、智能农机和智慧农垦七个方面全面发展智慧农业，提升农业生产保障能力。此时智慧农业才真正被重视起来，逐步走向大众视野。学术界对智慧农业尚未有明确的界定，但国内外学者普遍认为智慧农业是以生物技术与数字技术为依托，以数据作为关键生产要素，具有智慧感知、生产与管理功能的高级农业生产形态。农业科技现代化的核心要义就是农业生产技术的现代化，就是将物联网、大数据、云计算等现代科学技术作用到农业生产的各个环节，形成全新的农业生产方式。这为智慧农业的监控、监测功能系统提供了必要的科技支撑，也为中国全产业链智慧农业建设试点保驾护航。

4. 农业科技现代化是加快农业农村现代化的现实路径

幅员辽阔、人口众多、资源丰富是中国农业的基本特点。改革开放以来，农村大力提倡土地流转来实现规模经营，但土地流转成本、土地用途不能改变等原因使得土地流转覆盖面并不广泛，以家庭联产承包责任制为基础的小农户生产经营将伴随着农业现代化的全过程，城镇化的快速推进导致农村人口老龄化问题尤为突出。那么如何解决"谁来种地，怎么种地"，怎样转变传统农业"面朝黄土背朝天"生产方式的难题，就需要用现代信息技术来推动农业质量与效率变革、建设高标准农田、推进农业供给侧结构性改革，促进农业高质高效、农村产业兴旺、农民生活富裕。推进农业科技现代化、发展智慧农业完全能够促使中国走向新型农业现代化道路。

三、农业现代化进程中农业科技现代化存在的现实问题

当前，中国农业迈入科技装备驱动发展的新阶段，科技进步与技术变革已经成为农业农村经济社会发展的重要驱动力。但是中国农业科技与世界农业水平相比，仍然差距悬殊，如在前沿交叉领域创新性不足、农机装备自主能力不强、科技成果转化率低下等，这表明中国在农业科技创新方面还有进一步提升的空间。

1. 农业科技政策的科学性、实用性有待提升

农业科技政策在提高农业科技创新水平、拓宽科技应用推广范围、推进农业现代化进程等方面具有重要的指导效能，但中国农业政策的制定与实施均存在一定的问题。一是中国农业科技政策的主体性不明确。农业科技政策的研究、制定与推广均是由政府负责，并作用到农业、农村、农民。但政府在考虑自身主体利益诉求时难免会偏于实用主义价值取向，维护国家粮食安全成为农业科技政策考虑的首要因素。另外，在向发达国家农业科技水平持续追赶的过程中，农民并没有因为有利的农业科技政策提高生活质量，这从长远看来并不利于中国农业现代化的发展。二是中国农业科技政策缺乏系统性，实际操作困难。农业农村部、国家发改委、财政部等部门都是农业科技政策的制定主体，自党的十八大以来尤其是乡村振兴战略作为国家重大决策部署以来，单一主体部门发文总量多达100余项，而多部门联合发文数量不足40项，说明中国农业科技政策制定主体间的多元协同趋势还有待加强。现行科技政策都是受到中央政策形势影响，由各地不同政府部门制定而成。由于各地政府内部利益的差异性，农业科技政策制定主体存在多中心化特征，缺乏统一、完善的科技政策框架体系建设，导致农业科技政策的关联性与协调性不足。农业产业自身的公益性特征决定其发展需要政策的支持和资金的补贴，但是在中国农业科技政策改革和农业财政资金管理工作中，面临着如何在有限的国家财力保障下，去实现财政资金对农业的精准补贴与完善的财政支持体系的科学构建问题，政策与财政、税收、金融等外部环境的脱

离使得这些科技政策都处于孤立无援的状态。农业科技政策的整体性缺失对于其实用性也是巨大的挑战，这些过于片面、笼统化的科技政策难以全面考虑中国农业生产的区域条件，也缺乏具体的指导与操作步骤，将无法作用到农业生产实践中去，也无法提高农业增产贡献率，成为流于形式的一纸空文。

2. 农业科技推广系统不顺畅

农业科技推广是提高科技成果转化率的重要手段，是促进农业科技现代化的重要载体，是实现农业现代化的重要因素。但是目前中国农业科技在推广层面上仍有一些问题亟待解决。一是农业科技推广主体单一，推广方式不健全。农业科技在推广主体划分上应包括：政府推广机构、科研单位及高校、农业经营单位、农业科技产业园区、社会团体等。现阶段，中国农业科技推广体系主要由政府部门领导，由下设的农业科技推广机构与地方农业部门共同承担农业科技推广任务，推广机构、科研单位、社会团体、涉农高校分属不同的管理部门，造成信息沟通不畅，推广资源分散，使得政府推广机构难以与科研院所以及其他推广主体形成推广合力。推广方式更多的是采用推广人员与农民之间"面对面，手把手"式的教学，并没有发挥以互联网为基础的现代新媒体技术在农业科技推广中的辐射性作用，严重影响其工作效率。二是农业科技推广意识、农民科学意识不强。相较于农业基础设施、科技研发经费投入，中国的农业科技推广经费显得严重不足，这使得农业科技推广人员的积极性下降，新型农业科学技术难以推广普及。由于农民在农业生产经营方面长期以来形成的"经验思维"，对节水灌溉技术、新型农机设备等现代农业技术产生怀疑甚至抵触的态度，难以接受智慧农业等现代农业生产技术的应用，这也限制了现代农业科技的推广。

3. 农业科技人才队伍建设存在不足

农业科技人才是农业科技创新的中流砥柱，是推进农业科技现代化的主体力量。当前农业科技竞争的实质就是以信息技术与生物技术为代表的农业科技创新能力的竞争，其实也就是尖端农业科技人才的竞争。谁掌握了一流的农业科技人才，谁就拥有了在农业创新领域的话语权。但是中国现阶段在农业科技人才队伍建设上还有诸多不足。

一是中国农业科技人才培养机制不合理。受到传统的价值观念与择业观念的影响，"不爱农、不学农、不务农"成为大多数青年学子的价值理念，这就导致中国涉农高校、涉农专业生源不足，持续发展能力羸弱。在人才培养机制上，中国农职教育培养的农业人才主要还是侧重于种植、养殖生产知识与技能培训的传统型人才，对现代农业的基础理论与创新技术知之甚少，无法满足新时代现代农业发展的需要。在尖端农业人才培养上，农业科技发展的顶层设计与农业科技人才的关联度低，由于农业人才培养周期长、创新研发难度大，导致相关人才难以转型发展或下沉到推广领域，农业技术创新研发领域难以取得进展。

二是中国农业科技人才结构不均衡。从学历层次上，截至2020年底，国内农业科技人才本科学历不足50%，科研中坚力量的博士研究生仅占6.7%，专科人数占56.6%；从职业划分上，中国农业专业技术人才多数从事种植业、畜牧业等传统农业，在生物种业、智能装备、低碳循环农业、合成生物技术等前沿农业领域涉及甚少，缺少高水平的科研团队与领军人物；从区域分化上，受到地理位置、薪资待遇、科研条件的掣肘，农业科技人才区域分布不均衡，相较于中国东部地区，西部地区的农业高端人才极其匮乏。

三是管理体制与考核制度的不完善。在科技管理体制方面，中国农业科研项目的立项指标、经费预算远低于全国其他单位的平均水平。科研项目的立项与分配向专家、学者看齐，扼杀了优秀农业科技人才崭露头角的机会，科研项目资金的审批、发放与报销手续繁杂，时间冗长，消磨了科研人员科技创新的积极性。在人才考核评价上，采用"四唯"标准、"论资排辈"现象在中国农业科研机构中普遍存在，忽视了构建以能力、成绩为导向的学术生态。对农业理论研究、应用研究与创新研究不同领域的人才评价采用同一标准，忽视了各个领域的独特性以及市场与产业贡献率的检验。

4. 智慧农业规模化难以推进

智慧农业在发展绿色低碳循环农业、应对农村劳动力老龄化挑战、满足个性化的市场需求与集约化的经营需求等方面已经显露了独特的优势，但受到创新研发不足、财政投入不够、数据应用不足等现实原因的掣肘，智慧农业在中国难以规模化推进。

一是智慧农业设备成本过高，平台建设单一化。根据农业农村部信息中心数据显示，中国县域用于农业农村信息化建设的财政投入总体不足，2018年仍有 25.2% 的县域信息化投入低于 10 万元，而智能温湿度控制器单价就 300~500 元，每公顷配齐一整套智能设备就需要 4 万~10 万元，而且财政投入趋向于数字平台建设，功能简单、升级困难、低水平重复的数字平台也耗费了大量资金。高昂的设备成本及后期维护服务成本使得智慧农业现阶段规模化、商业化运作困难。

二是关键核心技术受制于人。中国智慧农业在作物生长模型、智能控制装备、环境传感与生命感知设备等核心领域与发达国家差距悬殊，这些核心技术总体上被美国、荷兰、以色列等国家垄断，高端农业关键核心技术自主创新能力严重不足，对外进口率高达 90%。例如在设施农业领域，中国仅对草莓、茄子等个别品种进行智能化培育实践，而且使用的高级作物生长模型与核心算法依然来自美国加州大学等国外机构。

三是农业数据共享应用不足。不同农村地区的农业信息化水平不同，不同农业部门掌握的农业数据种类也有差异，不同的数据采集方式导致数据的准确性也存在误差，这些都制约着农业信息数据共享平台的建设。同时，农业数据的采集还受到时间的连续性、内容的统一性、结构的完整性以及动植物生长环境差异的影响，导致智慧农业采集的数据不具有可复制性，基础数据难以实现共享，商业化应用困难。

四、农业科技现代化推动农业现代化的路径

1. 完善农业科技政策体系

正确的农业科技政策是推进农业科技现代化的重要因素。中国农业科技政策涉及科技创新、主体定位、财政税收等方方面面，政策多、措施少、实用性低是现行农业科技政策的弊端。完善创新农业科技政策，首先要根据农业科技现代化的发展现状与内在特征，完善农业科技政策的框架建设，构建完备的农业科技政策支撑体系，打造一条以农业科技理论—农业科技创新—农业科技应用推广—农业科技成果转化为基础的全过程的科技政策服务链，推动科技政策落地生根，提高政策的可操作性；其次政府部门要准确把握农业科技政策的价值取向，明确农业科技政策的主体定位，倡导制定以改善民生为导向的科技政策，把农业高质高效、农村产业兴旺、农民生活富裕作为科技政策的出发点与立足点，同时要兼顾农业龙头企业、农民专业合作社、智慧农场等创新主体以及其他新型农业经营主体的合理关切，出台具体的农业科技政策促进农业创新主体的发展。加大对新型农业生态——智慧农业的政策倾斜力度，完善移动通信网络、云服务器等智慧农业基础设施的建设，形成由农业大数据与物联网共同组成的"互联网＋农业企业＋农业产业"的智能农业产业链，为农业现代化的发展注入科技力量；最后要完善农业科技发展的相关配套政策，引导财政税收、地方信用合作社等外部环境的支持，制定普惠型的财政税收政策，缩减中小型农业科技企业的产品研发费用，提高其面对风险的能力。同时科学引导农村土地流转，有序推进农村"三权分置"，促进农村资源的系统优化。

2. 建立现代化的农业科技推广体系

农业科技推广是实现农业现代化的必要措施。一是构建多元化全方位的农业科技推广系统。打造以政府推广部门为主体，科研机构、涉农高校、农业经营单位、社会团体等多元主体共同参与的一体化推广体系，各推广主体各司其职，各尽其力。农业科技推广机构负责制定专门的农业科技推广计划；科研单位与涉农高校开展实地调研，结合地区特色，因地制宜地开展科技下乡和科研试验，促进现代农业科技的推广；农业经营单位要用科学的方法进行技术指导、示范科普，共同推动先进的农业生产技术和经验的传播。同时要搭建"互联网＋新媒体"现代信息技术共享平台，完善多元农业科技推广方式。加强新媒体技术、数字信息技术在农业科技推广中的实际应用，发挥新媒体在农业信息化、农业数字化、农业创新化等智慧农业方面的宣传引导效能，利用数字信息技术，构造数字化农业社区服务中心，为小农户开展农情报告、市场分析、在线服务等数字化农业服务，为科技成果的推广、转化与应用创造条件。

二是提高农户的媒介素养，侧重于智慧农业发展模式推广。在推广层次上，首先要培养小农户运用新媒体技术的意识与能力，从而提高小农户对最新农业科技信息的接受、学习能力。向小农户展示运用先进农业科技增收增产的典型案例，帮助小农户认识到依托新媒体技术的数字经济的强大功能，引导小农户学会在农业生产中运用电子商务资源，实现"小农户数字化"。其次要加快"智慧农业＋N"创新型人才的培育，建设一批由涉农高校的专业人士组建的智慧农业推广队伍。智慧农业推广的重点对象还应放在农业龙头企业上，利用他们的资金、土地、技术等资源将数字化与规模化全面结合，开展物联网传感器布控，拓展互联网数据采集渠道，建设智慧农业应用试点。

3. 建设现代化的农业科技人才队伍

科技创新的原动力在于科技人才，农业科技现代化的根基在于农业科技人才的现代化。打造现代化的农业科技人才队伍，一是优化现代化人才培养模式，夯实人才基础。目前农业发展已经由 1.0 阶段进入 4.0 阶段，以物联网、大数据、人工智能为代表的信息技术正在推动现代农业向智慧农业方向转型。这迫切需要中国人才培养模式的深层次变革，发挥高校培育农业科技科研人才的主阵地作用，把培养农工交叉融合的复合型科研领军人才作为人才培养的核心目标。高校要创新发展"互联网＋智慧农业"人才培养模式，优化农学课程体系、推动数据驱动式教学方式变革、创建产学研一体化智慧农业实践教学基地，打造"互联网＋实验室＋农业基地"一体式实践教学云平台，为中国培养一批拥有自主研发能力的高素质科技人才，以应对中国智能农业装备与应用领域的挑战。

二是调整人才区域结构，加大人才引进力度。中国农业科技人才东西部差距悬殊，要通过政策引导、资金保障、奖励机制、人才引进等方式，促进农业科技人才的资源配置与地区经济产业发展的实际需求相匹配，加快农业科技人才向西部地区流动以发展现代农业。同时要多途径、多方位推进农村人才回流，以产业兴旺为振兴乡村经济的核心，通过盘活农村土地资源、建立城乡融合机制、构建乡村现代产业体系等方式为乡村人才提供就业机会，引导涉农高校、科研单位等农业科技专业人才到乡镇农业农村部门挂职、兼职和离岗创新创业，激发乡村发展内生动力；通过加强民主法治建设、健全自治机制以强化乡村治理体制，提升乡村法治水平，为乡村人才回流筑牢法律底线；通过完善乡村基础设施建设，提升公共服务质量，为乡村人才回流提供生活保障。最后要充分利用国际人才资源，创新国际农业顶尖科技人才的选拔、引进和保障机制，以"看得准、来得快、留得住"为人才引进标准，加大尖端人才的引进力度，建设一支具有国际农业科技前沿水平的科研创新团队。

三是构建合理的人才评价体系，完善人才激励机制。建立农业理论研究、应用研究与技术创新研究等相对应的评价标准，以科技创新潜力、创新成果贡献为评价导向，采用定量与定性相结合的评价方法，对从事不同农业领域研究的人才实施分类评价、分类考核。同时出台科研人员奖励激励措施，将考核评价结果与职位晋升挂钩，将科研创新成果转化为股权等实质性奖励，充分激发科研人员的工作热情。

4. 建立健全智慧农业要素体系

发展智慧农业是新时期推进农业现代化的重要举措。发展智慧农业需要建立政府主导、政企合作、市场主体参与的体制机制，健全政策、资金、人才、技术、数据等要素协同发展的体系。除了已提及的政策引导、财政保障、推广下乡、人才培育以外，发展智慧农业最重要的是攻克关键核心技术，提高自主创新能力。在技术研发层面，针对动植物生长模型与核心算法、物联网农情感知、农业环境专业传感设备等关键"卡脖子"技术，要充分发挥企业在科技创新中的重要作用，合理利用专项资金支持重大技术研发立项，联合科研单位与科技企业开展产业短板协同攻关，不断提升关键技术的自主研发能力。在技术应用层面，建立智慧农业技术应用框架体系与通用性技术研发平台，把草莓等高产经济作物作为智慧农业规模化的先行示范领域，把生物育种、种植、农产品加工作为应用场景，以标准化的农业大数据、物联网等关键技术推动智慧农业规范化发展，试点推行信息技术与农业发展创新融合工作，推动前沿科技在智慧农业领域的实际应用。同时，要建立健全农业大数据的采集、共享与应用体系。构建天地空一体化数据采集体系，利用卫星遥感、区块链等信息技术对农业资源数据进行采集，利用物联网、互联网等技术拓宽数据采集渠道，建设农业数据协作平台，促进政府、企业、社会之间的农业数据共享，加强对气象、水文、土壤等数据的科学分析与研判，尤其是在动植物生长数据领域建立数据规范标准，为重大自然灾害预防、病虫害防治、动植物生长监测提供重要的数据支撑。

5. 结语

伴随着中国传统农业向现代农业的转型，农业科技现代化在推动农业高质量发展、实现城乡统筹发展等方面提供必要支持，已然成为实现农业现代化的重要驱动力。但中国农业科技现代化仍处于起步阶段，全国农业科技现代化先行县共建也处于探索阶段，面临着关键技术短板、农业科技人才匮乏等问题。克服这些"难点""痛点"，将会促进中国农业现代化产生新的飞跃，这需要构建完备的农业科技政策支撑体系，创立多元合作的农业科技推广系统，打造现代化的农业科技人才队伍，开展智慧农业先行领域的核心技术攻关。

参考文献

［1］人民日报社理论部. 深入领会习近平总书记重要讲话精神（上）［M］. 北京：人民出版社，2014.

［2］施辉城. 智能化技术在农业机械中的应用与发展［J］. 农业科技与装备，2021（6）：80 - 81.

［3］董文翰. 农业科技推广中存在的问题及对策［J］. 南方农机，2021，52（24）：66 - 68.

［4］邢鹏. 农业科技创新促进农业现代化的实践路径研究［J］. 辽宁行政学院学报，2020（4）：54 - 59.

［5］阮青. 中国特色社会主义理论体系建设40年［M］. 北京：人民出版社，2018.

［6］朱锋.《中华人民共和国宪法》释义［M］. 北京：人民出版社，1993.

［7］孔祥智，毛飞．农业现代化的内涵、主体及推进策略分析［J］．农业经济与管理，2013（2）：9-15．

［8］中共中央文献研究室．十八大以来重要文献选编［M］．北京：中央文献出版社，2016．

［9］窦孟朔．中国特色社会主义民生理论研究［M］．北京：人民出版社，2018．

［10］于康震．加快建设智慧农业大力发展数字乡村［N］．农民日报，2020-12-02．

［11］陆健东，徐力，姚江．上海农业数字化转型面临的挑战与对策研究［J］．江南论坛，2022（2）：14-17．

［12］张筱桃．智能化技术在农业机械中的应用与发展探究［J］．智慧农业导刊，2021，1（22）：19-21．

［13］郭艳军，陈秧分．生态现代化视域下我国新型农业现代化路径选择［J］．改革与战略，2017，33（5）：19-22．

［14］孙月，周旭，刘志斌．新常态下农业科技人才队伍建设的思考［J］．农业科技管理，2021，40（3）：89-92．

［15］韩长赋．改革创新促发展兴农富民稳供给——农村经济十年发展的辉煌成就（2002—2012）［M］．北京：人民出版社，2012．

［16］《"十三五"全国农业农村信息化发展规划》发布［EB/OL］．中华人民共和国中央人民政府网站，www. gov. cn/xinwen/2016-09/01/content_5104323. htm，2016-09-01．

［17］农业农村部市场与信息化司．发展智慧农业、建设数字乡村，以信息化引领驱动农业农村现代化——农业农村部市场与信息化司负责人就《"十四五"全国农业农村信息化发展规划》答记者问［EB/OL］．www. scs. moa. gov. cn/zcjd/202203/t20220309_6391337. htm，2022-03-09．

［18］李道亮．面向需求协同推进我国智慧农业发展［J］．国家治理，2020（19）：18-21．

［19］王小兵，康春鹏，刘洋，等．牢牢抓住建设智慧农业的时代主题［J］．中国农业资源与区划，2021，42（12）：46-50．

［20］陈福时，陈井，万贤贤，等．我国农业科技政策演进与发展［J］．中阿科技论坛（中英文），2021（10）：40-44．

［21］李鹏程．我国现代农业科技推广的问题及对策［J］．现代化农业，2022（2）：55-77．

［22］徐妍.现代农业发展中农业科技人才队伍建设问题浅析［J］.山西农经，2021（23）：146－148.

［23］吴林妃，陈丽君.农业科研院所人才激励对策研究［J］.科学管理研究，2014，32（2）：74－77.

［24］农业农村部信息中心课题组.数字农业的发展趋势与推进路径［N］.经济日报，2020－04－02.

［25］殷浩栋，霍鹏，肖荣美，等.智慧农业发展的底层逻辑、现实约束与突破路径［J］.改革，2021（11）：95－103.

［26］谭子聪，赵宇琛，郑海青.现阶段智慧农业推广难题分析与解决方案研究［J］.天津农业科学，2019，25（9）：46－48.

［27］刘竹青."新农科"：历史演进、内涵与建设路径［J］.中国农业教育，2018（1）：15－21，92.

［28］杨娟，叶进，马仲辉，等.基于互联网加智慧农业的农科人才培养模式探究［J］.实验室研究与探索，2021，40（3）：145－148.

［29］赵春江.智慧农业发展现状及战略目标研究［J］.智慧农业，2019，1（1）：1－7.

第五篇　和美乡村建设下农民主体性的建构路径探要
——基于责权利关系视角*

2018 年中央一号文件《中共中央　国务院关于实施乡村振兴战略的意见》将"坚持农民主体地位"作为乡村振兴的基本原则。2021 年 4 月，第十三届全国人民代表大会常务委员会第二十八次会议通过《中华人民共和国乡村振兴促进法》，该法明确提出"坚持农民主体地位"。何为农民主体性？马克思主义主体性思想强调人的主体地位和实践活动的核心意义，论证了"现实的人"通过社会实践活动改造客观世界并塑造自身主体性。马克思主义强调人的主体是其在实践中所表现的自觉性、能动性和自主性，是合目的性和合规律性的统一。从马克思主义主体性思想出发，和美乡村建设下的农民主体性是指农民在尊重客观规律的前提下，充分发挥其自主性、创造性和能动性，通过实践活动积极作用于客体（乡村建设的各个方面），在实现乡村政治、经济、社会、文化和生态的全面协调发展的同时，实现自我全面自由发展所表现出来的特性。为补齐中国式现代化进程中的乡村发展短板，推动全体人民共同富裕的实现，党中央以和美乡村建设作为乡村振兴战略的重要抓手。随着乡村建设向纵深推进，任务日益艰巨、形势更为复杂，农民主体性的重要作用愈加凸显，充分发挥农民主体性是推进和美乡村建设的重要保障。

一、问题的提出与文献梳理

习近平总书记在党的二十大报告中指出："全面建设社会主义现代化国家，最艰巨最繁重的任务仍然在农村。"乡村全面振兴不可能单凭政府一方的努力来实现，全面推进乡村振兴需要多元主体的共同努力，尤其是作为乡村主体的农民，这是实现乡村全面高质量发展的必然要求。随着乡村建设向

* 本文原发表于《江苏师范大学学报（哲学社会科学版）》2024 年第 5 期，作者：金丽馥、郝嘉琪。本文是国家社科基金项目"乡村治理现代化的影响因素与保障机制研究"（20BJL079）和江苏省社科基金重点项目"江苏农村基层社会治理机制创新研究"（21ZZA002）的研究成果。

纵深推进，党和国家对农民主体作用的发挥日益重视。2022年5月，中共中央办公厅、国务院办公厅印发的《乡村建设行动实施方案》第一条明确将"自下而上、村民自治、农民参与"作为乡村建设的指导思想。2023年1月，国家乡村振兴局等七部门联合印发《农民参与乡村建设指南（试行）》，为农民参与乡村建设、发挥主体性作用提供了政策依据。然而，尽管党和国家的一系列政策鼓励农民积极参与乡村建设，发挥农民主体作用，但农民主体性的发挥尚不能与和美乡村建设进程完美适配，农民呈现被动参与特征。如何让农民主动积极参与乡村建设行动中去？如何破解"农村运动农民被动"困境？亟须对农民主体性问题进一步探讨。近年来，关于农民主体性及其与乡村振兴内在关系的研究成果颇为丰硕。学界主要从以下五个方面进行了研究探讨：一是关于农民主体性内涵的研究。杨希双和罗建文（2023）从历史唯物主义视角，认为农民主体性是其作为"现实的人"所具有的主观属性，而劳动则是其主体性激发的社会条件。陈学兵（2020）将农民主体性概括为农民在日常社会生产生活特别是在乡村振兴实践中所展现出来的自主性、能动性和创造性，是农民群众在处理对象化关系和对象化活动过程中表现出来的一种主体能力，进一步指出农民主体性是一个处于变化发展中的历史性概念。二是关于农民主体性与乡村建设的关系研究。学界往往从社会学角度出发，把农民主体性的发挥与乡村发展相联系。黄家亮（2023）提出通过对农民赋利赋权赋能，提升农村的"造血功能"，实现从"无感发展"到"有感发展"、从"维持型农业"到"发展型农业"、从"要我发展"到"我要发展"的根本转变。李卫朝和王维（2019）认为，农民是乡村振兴的绝对主体，其主体性力量的发挥关系着乡村全面振兴的成败，应当提升农民构建现代农业、参与乡村治理、繁荣兴盛农村文化、农民保护生态、振兴乡村生态的自觉性和主动性及创造性，以此在乡村振兴中切实发挥农民主体性力量。李超（2023）从理论、历史、现实三重逻辑出发，分别论证了在乡村建设中发挥农民主体性是对马克思主义主体性思想的赓续传承、是百年来中国共产党发挥农民主体性实践的经验总结、是新时代高质量实现乡村振兴的必然选择。三是农民主体性发挥现状分析。对这一问题，学者们主要从其弱化样态及原因进行分析。王金（2023）认为，治理机制弱化、社会结构分化、乡村资本异化弱化制约着农民主体性。王进文（2020）将新时期农民主体性缺失的样态概括为主体独立性缺乏、自觉性意识失衡、选择性范域窄化、创造性能力薄弱四个方面。四是农民主体性构建与提升路径研究。霍军亮（2022）基于实证调查，提出从政治、利益、伦理、技术四重逻辑出发建构农民主体性。刘建（2019）在主体性视角下对贫困治理进行研究，提出农民主体性的建构应是权利与义务的一致，通过权利与义务的统一来促使农民主体性的均衡。五是农民主体性发挥与政府之间的关系研究。韩旭东等（2023）认为，乡村振兴的实现需要构建"政府有为＋市场有效＋农民主体"三位一体的发展机制，并以浙江安吉为例，进一步论证了农民主体性的觉醒与发挥需要政府的引导与带动。豆书龙等（2024）提出在乡村建设前期，由于农民能力薄弱，此时应以政府为主导推动乡村建设；在建设后期，随着农民能力的增强，政府应逐步让渡于村集体和农民，变"主导"为"补充"，形成以农民为主体的共识、共治、共建、共享的和美乡村共同体。

　　通过梳理以上研究可以发现，学界对于农民主体性发挥是推动乡村全面振兴的应有之义已然成为共识。基于此，学者们对乡村建设下的农民主体性建构困境进行了多个视角的探析，并对农民主体性的建构进行跨学科、多维度探讨，对农民主体性的发挥与政府之间的关系进行了深入研究，为农民主体性建构奠定了坚实的理论基础。但就乡村建设的实践要求而言，还存在不足之处。当前，学者们多是从宏观层面分析农民主体性的建构困境，而较少从农民这一微观层面进行研究，即使有所触及也多是从单一维度。主体重在其能动价值，若是主体失去了价值属性就转变成了客体存在。而农民作为乡村建设的主体，其本身就具有责权利的价值属性，这一特质与责权利理论可谓是如出一辙。只是很少有人关注农民主体所具有的责权利属性，没有树立起责权利相统一的农民主体观，尚未将责权利作为研究农民主体性构建的理论支撑。那么，责权利理论何以指导和美乡村建设下农民主体性的构建？责权利理论下农民主体性构建的内涵是什么？责权利理论下农民主体性缺失的因由何在？责权利理论下农民主体性建构路径是什么？政府何以与农民之间良性交互？对这些问题的回答有助于丰富党的乡村建设理论，进而为农民主体性建构与充分发挥提供行动参考。

二、责权利理论及其适切性分析

目前看来，乡村建设中的农民主体性已然成为政策话语中的高频词、学界探讨的焦点，笔者拟以责权利的视角来观照农民主体性，尝试触及引发农民主体性弱化的核心问题，进而为问题的解决提供参照，促进乡村建设的可持续发展。

（一）理论内容

"责权利"，即责任、权力与利益，是组织管理中的核心原则，强调责任、权力和利益在组织内必须实现良性对应与互促平衡。在具体实践中，成员承担的责任应与其拥有的权力和期望的利益保持一致，保障组织决策与执行的效力与公正性。责任是个体或实体在其角色定位中承担的义务和后果，它不仅为权力的合理行使划定道德与法律的界限，更确立了对公共利益的尊重和维护。权力，作为获取和分配资源的能力，需要依赖责任的指引，在促进自身利益的同时，维护他人的权利并推动组织目标的实现。利益则体现为行动的动因，它在权力行使和责任履行的过程中扮演着矫正偏差、调节平衡的角色。只有明确利益的合理追求，才能形成健康的组织内动力系统。为了确保组织高效稳健地运行，责、权、利三者之间的统一尤为关键。不均衡的责权利关系容易诱发组织内部矛盾，从而影响组织的稳定与发展。因此，实现责任、权力与利益的和谐统一，是构建良性组织管理体系的基石，也是激发组织内生动力、促进成员共同成长的重要途径。

（二）理论适切性：农民所具有的责权利属性

责权利理论作为管理学中的基本理论，这一原则不仅贯穿许多管理学学者的理论和实践中，在其他学科领域也有着广泛应用。国内学者将这一理论应用于探究导师学生矛盾、高校队伍建设、学习主体研究、人才培育研究等领域，均取得良好效果。"三农"问题领域的专家学者也有从责任、权益视角探究农民主体性的构建。

综上所述，责权利理论拥有较高的普适性，同时，从乡村建设下农民所具有的主体身份来看，该理论与之契合度极高。农民作为乡村建设中的绝对主体，责权利是农民主体性中的本然内容，更是激发其主体性的核心内容。因此，要在乡村建设中真正建构农民主体性，就要看到农民是责权利相统一的主体，进而树立起责权利相统一的农民主体观，这是发现问题并解决问题的先决条件。

其一，农民是乡村建设的责任主体。正如法国著名哲学家列维纳斯所认为，人类在终极本质上不仅是"为己者"，而且是"为他者"。农民作为乡村的一部分，其生产生活方式直接关系到乡村的发展与环境状况。而乡村建设的价值旨归在于共同富裕的实现。进而言之，乡村建设是农民的应然使命，是对"自我"及"他者"责任的本然回应。

其二，农民是乡村建设的权力主体。要寻回农民在乡村建设中的主体性，就要识读农民在乡村建设中所具有的权力。"权力并不仅仅限于政治权力，权力是一种能够左右他人行为的能力，能应用到个体、团体、部门以及国家中。（白建磊和刘冰，2011）"作为权力的下位概念，农民在乡村建设中的权力本然具有权力的基本属性，更具有其特殊要义。农民权力建基于其主体地位以及自我管理、维护自身利益的需要。一方面，《中华人民共和国乡村振兴促进法》第四条明确了坚持农民在乡村发展中的主体地位。论及主体性建构，必然要提及"权力"。权力是农民在乡村建设中主体地位形成、确定及表达的规定性因素，没有权力的认可就没有主体地位的形成。另一方面，作为乡村发展中核心利益相关者，农民理应是乡村建设的主要参与者，而权力则是农民参与乡村发展的重要工具和根本保障。质言之，农民权力的合法性源自农民在乡村建设及发展中的主体地位及乡村内部的自我管理与农民利益维护的需要。需要特别注意的是，农民作为乡村建设的权力主体并不具有任何实体权力，而是指在现行的权力结构中借助能够支援他们的权力网络以实现乡村发展的目标。

其三，农民是乡村建设的利益主体。基于历史唯物主义观点，物质生产是社会存在和发展的基础，经济基础决定上层建筑。农民作为农村社会的主要生产者，直接参与和决定了农村经济的发展方向和模式，其生产活动更是直接关系到乡村经济的繁荣与否。中国农民平等地享有发展权，让农民充分享受现代化成果是中国特色社会主义的内在要求，农民参与发展并享有发展带来的利益是毫无疑问的。只有正视农民在乡村建设中的利益，把农民视作乡村建设的利益主体，乡村建设才能科学合理地展开，才能避免让农民变成政策执行的工具与等待喂食的雏鹰。

另外，我们还必须要认识到农民的责权利并不是割裂开来的，而是相互联系、有机统一的。要让农民以真正的乡村主体身份参与乡村建设，就要集责权利于农民一身。否则，有责无权、有权无利、有责无利等都会虚化农民在乡村建设中的主体地位，与群众史观相悖，只能使农民以客体身份被动消极地接受发展指令和机械地执行发展计划。

三、责权利视角下农民主体性建构的内涵诠释

人的主体性是其在实践活动中所表现出的自由意志和自由精神。和美乡村下的农民主体性就是指作为主体的农民在对象性活动中与客体相互作用所表现出来的功能特性，即自主性、主动性及创造性。责权利理论强调的是责任、权力、利益三要素的统一。在责权利理论下建构农民主体性可以被视为将农民的本质力量对象化的过程呈现，即以三要素作为农民主体性发挥的内容依据，尝试建立三要素与农民主体性之间的逻辑机制，保证三要素的良性平衡来促进农民自主性、能动性及创造性的有效发挥。其内涵可以集中概括为三点：首先，责任是农民主体性构建的关键环节。责任有助于驱使农民自觉承担起对乡村发展的义务，农民责任感的生成是实现乡村全面可持续发展不可或缺的动力源泉。在推动乡村建设过程中，农民责任感的生成可以促使农民主体参与乡村环境改善、乡土文化传承等方面。责任感不仅是一种道德约束，还是农民参与乡村建设的内在动力。其次，权力是农民主体性构建的重要手段。权力是农民在乡村建设中发挥作用的前提条件，是农民自我管理、自我发展、自我教育的有效工具，使得农民能够实现自身利益与乡村共同发展的目标。最后，利益是农民主体性构建的重要驱动力。利益有助于激发农民参与乡村建设的积极性，助力农民在乡村建设中个人、家庭及乡村利益的共同实现，从而推动乡村朝着宜居、宜业、和美方向发展。三要素之间有机联系、相辅相成，共同激发农民主体性在乡村建设中的有效发挥，助力乡村建设。

四、和美乡村建设下农民主体性缺失的现实表征

坚持农民在乡村建设中的主体地位是党领导乡村建设的鲜明导向，在这一导向下，农民主体意识有所提升。但也不得不承认，在和美乡村建设稳步推进并取得丰硕成果的背景下，农民主体性的构建水平并未与和美乡村建设进程完美适配。农民的主体性缺失主要表现为在乡村建设进程中的"被动式参与"，具言之，其表现样态主要有以下四个方面。

一是农民经济主体性缺失。现代农业与传统农耕不同，也不是简单地等同于规模生产经营，而是一个高度社会化的产业分工体系，这个体系与农民依赖共生。为此，党的二十大报告提出"发展新型农村集体经济"，以此将农民组织起来，提升其经济地位。但有学者在多地的调研中发现，由于农民自身市场谈判能力不强、维权能力不足等，农民在政治、经济、文化等资源中常常处于劣势，多地集体经济产业项目的实际运营者由几位村干部包揽，导致农民参与集体经济主要依赖于基层组织的向下动员，农民话语权基本丧失。加之农民普遍存在"等靠要"心理与"弱势心态"，农民参与集体经济的"内生动力"不足，在集体建设中日益被边缘化，无法真正成为乡村经济发展的有效主体。

二是农民环境主体性迷失。农民是环境治理的直接受益者和重要参与者，然而在具体实践中，"政府干、农民看"现象依然存在。有学者在对中西部地区人居环境整治政策实施情况的调研中发现，农民只有在村干部上门做工作时，才会偶尔"迎合"，大多数情况下充当的都是旁观者角色，"因为环境整治着急的是政府，反正不是我们农民"，其实质恰是农民主体性的缺失与基层干部环境治理任务繁重的客观表现。

三是农民治理主体性迷失。普通农民在乡村治理实践中常常处于被动弱势地位。我国当前的乡村治理体制仍表现为集权化与行政化特征，村务决策由少数干部操控。因此，与农民自身利益相关的多数决策，农民却很少有机会参与其中。对于乡村公共事务，农民的参与权、表达权及监督权均未被重视。即使农民参与了包括选举在内的制度性活动，其对于决策的影响也是有限的，因此，农民参与乡村治理的积极性相对不足。

四是农民的文化主体性缺失。伴随着改革的全面深化与城镇化的推进，城市以其独特的魅力如旋涡般裹挟冲刷着乡土文明，将乡土文化从乡村的场域中抽离出来。农民作为乡村文化的主体，而受城市化的影响，大批精壮农民入城打工，农村只留下了老弱病残幼，农村人力资本与文化精英从乡村抽离。在文化主体抽离背景下，乡土文化也日益呈现"空心化"趋势。

五、责权利视角下农民主体性缺失的因由分析

从上述分析可知，农民的主体性缺失在乡村建设的各个过程、各个环节皆有体现，是阻碍乡村建设的重要因素。从责权利关系视角来看，农民责任意识消解、权力异化以及利益失联共同作用而形成了农民在乡村建设中主体性的缺失（见图1）。

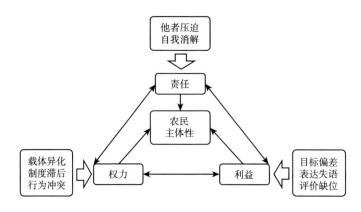

图1　责权利理论分析框架

（一）责任视角：农民责任的消解弱化了农民主体性

农民在乡村建设中不能清晰认识到自身的责任并付诸实践，面临着去责任化危机，在以下两个方面有所体现。

首先，农民对责任践履的必要性认识正在改变。保罗·弗莱雷（Paulo Freire）认为："任何一方客观地剥削另一方或阻碍另一方追求作为可负责的人的自我肯定，这种情况均属于压迫。"从弗莱雷的逻辑出发，可以认为政府的高能正在无形地压迫农民主体性。乡村建设是一个系统性工程，单凭农民一方的力量是远远不够的。因而，在乡村建设的前期，政府的介入与支持显得尤为重要。而在"上面一把刀"的问责机制下，由于上级考核的压力，基层政府机械地执行上级的行政指令与命令来快速且高效地完成"政治任务"，将农民排斥在乡村建设体系之外，并且形成了一种近乎"包干制"的行政方式。在此过程中，政府呈现绝对优势，农民则处于相对弱势地位，相比之下，政府的优势则让农民理所应当地将责任转嫁给政府，这也使农民近乎必然地依附于政府。由此，政府主体性越发彰显，而农民主体性逐渐弱化，责任意识在农民主体性消解中逐渐疏离，形成"能者多劳，庸者逍遥"的困局。同时，2021年通过的《中华人民共和国乡村振兴促进法》，以及2022年12月中共中央办公厅、国务院办公厅印发的《乡村振兴责任制实施办法》，都明确规定了农民在乡村振兴中的主体地位，但并未将农民视为责任主体，还是将农民视作"弱者"，将农民严密地"保护"起来。乡村建设是一个长期的系统工程，若农民不被当作责任主体，农民必然认为自己只是被动的受益者而非积极的参与者，那么乡村振兴长效机制的建立则是无本之木、无源之水。

其次，农民对责任践履的可能性认识正在改变。受城乡二元体制惯性影响，农民受教育程度及文化素养与城市居民存在明显差距。同时，在现代性思潮中，主体性被认为既是理性的结果也是理性的外化。因而，农民群体由于科学文化素养的匮乏，往往被打上"落后"的标签，农民群体所生产的知识也被视作"非理性的"。加之部分农民在实践中的表现不尽如人意，如"周口哄抢玉米"等事件，更是产生"连坐效应"，农民群体逐渐被污名化。这又进一步引致农民陷入自卑、无助，甚至是身份羞愧。根据马斯洛需求层次理论，当农民归属和尊重需求得不到满足时，其自我实现的动机会受到抑制，参与乡村建设的内在动机会大幅降低，责任践履的可能性随之下降。

综合以上两方面的原因，农民由于在乡村建设中责任践履缺乏可能性与必要性，农民参与乡村建设的主体性在责任意识消解中被弱化了。

（二）权力视角：农民权力的异化弱化了农民主体性

农民在乡村建设中的权力是客观存在的，但面临着异化风险，进而引致农民主体性缺失。我国农民的权力异化风险主要有以下三个方面。

第一，农民权力面临着权力载体异化的问题。村委会是农民权力行使的场域，也是农民权力存在和运转的合法载体。关于村委会的最初的制度设计，村委会的职能主要包括：村民进行自我管理、自我教育、自我服务，维护村民的合法权益。但《中华人民共和国村民委员会组织法》并未明确规定基层政府与村委会的权责界限，且村委会资金在一定程度上依赖于基层政府，这就形成了基层政府对村委会无形的"裹挟"，进而导致村庄公共权力运行走上"行政异化"，其功能也逐渐官僚化，即在维护和表达农民权益、进行自我管理等方面出现功能缺失。

第二，农民权力面临着隐性制度缺失的问题。隐性制度缺失是指不易被觉察但对制度运行和社会发展产生深远影响的制度缺陷或问题，当下农民权力的"隐性制度缺失"表现为农民相应的权力得到了法律规范和制度体系的确立，但缺乏相应的具体操作性规范。按照《中华人民共和国村民委员会组织法》的原初规定，村民委员会是村民意志的集中和执行的组织，村民会议是村民自治的权力机构。但在第二十一条的规定中，村委会是召集村民会议的单一主体，且对召开频次未作强制性规定。当村委会在人数符合条件时未能召开会议，村民自治便异化为"村委会自治"。同时，村民会议的形式缺乏灵活性。在当下，互联网基本普及，而相关法律法规中关于网络会议缺乏具体可行的规定。

第三，农民权力面临着"群体性事件"的冲突化。在特定情境下，集体抗争表现出较高的权力效能，然而必须认识到，在农民采取这种抗争行为来捍卫自身利益时，不可避免地会产生负面影响。作为"弱权者的抵制"的"群体性事件"往往是利益极端表达与维护的行为。在我国，"群体性事件"多数会发展成打砸烧抢等极端群体突发事件，因此，"群体性事件"并不被视作合法行为。并且，农民"群体性事件"往往会引发社会秩序的混乱，破坏公共安全，进而造成农民与政府之间的信任危机。

（三）利益视角：农民利益的失联弱化了农民主体性

利益是责任践诺的原动力，是权力的基础，若是没有了利益的支持，农民在乡村建设中主体性的发挥也将是无源之水、无本之木。乡村建设本应从农民的实际需求出发，激发农民内在动力，共同建设宜居宜业和美乡村，但现实却有所偏差。

乡村建设的利益供给与农民的需求脱节主要症候在于三个方面：其一，存在利益目标偏差。对于基层政府而言，乡村建设是一项重大的政治任务，在行政压力下，首要考虑的是如何让上级政府看到乡村建设的成果。因此，基层政府更倾向于选择"看得见"的项目，这些项目往往需要大量的人力、物力和财力投入。在这一导向下，基层政府常将投入成本与效果等同，认为投入即效果，投入越大，效果越好。在向公众展示成果时，宣传重点也一向侧重在所耗费的成本上。例如基层政府对农村公共图书馆的设立所耗费的巨大成本进行大力宣传，却忽视了图书馆的实际"上座率"。基层政府往往关注的是"我做了事""我做事有多不易"，至于这些设施是否被有效利用却缺乏关注及持续追踪。虽然公共服务有其特殊性，但绝不能只注重投入的大小而忽视效果的好坏。其二，农民利益表达失语。一方面，农民本身对政策和法规的理解不深入，自身利益表达能力不足。另一方面，在乡村建设的多元主体中，与农民相比，社会组织及企业无论是在文化资本、经济资本，还是社会资本上都存在明显优势，农民缺乏与政府和其他社会利益集团平等对话的机会。其三，农民主体在乡村建设评价体系中缺位。在知识的视角下，农民常被视作短视者，其反馈不被认为具有参考价值。事实上，农民不仅能感受到直接可见的收益，也可以看得到那些在乡村建设中可能的、间接的、隐形的收益。因此，乡村建设不仅要关注可视化绩效，也要兼顾农民的主观感受。但当下，乡村建设的评价标准及体系聚焦于宏观指标，相对忽视了微观体验，而有效的农民反馈机制尚未建立，农民的意见和建议难以及时反馈到评价体系中并对政策产生影响。即使有一些形式上的调查和问卷，往往也流于形式，未能真正反映农民的需求。此外，农民缺乏有效的利益代表机制，既没有充分利用现有的村民委员会、合作社等组织，也没有形成能够直接参与和影响政策制定的代表性机构。当然，指出乡村建设评价体系的不足，并不是否定其评价体系，而是对其评价体系的审视与完善。

六、责权利视角下乡村建设中农民主体性建构路径探要

综上所述，农民主体性正处于责任消解、权力异化、利益失联的困境中，实现责权利的有机统一更是任重道远。如何重塑农民主体性？通过以责权利的视角对农民主体性缺失的因由分析可见，唯有通过创设农民履责条件、规范权力运行、畅通利益联结、政府履行好服务职能，从而助推农民主体的责权利统一，才能破解农民主体性困惑，进而促使农民主体性与和美乡村建设进程相适配，激活乡村内生发展动力。

（一）责任共担：创设履责条件，重塑农民使命责任

"两个客观规律"揭示了乡村在现代化进程中有着不可替代的价值，农民始终是中国式乡村现代化的关键一环，必须通过明晰农民在乡村建设中的责任，进而重塑乡村发展中的责任体系，促使农民主体性复归。具体可以从以下两个方面进行。

首先，构建村庄建设责任清单，完善责任规则供给。结合村庄建设的一般性要求与不同村庄具体建设要求进行规则创制，细化乡村建设中各事项的具体承担者，明确要求农民个体在乡村建设中的具体责任，使农民承担乡村建设责任有据可依、有证可凭。将政策文本中的概念性和模糊性的农民建设责任，进一步在村庄建设责任清单中明确化和具体化，以规则供给对农民履行乡村建设责任形成一种"软约束"。同时，引入外部评价机制，对农民履责行为进行监督。实际上，很多农民往往认识不到国家资源投入的有限性，认为自己履责与否对利益的分配毫无影响，因而理所当然地"等、靠、要"。例如在村容村貌整治中，多数村庄明确规定要对规范处理垃圾的农户进行奖励，但在实际操作中，由于村庄人情的囿限，并没有对农民履责情况进行严格考核，几乎是人人有奖。这种做法出发点是好的，却使得农民躺平有机可乘，村庄垃圾乱象未能得到根治。因此，应当对农民履责行为进行适度的评价及奖惩，根据其是否真正投入乡村建设进行国家资源分配，凭借集体的认同和压力来影响个体行为，让农民感受到国家资源分配也具有"竞争性"，

以此对农民履责形成"强约束"。

其次，发掘乡村本土文化，激发农民乡土认同感。任何事物都是内容与形式的统一体，内容决定形式，形式体现内容。乡村本土文化和农民责任感，二者之间是内容和形式的关系。"形式是富有内容的形式，是生动具体的实在内容的形式。"倘若没有乡土文化的内容支持，农民责任感的践履无异于水中捞月，农民责任践履的前提在于对乡土文化与自我身份的深刻认同。在此意义上，应当把乡土文化视作农民责任感生成的内容依据，做好乡土文化的开发工作，积极开展面向全体村民的"低门槛"村庄集体活动，如村庄运动会、村 BA、村超、村庄马拉松等。做到雅俗共赏，使得文化与群众生活的联系更加紧密，重塑村庄内部凝聚力。同时，通过自媒体平台等手段，讲好乡村故事，展现乡村风貌，让更多的人了解和关注乡村文化，改变人们对乡村、对农民的刻板印象，扩大村庄文化的对外影响力。

（二）还权于民：规范权力运行，增强农民发展能力

农民权力本应是其实现对美好生活追求和全面发展的保障和工具，但如今却面临着异化风险。基于马克思主义权力观，权力异化是"权力本体上产生了与自身相矛盾的对立力量，丧失了原来的质的规定性而异于本来意义上的权力"。尽管权力异化的消亡是必然的，但这绝不意味着它会自然而然地发生。因此，应当积极采取措施矫正村庄权力的异化。

第一，完善《中华人民共和国村民委员会组织法》。进一步划清基层政府与村委会的权责界限，明晰基层政府对村委会指导的内容及方式，包括指导的范围、方式、时机等具体内容，确保政府指导在不侵犯村民自治权的前提下进行。同时，明确村民会议召开频次，确保农民自治权的顺畅行使，并积极探索村民会议的多种形式，增强农民参与乡村事务的便利性和有效性。同时，解决村庄资金"卡脖子"难题。国家应将相当一部分下乡资源直接拨付到村庄，作为村庄集体资金，使其成为村庄自主支配的发展资源，减少对基层政府的财政依赖，从根源上降低村民自治组织对基层政府的依附，促进行政权与自治权的良性互动，从而扩大村委会的自治空间，保证村庄的自主发展能力。

第二，提升农民法律意识。基于马克思主义理论，"思想是行动最稳固和最直接的导师，任何行动合法性的首要依据是思想意识的合法性"。积极开展法律知识普及活动，例如举办法律讲座和培训班、建立法律咨询服务平台等方式；同时，将数字化与实体化有机结合，立体式地推进农民法律意识的普及，确保他们在法律框架内积极参与乡村建设，以营造一个相互尊重、相互合作的主体间性环境，确保农民的权力与其他各主体的权力和谐共生。

（三）利益共享：畅通利益联结，激活农民原初动力

农民的利益实现是确保农民积极参与乡村建设的原初动力。

首先，农民话语权必须提升。要让农民真正地表达利益诉求，就必须归还农民利益表达的权利。一方面，加大农村网络公共基础设施的建设，充分发挥数字工具性价值，使农民能够拥有与城市居民同等的网络空间，构建一个农民能够表达自身话语的场域；同时，政府在此空间中也能向农民宣传政策，进而营构农民与政府间的良性互动。另一方面，对农民进行组织化再造，没有组织的农民就是一盘散沙，声音得不到有效传达。组织化是通往权利的必经之路，通过再组织化，农民以组织的名义表达利益，扩大农民话语影响力。

其次，进行"重复"的村庄战略规划。乡村建设是处于动态变化的一个过程，农民的利益也是不断变化的。《乡村建设行动实施方案》的目的是为推进全国乡村建设规划提供原则性指导，而非提供一成不变的生硬公式。因此，村庄应当充分发挥自治权，因地制宜、因时而变地进行战略规划，确保农民利益与乡村发展始终紧密交融。同时，村民作为乡土的形象具化，其本身所具有的本土知识是任何专家与精英都不可替代的独特资源，应鼓励全体村民积极参与村庄规划，为乡村建设建言献策，充分沟通各自对乡村发展的愿景。这一规划绝不是僵化地按照顶层指导，把村民召集在一起，形成一个计划就完事了，而是要形成一个程序。在此程序中，需要关注的是战略规划的重点，不是结果，而是规划的过程。在这一过程中，村民平等地带着各自的利益诉求参与讨论，并展示、争取与调和个体利益。在利益调和的基础上，村民围绕乡村的未来达成一致的意见，从而使整个村庄的人建立起整个

乡村向何处去的方向感，让乡村建设的过程同时成为目标与利益不断调适的过程，进而使农民的利益与乡村发展的目标始终有机统一。

最后，积极向农民展示乡村建设成果，将农民纳入乡村建设评价体系。如果说乡村建设效果的测定是评判其成功与否的基础，那么农民的反馈则是衡量乡村建设效果的核心标准。地方政府应当定期举办乡村建设成果展览会，使农民和其他利益相关者能够了解乡村建设的具体情况。同时，通过设立意见反馈箱、举办村庄座谈会等，广泛收集农民的意见和建议。通过向社会展示实实在在的建设成效，给予乡村群众平等对话的基础，在对话中了解农民的期待与意见，把农民真真切切地纳入乡村建设评价体系，从而保证乡村建设的"客观效果"与"主观满意"相统一。

（四）服务于民：协同供需两端，实现乡建和美初衷

强调农民责权利的复归、主体性的充分发挥，是从乡村建设需求端出发，以提升供求匹配效率的有益探索。但是，单方面强调农民主体性作用的发挥，也未必能让乡村建设如愿景一般实现和美蓝图。在认识到农民主体所具有的责权利属性对于和美乡村建设的重要意义的同时，我们还必须要认识到农民正处于发展中、逐步走向成熟。这就决定了我们不可能单独对农民的责权利进行探讨，而是应将其置于乡村这个大场域、大框架来统筹考量。同时，农民的责权利属性除了反映农民自身所包含的价值属性外，本质上还体现着主体与主体之间，特别是政府与农民之间的活动关系状态。这意味着农民的责权利不是盲目和无限的，还需要政府进行规范、引导。

实现农民主体性的科学建构、乡村的全面振兴，政府责无旁贷。那么政府在乡村建设中到底应该扮演一种什么角色？我国乡村正处于传统向现代、伦理到契约的社会转型过程中，很多乡村呈现空心化窘境。鉴于此，古典自由主义中的"守夜人"、更夫，以及新公共管理理论的"掌舵者"角色显然不适用，不符合我国乡村振兴对基层政府的期待。

"三农"问题之本质在于农民，农民是乡村全面振兴的主体。虽然政府特别是基层政府要在乡村建设中发挥主导作用，但绝不可以越俎代庖，将乡村建设大包大揽，更不能成为"光杆司令"，耗尽家当推进乡村建设。因此，

从新公共服务理论出发，"服务者"角色显然更适合当下我国国情。政府作为乡村建设的提供者，与农民需求对接，从而保证供需结构协调，同时，政府坚持以人民为中心的发展理念，体现出对农民的尊重、关心，更体现了人文情怀。具体来说，政府应当充当服务的联络人与调停者，将权力真正下沉至乡村，切实广泛地与农民进行对话、协商，进一步培育农民公共精神，为他们实现公共利益的发展目标提供机会；建立基层政府与农民的互信合作关系，在关注农民当前利益与需要的同时，也要关注那些长期需要与利益，持续满足农民日益增长的美好生活需要；充分发挥农民主体作用，在建设行动的前、中、后期，都要动员农民积极参与，让农民真正参与到政府服务全过程。

参考文献

[1] 杨希双，罗建文. 基于乡村振兴内生发展动力的农民主体性问题研究 [J]. 重庆大学学报（社会科学版），2023，29（3）：261 – 274.

[2] 陈学兵. 乡村振兴背景下农民主体性的重构 [J]. 湖北民族大学学报（哲学社会科学版），2020，38（1）：63 – 71.

[3] 黄家亮. 赋利赋权赋能：农民参与乡村建设的动力再造 [J]. 江苏社会科学，2023（2）：97 – 104.

[4] 李卫朝，王维. 依托农民主体性建设，切实推动乡村全面振兴 [J]. 中国农业大学学报（社会科学版），2019，36（3）：72 – 80.

[5] 李超. 乡村振兴背景下农民主体性发挥的制约因素与培育路径 [J]. 贵州社会科学，2023（12）：137 – 144.

[6] 王金. 乡村振兴战略赋能农民主体能力提升的逻辑向度、困境释源及路径探赜 [J]. 北方民族大学学报，2023（5）：22 – 29.

[7] 王进文. 农民主体性在场的乡村振兴事业：经验局限与拓展进路 [J]. 理论月刊，2020（11）：51 – 60.

[8] 霍军亮. 乡村振兴战略下重塑农民主体性的多重逻辑——以山东省 L 村的实践为例 [J]. 西北农林科技大学学报（社会科学版），2022，22（3）：1 – 10.

［9］刘建．主体性视角下后脱贫时代的贫困治理［J］．华南农业大学学报（社会科学版），2019，18（5）：17－25.

［10］韩旭东，李德阳，郑风田．政府、市场、农民"三位一体"乡村振兴机制探究——基于浙江省安吉县鲁家村的案例剖析［J］．西北农林科技大学学报（社会科学版），2023，23（3）：52－61.

［11］豆书龙，朱晴和，李越．农民视角的宜居宜业和美乡村［J］．中国农业大学学报（社会科学版），2024，41（1）：172－197.

［12］白建磊，刘冰．社会学视角下的权力理论研究进展［J］．首都经济贸易大学学报，2011，13（2）：105－112.

后　记

　　党的十九大回顾和总结了党的十八大以来党和国家事业的历史性变革和历史性成就，提出"中国特色社会主义进入了新时代，这是我国发展新的历史方位"，这是对我国发展所处历史方位作出的新的重大政治论断，为制定党和国家大政方针提供了理论依据，进一步指明了党和国家事业的前进方向。党的十九届四中全会提出要推进国家治理体系和治理能力现代化，党的十九届五中全会提出到 2035 年基本实现国家治理体系和治理能力现代化，党的二十大提出要健全共建共治共享的社会治理制度，提升社会治理效能。乡村社会治理体系作为国家治理的重要组成部分，其现代化既是乡村振兴的根基，也关系到国家治理现代化目标的实现。

　　新中国成立以来，我国的乡村治理在不同时期体现了不同的特色，为基层农村经济社会的发展作出了贡献。但在新形势下，为实现乡村高效能治理满足治理过程有效、治理目标实现与善治可持续的发展要求，需要不断推动传统乡村治理体系向现代化的转型升级。为此，我们申报并成功立项了国家社科基金项目"乡村治理体系现代化的影响因素与保障机制研究"（20BJL079）、江苏省社科基金重点项目"江苏农村基层社会治理机制创新研究"（21ZZA002），以期通过研究推进乡村治理体系现代化建设。

　　本书是上述研究项目的主要研究成果。我们发现，在推进乡村治理现代化的实践中依然存在着在治理结构、治理主体、治理机制、治理方式上的现实困境，具体表现为乡政村治二元失衡、多元协同治理不深、治理体制机制欠佳、数字治理赋能不足等现实问题，必须促进村庄组织协同发展、构建多元治理新格局、优化乡村"自治、法治、德治"、完善乡村数字化服务及基础设施建设。

本书的出版得到了江苏大学出版基金的资助，得到了江苏大学马克思主义学院、财经学院有关领导、同事和学生的支持及帮助，在此表示深深的谢意！

金丽馥

2024 年 10 月于江苏大学